M-커머스 비즈니스 전략

박정서 지음

성공적인
_M_-커머스 비즈니스 전략

Copyright ⓒ 2001 by Park Jungsuh All rights reserved.
eBee communications, inc.
5thFL, Elim Venture Bldg, 6-1 Singe-Dong
Yongsan-gu, Seoul, KOREA

First Edition Printed 2001.
Printed in Korea
ISBN 89-89484-07-3 13000
저작권법에 의해 이 책의 무단 복사, 복제, 전재를 금합니다.

이 책에 언급된 모든 상표는 각 회사의 등록 상표입니다.

기획 / 이비즈그룹㈜, 이비커뮤니케이션㈜
집필 / 박정서
진행 / 강기원
표지 · 편집디자인 / 네오북
제작 / 강기원
마케팅 / 지운집, 안종남, 이수진

 머리말

m-커머스의 올바른 이해와 전망을 위하여

 m-commerce는 단순히 유선 인터넷 서비스를 그대로 무선 환경에 적용시킨 서비스가 아닙니다. 무선 인터넷의 고유한 특성인 개인성, 위치성, 이동성 등 고유의 특성을 최대한 이용한 독특한 비즈니스 모델과 서비스를 가지고 있습니다. 지금까지 많은 사업자들이 무선 인터넷과 m-commerce 사업에서 실패한 이유중의 대부분이 바로 m-commerce를 기존 전자상거래의 아류로 인식하고 세심한 준비없이 사업을 시작한 데 있습니다. 이 책은 바로 이러한 m-commerce에 대한 이해를 돕기 위해 비즈니스 모델부터 서비스 종류, 네트웍 인프라와 관련 요소기술, 국내시장과 해외시장 그리고 가치사슬과 성공 전략에 이르기까지 광범위한 내용을 시사 비즈니스 리포트 형식으로 다뤘습니다.

 매스컴을 통해 익히 들은 바 우리나라의 초고속 인터넷과 이동전화 보급률은 세계 최고 수준으로 평가되고 있습니다. 만일 우리나라가 이러한 인프라를 잘 이용해 m-commerce를 활성화시킨다면 지금까지 미국과 유럽, 그리고 일본 등으로부터 수입된 비즈니스 모델의 구태를 탈피할 수 있는 유리한 고지를 점할 수 있다고 생각합니다. 아직도 미국에서조차 불모지로 남아있는 m-commerce 분야는 유일하게 일본 NTT Docomo의 i-mode가 무선 인터넷의 대표적 성공모델로 꼽히면서 전세계적인 벤치마킹과 두려움의 대상이 되고 있습니다. 그러나 앞으로 m-commerce가 유선 인터넷과 결합하여 서로의 장점을 최대한 살린 u-commerce(ubiquitous commerce, 유무선통합 전자상거래)로 발전한다고 가정할 때 유선 인터넷 인프라가 열악한 환경에서 상대적 우위를 누리고 있는 i-mode 서비스는 부분적이고 기형적인 모델로서 세계적 보편성을 지니기에는 한계가 있는 것으로 분석되고 있습니다. 오히려 유, 무선 인프라가 균형적으로 발달해 있는 국내가 보다 바람직한 m-commerce, 그리고 u-commerce 비즈니스 모델을 개발, 적용, 확장하기에 최상의 조건을 갖추고있다 하겠습니다. 이 책은 이러한 문제의식으로부터 출발하며 더불어 현재 활발하게 개발 진행 되고 있는 모바일 전자상거래의 다양한 성공 모델과 가능성을 되짚어보고 예측할 수 있는 지침이 될 것입니다.

 끝으로 이 책의 국내시장 전망 부분을 도맡아 집필해주신 ㈜이비즈그룹의 김정유 컨설턴트에게 특별히 감사드리며, 이 책이 나올 수 있도록 아낌없이 배려해주신 이비커뮤니케이션㈜ 차중석 사장님과 관계자, 그리고 시간을 허락해준 가족에게 감사드립니다.

2001. 6.8 이비즈그룹 사무실에서

3 m-commerce 기반 기술

# m-commerce 성공 전략

부록

제 1 장

이것이 m-commerce이다

무선인터넷의 성패를 결정짓는 것은

새로운 기술이 아니라

현재의 인프라를 최대한 이용하여

무선 이용자에게 적합한 서비스와

비즈니스 모델을 개발하는 것이

될 것이다.

M-Commerce

지금까지 많은 전문가들은 인터넷의 성공과 이동통신의 확산을 근거로 무선 인터넷의 폭발적 성장에 대한 전망을 내놓았다. 2001년 IT업계의 화두는 단연 움직이는 인터넷 서비스, 즉 모바일 커머스 시장이다. 많은 이동통신사업자와 컨텐츠업체들은 무선 인터넷을 이용한 전자상거래인 m-commerce에 촉각을 곤두세우고 있다. 시장 조사기관인 IDC에 따르면 1999년과 2000년 사이에 휴대폰 이용자 수는 4억 2천 8백만명에서 5억 5천 9백만명으로 30.6% 증가했고 2004년까지 약 13억명- 전세계 인구 5명중 1명-이 휴대폰을 이용할 것으로 예상된다. 포레스터 리서치도 2003년까지 무선 단말기의 수가 10억을 넘어서 PC의 수를 능가할 것이고 m-commerce 거래액수도 2005년에 가서 2,000억 달러를 넘어설 것으로 전망하고 있다. 그러나 현 시점에서 보면 아직 기대할만한 시장수요를 창출할 만큼 무선 인터넷 관련기술이 성숙되지 않은 것이 사실이다. 무선 인터넷은 유선 인터넷에 비해서 위치정보나 즉시성에 있어서 비교우위를 가지고 있으나 무선망 성능의 한계와 단말기 인터페이스의 열악한 환경으로 인해 활기를 띠지 못하고 있다. 매출규모에서 무선 데이터나 단문서비스(SMS)는 이동통신사업자 전체 매출에서 기껏해야 5%도 차지하지 못하고 있는 것이 현실이다.

그러나 최근 IMT-2000 사업자 선정이 마무리됨에 따라 무선 인터넷 서비스와 이에 기반한 m-commerce에 대한 관심이 다시 높아 가고 있다. 소위 3세대 시스템은 지금까지의 이동통신 네트웍보다 진일보된 시스템으로서 최대 2Mbps의 광대역 데이터 전송이 가능할 뿐 아니라 전세계적인 로밍, 첨단 음성압축/복원기술을 이용하여 효율적이고 향상된 품질의 서비스를 제공할 수 있도록 설계되어 있으므로 m-commerce가 활성화될 수 있는 최상의 환경을 제공할 것으로 기대되고 있다.

IMT-2000 사업자 선정은 국내 정보통신시장에 큰 변화를 가져올 것으로 예상된다. 우선 IMT-2000 서비스는 미래형 무선 멀티미디어 서비스로서 다양한 m-commerce나 mobile computing 시장과의 연계성을 내포하고 있고 IMT-2000 서비스가 가지고 있는 복합성, 융합성은 중장기적으로 국내 정보통신시장을 변화시킬 큰 잠재력을 가지고 있다. 국가적으로도 한국전자통신연구소(ETRI)의 전망에 따르면 2010년까지의 생산 유발효과 약 49조원, 부가가치 유발효과 약 31조원 그리고 약 55만명의 고용창출효과가 있을 것으로 보인다.

현재 세계적인 이동통신 장비업체들은 2세대 네트웍에 대한 설비투자가 포화상태에 이르게 됨에 따라 3세대 서비스에서 새로운 사업기회를 보고 적극적으로 뛰어들고 있다. 이동통신 사업자들도 음성통신 서비스의 가격경쟁에 따른 수익성 악화와 인터넷의 폭발적 성장에 따라 3세대 사업을 새로운 돌파구로 보고 있다. 최근 우리나라에서 IMT-2000 사업권을 둘러싸고 한국통신, SK텔레콤, LG그룹, 하나로통신 등이 치열한 각축을 벌였었다. 그러나 최근 사업권을 획득한 한국통신이 서비스 연기를 시사하고 정보통신부도 이를 옹호하는 등 전반적으로 IMT-2000 서비스 연기론이 대세를 얻고 있다. 이것은 IMT-2000 서비스가 처음의 장미빛 전망과는 달리 막대한 투자에 비해 수익성이 크지 않은 현실과 서비스 측면에서도 이동통신 사업자들이 올해부터 본격적으로 서비스가 시작될 cdma 2000 1X(IS-95C)와 큰 차이가 없기 때문으로 보인다.

우리나라보다 3세대 사업자를 경매로 먼저 선정한 유럽은 이미

     성공적인 *M* 커머스 비즈니스 전략

회의론이 확산되고 있다. 얼마전 3세대 사업권 획득에 225억 파운드를 지불한 보다폰(Vodafone)의 경우 1인당 연간 200파운드의 수익을 가정하여 20년이 지나서야 손익분기점에 이를 것으로 분석되고 있다. 사업권 획득을 위한 경매대금 조달로 통신사업자의 부채가 급증하자 유럽의 주요 신용평가기관은 프랑스 텔레콤, 네덜란드의 KPN 등 주요 통신사업자에 대한 신용등급을 하향조정한 바 있다. 이와 같은 부정적인 평가에 따라 한때 고공 비행하던 유럽 이동통신업체들의 주가도 50%이상 추락하는 이중고를 겪고 있다.

이러한 어려움을 극복하기 위해 이동통신사업자들은 기존의 인프라를 기반으로 새로운 킬러 어플리케이션(killer application)을 개발하여야 할 필요성을 절감하고 있다. 일반적으로 이동통신업계에서는 향후 2~3년 내에 무선통신 요금이 유선통신 요금수준까지 떨어질 것으로 보고 있다. 이동통신사업자 입장에서는 떨어지는 가입자당 평균 수익률(ARPU: Average Revenue Per User)을 높이고 늘어가는 가입자 해지율(churn rate)을 낮추기 위해서는 무선 인터넷 기반의 새로운 서비스를 끊임없이 개발하는 것 이외에는 선택의 여지가 없다. 이에 따라 이동통신 사업자들은 무선환경에서의 전자상거래를 새로운 수익의 원천으로 보고 이를 적극 추진하고 있다.

이동통신사업자뿐 아니라 솔루션 개발업체, 컨텐츠 제공업체, 단말기 생산업체 등 다양한 분야에서 많은 사업자들이 막대한 수익잠재력과 고객확보 가능성 때문에 m-commerce 시장에 뛰어들고 있다. 이미 우리나라를 포함한 여러 나라에서는 뱅킹, 주식시세확인 및 거래처리, 극장이나 기차표 예약, 게임, 자판기 결제 등 광범위한 분야에서 이용자들이 무선전화기를 이용해 m-commerce 서비스를 이용하고 있다. 그러나 이와같이 여러 가지 실험적인 어플리케이션들이 등장하고 있지만 이 시점에서 어떤 어플리케이션이 유망하며 어떤 사업자들이 돈을 벌 것인가에 대해서는 아직까지 많은 불확실성과 위험이 도사리고 있다. m-commerce 의 활성화를 위해서는 기반구축을 위한 기술개발뿐 아니라 수익성 있는 비즈니스 모델을 개발하고 어떻게 요금을 책정할 것인가 등 많은 노력을 기울여야 할 과제가 산적해 있다.

m-commerce는 일반 이용자뿐 아니라 통신, IT, 금융, 유통 및 미디어 등 다양한 산업분야에 중요한 영향을 줄 것이다. m-commerce가 현재 이동통신사업자의 매출에서 차지하는 비중은 아직까지 극히 미미하지만 곧 핵심 수익원이 될 것이라는 사실은 명백하다. 이러한 미래에 대한 기대로 많은 사업자들이 골드러쉬의 환상을 품고 이렇다할 준비도 없이 미지의 영역으로 뛰어들고 있다. 그러나 m-commerce는 잠재 이용고객과 수익잠재력이 큰 반면에 이러한 수익을 실현시키는 방법에 대해서는 상당한 불확실성이 내재되어 있는 것이 사실이다.

m-commerce의 성장을 가로막는 장애요인은 컨텐츠 부족, 어플리케이션 미비, 접속시간의 지연, 무선 인터넷 단말기의 보급 지연, 완벽한 보안의 미흡 등이다. 또한 m-commerce 시장은 어플리케이션이 제대로 작동하기 위해서 여러 분야의 사업자들이 유기적으로 협조하여야 한다는데 그 복잡성과 어려움이 있다. 이동통신서비스 사업자를 포함한 어떤 사업자도 엔드투엔드(end to end) 서비스를 제공하는데 필요한 모든 기술과 자원을 가지고 있지 못하다. 통신망 사업자와 금융기관간에도 누가 지급결제(mobile payment) 같은 핵

심 부문의 주도권을 가질 것인가에 대해 갈등이 존재하고 있다.

m-commerce가 제대로 서비스되기 위해서는 무선통신, 인터넷, 컨텐츠 사업 등 지금까지 서로 독립적으로 움직여왔던 이질적인 분야의 다양한 기술, 어플리케이션과 서비스를 통합하여야 하므로 서비스의 어려움과 복잡성이 있는 반면 그만큼 다양한 비즈니스 모델이 가능하다. m-commerce 사업을 바라보는 관점을 유선 인터넷과의 관계 측면에서 다음과 같이 크게 3가지 모델로 정리할 수 있다.

● 인터넷 확장 모델

이 모델에서는 무선 단말기상의 전자상거래도 전형적인 유선상의 인터넷 전자상거래와 유사한 것으로 본다. 유선과 무선기반의 전자상거래 모두 상품이나 서비스 구매가 기본적으로 유선이나 무선 환경과 상관없이 유사한 형태를 보이고 무선서비스의 독특한 장점인 이용자가 어디서 무엇을 하고 있는가에 대한 정보를 보유하고 있는 것과 꼭 연관되지는 않는다는 관점이다.

● m-commerce 고유 모델

이 모델에서는 무선 인터넷상의 전자상거래 대부분이 시간과 장소와 관련된 거래라고 보고 무선 인터넷의 고유한 장점을 활용한 전자상거래 서비스 개발을 목표로 한다. 이 시나리오에 따르면 이러한 서비스의 제공에는 무선 포탈(mobile portal)의 구축이 필요하다. 보험회사 영업사원이 무선 인터넷 접속기능이 있는 PDA를 이용하여 현장에서 고객과 상담하고 계약을 체결하는 경우 전형적인 m-commerce 서비스에 해당한다.

• 인터넷과 m-commerce 통합모델

이 관점에서는 시간과 위치와 밀접하게 관련된 거래가 무선 인터넷상에서의 전자상거래를 촉진시키는 최초의 동인이 될 것으로 본다. 무선 포탈이 고객에 대해 많은 정보를 축적해나가고 고객도 무선 인터넷을 어떻게 사용하는지 학습해감에 따라 무선 인터넷의 고유한 특징인 "시간"과 "장소"와 관련된 서비스를 넘어서 보다 다양한 상품과 서비스를 성공적으로 마케팅할 수 있을 것으로 본다. 위의 경우에서 보험회사 영업사원이 현장에서 PDA로 업무를 처리하고 자신의 사무실에 돌아와 고객에게 전자우편으로 계약내용을 보내주고 고객의 질문에 답변도 해준다면 유무선 인터넷 통합서비스가 이루어진다고 볼 수 있다.

m-commerce는 분명히 유선 인터넷 기반의 전자상거래의 아류는 아니다. 무선통신만의 독특한 특성- 편재성, 접근성, 개인화, 즉시 연결성, 개인성-을 이용한 새로운 서비스들이 개발되고 있다. 그러나 m-commerce의 궁극적인 목적도 인터넷상의 전자상거래와 유사하다. 즉 언제 어디서나 고객의 입맛에 맞게 정보, 오락, 상품이나 서비스 구매서비스를 제공하는 것이다. 단지 다른 점은 단말기의 폼 팩터(form-factor)와 무선 단말기가 유선서비스의 한계인 언제 어디서나 인터넷에 접속할 수 있는 환경을 제공해준다는 것이다. 이렇게 볼 때 우리가 미래에 보는 전자상거래의 형태는 유선과 무선의 경계를 뛰어넘어 어느 때, 어느 장소, 어디에서나 이용할 수 있는 유무선이 통합된 새로운 모습이 될 것이다.

① 정의 및 특징

(1) 정의 및 분류

전자상거래가 전자적인 형태의 모든 거래를 말한다면 m-commerce는 무선통신 네트웍과 단말기를 통해 이루어지는 금전적 가치가 있는 거래를 말한다. 즉 휴대전화, PDA, 기타 무선 단말기와 공중 무선통신 네트웍을 이용하여 정보를 접속하고 거래처리를 지원함으로써 정보, 서비스나 상품의 대가로 가치를 이전하게 하는 것으로 정의한다. 이렇게 정의하면 한 사람으로부터 다른 사람에게 전달되는 단문 메시지는 m-commerce 영역에 포함되지 않는 반면 유료 정보서비스 제공자가 제공하는 SMS 메시지는 m-commerce에 포함된다. 용어상으로는 mobile commerce, m-commerce, Mobile Electronic Commerce 혹은 Wireless Electronic Commerce로 혼용해서 쓸 수 있다.

위와 같이 m-commerce를 엄격하게 정의하면 서비스를 둘러싸고 있는 다양한 서비스를 간과하게 만들 위험성이 있다. 사실 오늘날 고객에게 제공하는 많은 서비스의 가치는 상품을 어떻게 포장하는 가에 달려 있는 경우가 많다. 구매자의 요구와 판매자의 서비스가 잘 조화될 수 있도록 판매자가 제공하는 상품판매 이전이나 이후에 제공되는 정보, 고객서비스와 개인화 등 거래를 지원하는 다양한 서비스들이 광의의 m-commerce에 포함될 수 있다.

m-commerce 어플리케이션은 서비스 성격에 따라 크게 다음과 같

이 3가지 형태로 구분할 수 있다.

• 기본 서비스(primary services)

영화티켓 예매, 은행거래처리, 게임과 같이 최종 이용자대상에게
무선 단말기를 통해 제공되는 상용 서비스를 말한다.

• 부가 서비스(wrapping services)

광고, 마케팅 혹은 컨텐츠 어그리게이션/검색기능과 같이 기본적
인 거래처리나 서비스를 지원해주는 정보와 서비스를 말한다.

• 거래지원 서비스(transaction support services)

결제/인증, 유통과 같이 거래처리를 지원해주는 프로세스를 말한다.

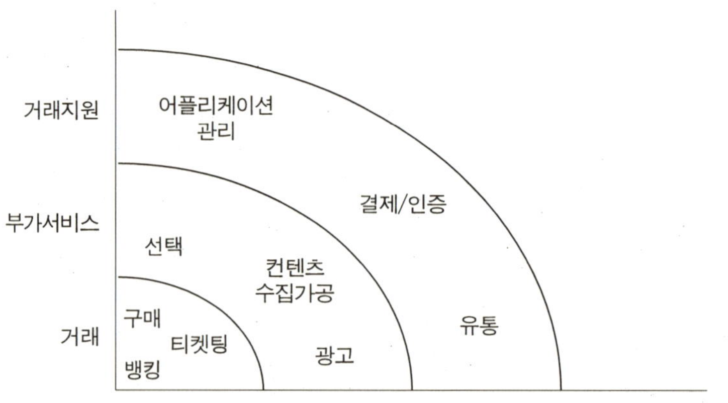

(2) 특징

　무선 인터넷 비즈니스 환경은 유선과는 상이하기 때문에 m-commerce 비즈니스 모델을 개발하기 위해서는 차별성에 대한 분석이 선행되어야 한다. 유선 인터넷은 컴퓨터가 있는 곳에서만 사용이 가능하나 무선 인터넷은 언제 어디서나 사용이 가능하기 때문에 사용자들의 편리성에 따른 시장의 성장가능성이 매우 높다. 그러나 유선 인터넷에 비하면 대역폭도 작고 접속의 안정성도 떨어질 뿐 아니라 단말기 성능 및 화면의 크기에 있어서도 제약이 있기 때문에 서비스 종류, 사용계층 및 사용방법에 있어서 유선 인터넷과는 다른 양상을 보일 것이다. 또한 무선 인터넷은 유선 인터넷에 비해 통신망 의존도가 높아 이동통신사업자에 의해 주도될 수 밖에 없기 때

표 1-1　유선 인터넷과 무선 인터넷의 비교

구분	유선 인터넷	무선 인터넷
고객 장악력	낮음(다양한 고객수준)	높음(양질의 고객)
기업의 관심	적극적인 판매보다 고객이 찾아와 팔리는 정적인 서비스 홍보	기업이 고객을 적극적으로 찾아가는 다양한 기업 홍보
통신망 구조	개방구조(접속 제한)	폐쇄구조(접속 개방)
기술표준	사용자 주도	망사업자 주도
진입장벽	표준기술의 대중화에 따라 진입장벽	유선 인터넷에 비해 높은 진입장벽
컨텐츠 특징	다양한 정보	컨텐츠 종류 미약/단말기 특성에 맞게 재가공 필요
수익모델	다양한 수익모델	불투명
이용행태	장시간 여러 사이트를 돌아다님 (Web Surfing)	하루에 여러 번, 1회 1~2 사이트 방문
유료화 반응	고객 대부분이 지불의사 약함	이용 서비스에 대한 지불의사

종 류	유선 인터넷	무선 인터넷
커뮤니티 서비스	채팅, 화상회의 동호회, 게시판 뉴스그룹	UMS, SMS 동호회, 게시판, 사이버미팅 무선 그룹웨어
컨텐츠 서비스	파일 송수신 멀티미디어 게임 MP3, 스트리밍 비디오	뉴스통지 위치정보, 교통정보 날씨, 증권, 스포츠 개인정보관리(PIMS)
전자상거래	홈쇼핑 인터넷 뱅킹/티켓팅 인터넷 경매	무선 뱅킹, 무선 주식거래, 무선 티켓팅 전자쿠폰, 무선 전자상거래 무선복권, 무선도박

문에 기술표준도 망사업자에 의해 주도되고 있는 실정이다.

　이상과 같이 유선 인터넷과 무선 인터넷은 상이한 성격을 가지고 있기 때문에 추구하는 서비스도 다를 수 밖에 없다. 즉 유선환경에서는 넓은 대역폭과 고성능 PC를 기반으로 동영상, 파일 송수신, 멀티미디어 게임 등의 서비스를 중심으로 활성화되는데 반해 무선환경에서는 통신망과 단말기에 부담을 적게 주는 보다 가벼운 서비스를 중심으로 발전할 것으로 보인다.

　유선 인터넷과 비교하여 무선 인터넷의 강약점을 살펴보면 다음과 같다.

• 무선 인터넷의 강점

① 무선 인터넷 서비스에서는 기존의 이동통신사업자와 고객간의 관계가 그대로 유지되므로 새로운 관계 형성에 대한 부담이 없다.

② 이미 이동통신사업자와 고객간에 빌링관계가 이루어져 있으므로 서비스 유료화가 그만큼 용이하다.

③ 무선 단말기는 이용자가 24시간 휴대하고 다니며 위치기반의 서비스가 쉽게 이루어진다.

④ 무선 인터넷 서비스는 단말기 특성상 특정 목적에 맞게 개인화된 서비스를 제공하여야 한다. 이것은 분명한 제약요인이면서 동시에 처음부터 모든 서비스를 개인화하여 제공해야 하므로 고객서비스 측면에서 가치가 있다.

⑤ 무선 인터넷 서비스는 후발주자이므로 우선 인터넷 서비스의 성공과 실패의 경험을 학습함으로써 시행착오와 기회비용을 줄일 수 있는 강점을 가지고 있다.

• 무선 인터넷의 약점

① m-commerce 서비스나 무선 데이터 통신 같은 대부분의 무선 인터넷 서비스가 아직까지 시장에서 검증된 것이 별로 없으므로 품질과 신뢰성 문제가 야기될 위험성이 상존하고 있다.

② 이미 유선 인터넷에 상당한 투자를 한 기업과 정부가 무선 인터넷 인프라에 대한 대규모 투자여력이 소진되었거나 있더라도 이를 꺼릴 가능성이 있다.

③ 넓은 주파수 대역을 가지고 있는 유선통신사업자가 이동통신사업자보다 한발 앞서 새로운 서비스를 제공하는데 유리한 위치에 있다.

④ 이용자가 이동하면서 작은 화면에서 복잡한 B2B 서비스를 이용하기가 쉽지 않을 것이다.

편재성	오늘날
접근성	
보안	
편리성	

위치성	앞으로
즉시 연결성	
개인화	

Source: 듀라체(Durlacher)

　　m-commerce는 기존의 전자상거래 서비스와 무선통신의 장점을 결합한 것이지만 무선통신만의 특성을 이용한 완전히 새로운 서비스도 속속 개발되고 있다. 현재와 앞으로 변화될 m-commerce의 특징을 살펴보면 다음과 같다.

• 편재성(Ubiquity)

　　편재성은 무선 단말기의 가장 두드러진 장점이다. 스마트 폰이나 커뮤니케이터 형태의 무선 단말기는 이용자가 어디에 있든지 실시간으로 정보를 검색하고 통신할 수 있도록 지원해준다.

• 접근성(Reachability)

　　접근성은 사람과 사람간의 통신을 위해 중요한 기능이다. 무선 단말기를 가진 사람은 언제 어디서나 연결이 가능하고 원할 경우에는 특정 인물이나 시간대에만 접근이 가능하도록 제한할 수 있다.

• 보안(Security)

무선통신 보안기술은 이미 폐쇄적인 엔드투엔드 시스템 내에서 SSL(Secure Socket Layer) 형태로 구체화되고 있다. 유럽지역의 경우 단말기에 부착되는 스마트카드, SIM(Subscriber Identification Module) 카드는 소유자를 인증하고 유선 인터넷망에서의 보안보다 수준높은 보안을 가능하게 해준다.

• 위치성(Localization)

서비스와 어플리케이션에 위치정보를 결합하여 무선 단말기에 가치를 부여할 수 있다. 특정 시점에 이용자가 어디에 위치하고 있는지 알게 되면 이용자가 거래하고 싶은 욕구가 생기도록 유인하는 적절한 서비스를 제공할 수 있게 된다. 예를 들어 공항에 도착하는 비즈니스맨에게 그 도시에 있는 호텔에 대한 정보를 안내해 줄 수 있다.

• 즉시 연결성(Instant Connectivity)

무선 단말기를 통해 즉시 인터넷에 접속하는 것이 현실화되어가고 있으며 GPRS, IS-95C 등 패킷방식의 통신서비스가 도입되면 인터넷에 접속하기 위해 사전에 통신연결을 할 필요없이 보다 쉽고 빠르게 무선 인터넷 이용이 가능해진다.

• 개인화(Personalization)

개인화는 오늘날 제한적으로 서비스되고 있다. 그러나 무선 포탈을 통한 개인화된 정보검색 및 거래처리와 함께 지불결제수단의

필요성 때문에 개인화수준을 더 끌어올리게 되면 궁극적으로 무선
단말기가 일상생활에서 없어서는 안될 필요불가결한 도구가 될 것
이다.

2 출현배경과 성공요소

(1) 시장변화와 통신사업자의 대응

이동통신시장은 최근까지 급격한 가입자 신장으로 총 가입자가
약 2,700만에 달하고 있고, 무선 인터넷 서비스 가입자도 괄목할 만
한 성장세를 보이고 있다. 이동전화가입자의 증가는 국내 경제상황
과 맞물려 최근 단기적으로 둔화내지 정체의 양상을 보이고 있으며
그 절대치에 있어서 이미 60%를 넘는 보급률로 포화상태에 이르고
있다. 이동통신서비스 사업자에게 심각한 문제는 가입자 수가 이전
과 같이 가파르게 늘어나지도 않을 뿐더러 새로운 가입자들도 대부
분 부가가치가 크지 않은 고객들이라는 사실이다. 이러한 상황에서
이동통신 서비스 사업자는 두가지 과제에 직면하게 되는데 그 하나
는 양적 측면에서 새로운 시장확대 기회를 찾아내는 것이고 다른
하나는 서비스 내용을 변화시킴으로써 새로운 수익모델을 발굴하는
것이다. 무선 인터넷 그중에서도 특히 m-commerce와 무선 포탈이
이동통신사업자들이 핵심역량을 기울이고 있는 서비스로 등장하고
있다.

그러나 시장의 급격한 변화는 이동통신사업자들이 단기간에 새
로운 서비스 개념과 신기술에 익숙해지도록 요구하기 때문에 이에
대응하는 것이 결코 쉬운 일은 아니다. 이동통신사업자들은 이 시장
에서 성공하기 위해 1) 무선영역에서 성장을 견인할 어플리케이션
에 대한 비전을 설정하여야 하며, 2) 어떤 인프라와 기술이 요구되는

표 1-3　이동통신시장의 변화

구분	현재 시장	새로운 시장
시장의 초점	음성 중심	음성과 함께 데이터 및 무선 인터넷이 중요해짐
어플리케이션	음성, 단문메시지, 저속 데이터 및 팩스	음성과 함께 데이터 서비스 및 무선 인터넷 등장
가격책정	이용시간당 혹은 고정요금 데이터서비스는 프리미엄(premium) 요금부과	시간제, 고정요금, 종량제, 거래기준 혹은 접속료, 다양한 요금구조 채택가능
단말기	음성중심 휴대전화와 랩톱	음성용 전화, 스마트폰, PDA와 랩톱 등 다양한 무선단말기
핵심사업자	통신사업자, 장비 공급업체, 소프트웨어 공급자, 단말기 공급자	통신사업자, 가상 모바일 운용자, 컨텐츠 제공자, 금융서비스 회사와 은행, 전통적인 포탈, 소프트웨어 공급자, 단말기 공급자, 망장비 공급업자
유통채널	단순하고 비차별적 대리점, 소매점 그리고 통신사업자 직영점	다양한 차별화된 대형 아웃렛, 대리점, 소매점, 통신사업자 직영점, 컴퓨터 대리점, 시스템 통합업체, 대형 체인점
고객	기본적인 고객세그멘테이션 : 일반고객과 기업고객 시장 제한된 서비스 선택—음성과 기본 데이터 통신사업자가 고객을 소유(own)	많은 틈새시장을 포함하여 일반고객과 기업고객에 걸친 다양한 고객세그멘테이션 고객들은 무선 포탈 제공자와 서비스를 다양하게 선택가능 사업자가 고객을 선택하는 것이 아니라 고객이 사업자를 소유하게 됨

Source: 오범(Ovum)

지 정확히 파악하여야 하며, 3) 새로운 비즈니스 모델을 개발하고 사업자간 제휴관계를 재조직화하여야 할 것이다.

이동통신사업자에게 있어 m-commerce가 가져다 줄 수 있는 이점은 다음과 같다.

- 높은 가입자당 평균 수익(ARPU) : 가입자 1인당 수익이 정체 상태에 이른 상황에서 통신사업자들은 기본 음성통신서비스와 함께 새로운 무선 데이터서비스를 번들링함으로써 이익을 낼 수 있다. 통신사업자들은 고객이 새로운 번들 서비스를 구매하고 데이터서비스가 음성서비스 이용을 증가시킴으로써 가입자 1인당 수익률이 높아지는 효과를 볼 수 있다.
- 가입자 해지 방지와 e-Service : 음성서비스가 일반화됨에 따라 이동통신업계의 해지율이 높아지고 있다. 이동통신 사업자

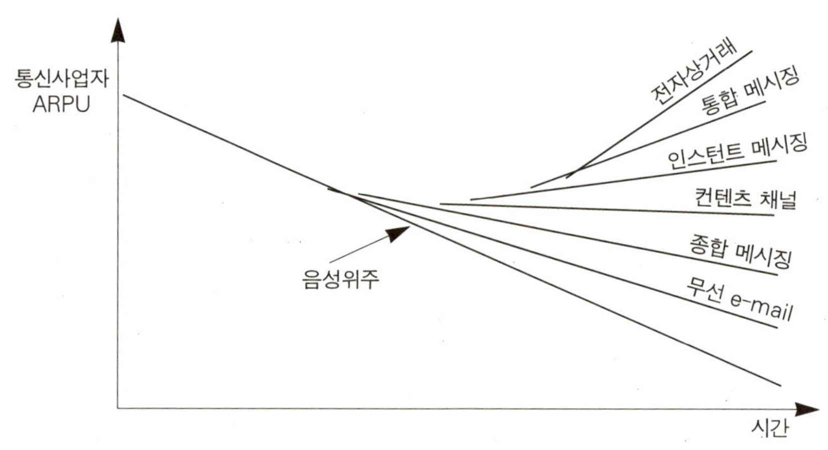

그림 1-3 이동통신사업자 ARPU 추세

Source: 마이크로소프트

 성공적인 *M* 커머스 비즈니스 전략

는 무선 데이터서비스를 통해 자사의 서비스를 경쟁사와 차별
화하고 고객으로 하여금 인터넷 컨텐츠와 서비스를 자신의 단
말기에 맞게 개인화시킴으로써 계속 고객으로 확보할 수 있게
해준다. 에어터치(AirTouch)와 같은 통신사업자들은 고객들이
휴대전화를 이용해 무선망을 통한(over-the-air) 서비스 업그레
이드, 요금청구 서비스 등을 이용하게 함으로써 상당한 비용절
감 효과를 보았다.

- **위치기반 서비스로부터 새로운 수익창출과 보급률 제고** : 이동
  통신사업자들은 m-commerce의 기반을 이루는 위치기반 기술
  과 고객 데이터베이스를 확보하고 있다. 위치기반 서비스에 대
  한 수요가 증대됨에 따라 이동통신사업자들은 이러한 서비스
  를 이용하는데 대해 고객과 컨텐츠 사업자에게 이용요금을 징
  수함으로써 새로운 수익원을 찾을 수 있다. 또한 위치기반 기술
  은 새로운 이용자가 비상의료 서비스 등 개인과 공공의 안전을
  위해 무선통신에 가입하게 됨에 따라 가입자 증가를 기대할 수
  있다.

이와 같이 m-commerce는 직접적인 수익을 내는 것 뿐 아니라 비
즈니스 파트너와의 관계를 구축하거나 고객과의 관계를 강화하는
채널로 이용될 수 있다. 비록 이러한 응용이 단기적으로 수익을 내
지 못하더라도 장기적인 성공을 위해서 매우 중요하다. 통신사업자
가 다른 사업자에 비해 유리한 위치를 점하고 있는 것은 사실이지
만 이 시장에서 자동적으로 성공을 보장받지는 못한다. 그 이유는
향후 3~5년간 통신사업자가 직면하게 될 문제가 복잡하고 선택의

여지가 많으므로 전략적 의사결정이 매우 어렵기 때문이다. 또한 보다 넓어지고 심화된 경쟁을 다루기 위해 기존의 핵심역량 이외의 새로운 기술역량(skillset)을 확보하여야 하며 새로운 가치사슬(Value Chain)상의 위치와 파트너쉽 형태에 대해서 연구하지 않고는 최상의 수익가치가 어디 있는지 파악할 수 없다.

(2) 성장동인과 장애요인

m-commerce는 한마디로 광범위한 인터넷상에서 전자상거래에 대한 관심이 자연스럽게 확장된 것으로 PC와 유선망을 넘어 진정한 언제 어디서나 가능한 미래 통신서비스를 실현하는 것이다. m-commerce가 확산되는 동인은 다음과 같이 들 수 있다.

- 보급된 무선 단말기수가 PC보다 많을 뿐 아니라 보다 빠르게 성장하고 있다.
- 이용자에게 PC보다 무선 단말기가 더 친숙하고 휴대하는 경우가 많다.
- PC나 TV의 한계에 비해 무선 단말기를 통한 m-commerce는 언제 어디서나 서비스가 가능하다.
- 언제 어디서나 접속이 가능한 점, 빠른 성장성과 불확실하긴 하지만 그렇다고 불가능하지는 않은 잠재적인 수익규모 때문에 많은 사업자들이 골드러쉬를 찾아 몰려들고 있으며 이들간에 합종연횡을 통한 원-윈(Win-Win) 게임이 가능하다.

그러나 이러한 성장의 개연성과 기술적 발전에도 불구하고 m-commerce의 성장에는 엄연히 장애요인이 존재한다. 우선 컨텐츠를 주고받는 무선 인터넷 방식의 표준이 통일되어 있지 않다. 무선 인터넷 구현방식이 표준화되지 않으면 보안뿐 아니라 각종 솔루션상에서 자유로운 컨텐츠 제공이 어렵다. 현재 무선 인터넷은 세계적으로 WAP(Wireless Application Protocol)과 ME(Mobile Explorer) 방식의 양대진영으로 나뉘어져 있으며 국내의 이동통신사업자들도 이 두 가지 방식중 한 가지를 채택하고 있다.

최근 닐슨 노만 그룹(Nielsen Norman Group)이 런던의 소비자 20명에게 일주일간 WAP 휴대전화 사용 기회를 주고 그 반응을 기록한 결과를 내놓았는데 그 보고서에서는 한 때 무선 인터넷의 선두주자로 평가 받았던 WAP이 이제는 처참한 실패를 거듭하고 있다고 주장하고 있다. 조사가 끝나고 참여자들에게 앞으로 일년 안에 WAP 휴대전화를 구입하겠느냐는 질문을 했더니 70%가 아니다 라는 대답을 했다는 것이다. 그리고 앞으로 3년 안에는 WAP 기기를 구입할 의사가 있는지 물어봤더니 20%가 부정적인 대답을 한 것으로 나타났다. 닐슨 노만 그룹은 현재의 WAP이 1994년의 인터넷 웹과 비슷한 상태에 있다고 결론짓고 있다. 그 당시 웹의 가장 커다란 문제점은 접속 불량, 서비스 다운 외에도, 불분명한 레이블, 혼란스러운 메뉴, 그리고 정보 연결 불량 등이었다. 이 때 이런 웹 디자인상의 문제는 대부분 디자이너들이 기존의 인쇄 매체에서 쓰던 디자인 방식을 그대로 도입했기 때문이었다. WAP 서비스의 이용환경이 열악한 것도 디자이너들이 WAP을 위한 인터페이스를 처음부터 새롭게 고안하지 않고 일반 웹 디자인을 그대로 가져왔기 때문으로 볼 수 있다.

이와 같이 기술적인 요인과 함께 무선 단말기의 폼 팩터(form factror)가 m-commerce의 이용성(usability)에 중요한 영향을 준다. 이러한 무선 단말기와 스마트폰 스크린의 한계 때문에 무선 컨텐츠 업체들은 이용자가 컨텐츠를 쉽게 네비게이션하는데 중점을 두고 있다. 현재 단말기 공급업체와 어플리케이션 공급자들도 이러한 한계를 극복하고 이용자의 기대를 충족시키기 위해 많은 자원을 투입하고 있지만 이용자가 요구하는 기능과 가격수준을 모두 만족시키기 위해서는 상당한 개발 및 상용화 기간이 소요될 것으로 보인다.

m-commerce의 성장을 가로막는 장애요인을 종합하면 다음과 같이 10가지로 정리할 수 있다.

① 좁은 대역폭 : cdma2000-1X(IS 95-C)나 3세대 시스템이 일반화되면 문제가 해결되겠지만 현재로서는 대역폭이 좁기 때문에 컨텐츠를 다운로드 받는데 너무 많은 시간이 걸린다. 앞에서 언급한 닐슨 노만 그룹(Nielsen Norman Group)의 조사에서 참여자들이 WAP 휴대전화를 이용해서 몇 가지 기능을 완료하

표 1-4 WAP 휴대전화 기능 수행에 걸린 시간

기능수행	분	
	처음	나중
세계 뉴스 헤드라인 읽기	1.3	1.1
WAP 전용 뉴스 헤드라인 읽기	0.9	0.8
날씨정보 읽기	2.7	1.9
TV 프로그램 조사	2.6	1.6

Source: 닐슨 노만 그룹

는데 30초 정도가 걸릴 것으로 예상했지만 실제로는 그보다 더 오랜 시간이 걸렸다.

② 작고 불편한 스크린과 키패드 : 인터넷 접속이 가능한 휴대전화와 PDA 스크린과 키패드의 크기가 아직은 정보를 검색하고 입력하기에는 너무 작고 불편하다. 동그랗게 말수 있는 LCD 스크린과 접을 수 있는 키패드가 등장하고 있긴 하지만 대중화되기에는 아직 시간이 걸릴 것아다. 이 문제가 해결되지 않는 한 무선 단말기를 통한 인터넷 검색은 요원한 일이다. 현재의 단말기 환경에서 이용할 수 있는 컨텐츠는 웹 이전의 텍스트 기반의 인터넷일 뿐이다.

③ 배터리 용량 : 현재 휴대전화와 흑백화면의 PDA 배터리 용량은 상당한 시간을 버틸 수 있다. 그러나 더 큰 화면과 키보드를 지원하기 위해 컬러와 더 큰 처리용량을 덧붙이면 배터리 수명이 급격히 떨어질 것이다.

④ 음영지역과 통화불통 : 휴대전화 이용자들은 모두 농촌지역, 건물안과 같은 음영지역에서는 전화 통화가 잘 안되는 경험을 가지고 있다. 단순 정보검색일 경우에는 큰 문제가 없겠지만 이용자가 휴대전화로 여러 가지 상품을 구매하던 도중 갑자기 통화가 끊긴다면 문제가 심각해진다.

⑤ 표준의 미비 : 유럽과 아시아는 모두 단일화된 국가 표준을 채택한 반면 미국은 지역별로 파편화되어 있기 때문에 무선 인터넷과 m-commerce의 확산을 가로막고 있다. 그런데 이러한 표준의 미비는 국내 IMT-2000 사업자 선정시 논란이 되었던 동기식과 비동기식간의 경쟁, WAP과 ME로 대별되는 무선 인

터넷 복수표준에서도 되풀이 되고 있다. 은행과 이동통신서비스 업체간에도 누가 결제부문과 WAP 게이트웨이를 주관할 것인가를 놓고 갈등이 있다.

⑥ 보안과 프라이버시 : 무선통신을 통한 거래의 보안을 위해 메시지를 암호화할 수 있지만 송신속도를 저하시키는 문제를 야기할 수 있다. 암호화 키를 휴대전화나 PDA에 저장하면 분실할 경우 제 3자에게 전자상거래 보안 데이터가 누출될 위험성이 있다. 또한 사법당국과 응급서비스 관계자들이 주장하는 것처럼 무선 단말기에 GPS 기능을 내장하게 되면 상품이나 서비스 판매자들이 이용자의 위치를 파악하게 됨으로써 정크메일이 홍수처럼 쏟아질 가능성도 있다.

⑦ 인프라에 투자되는 막대한 비용에 비해 수익을 발생시키는 거래는 미약 : m-commerce를 위한 인프라 구축에 막대한 비용이 투입되어야 한다. 이미 영국과 독일에서는 통신사업자들이 이미 3세대 사업을 위한 주파수 경매에 수백억 달러의 돈을 썼다. 그러나 인프라가 구축되더라도 이 인프라가 일본과 핀란드의 경우처럼 채팅과 전자우편에만 사용된다면 인프라에 대한 투자를 보전할 만큼 충분한 수익을 발생시킬 수 있을지 의문이다.

⑧ 성공적인 m-commerce 사례의 빈약 : 무선 단말기를 통한 주식거래, 게임, 날씨, 경기결과 검색, 여행이나 식당 예약변경 등을 제외하고는 아직까지 m-commerce 성공사례를 찾아보기 힘들다. 여러 가지 아이디어가 떠돌고 있지만 실현가능성이 아직 검증되지 않은 것들이다. 이용자가 기차시간에 늦어서 서둘러 달려가고 있는 와중에 다음 블록의 백화점에서 바겐세일

행사가 있다는 통지를 받는다면 구매로 이어지기 보다는 짜증만 날 가능성이 크다. 자판기에서 휴대전화로 콜라를 사는 것도 편리는 하겠지만 투자비를 회수할 만큼 많은 돈을 벌게 해 줄 지는 의문이다.

⑨ 이동중 산만함 : 이동중인 사람은 집중해서 전자상거래를 수행할 만한 상황에 있지 못하다. 이동중이면서 무선 단말기에 집중하는 것은 사실상 어려운 일이다. 운전중 휴대전화를 이용하지 못하게 하는 법률은 다른 경우에도 적용될 수 있다.

⑩ 과잉기대(hype)와 현실간의 차이 : 아마도 m-commerce의 성장을 가로막는 가장 큰 장애요인은 지금까지 여러 사람들이 장미빛으로 그려온 모습에 따른 기대와 아주 제한된 현실간의 괴리일 것이다. 애플사가 최초의 PDA인 Newton을 출시했을 때 처음의 큰 기대와 현실과의 차이가 너무 컸기 때문에 결국은 제품 자체를 죽이고 말았다. 이에 비해 보다 차분하게 나온 Palm 파일럿은 기본적으로 일정이나 주소록 기능정도밖에 마

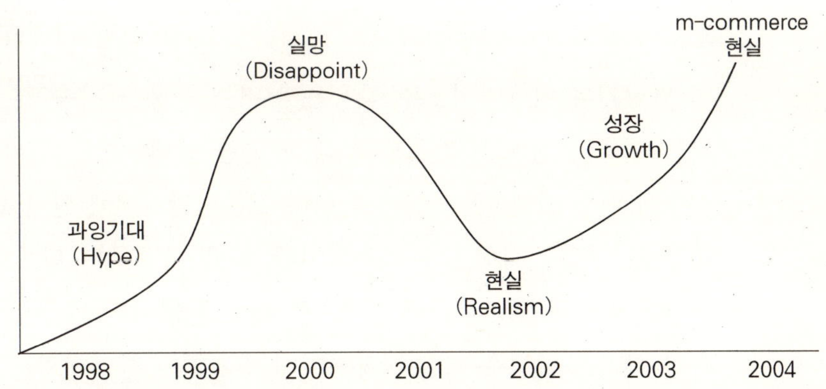

그림 1-4 m-commerce 하이프 커브(Hype Curve)

케팅하지 않았지만 결국은 이 제한된 기능에서 뛰어난 성능을 보여주었기 때문에 성공을 거두었다. 이것은 m-commerce에 대한 과잉기대도 치명적일 수 있다는 것을 시사한다. 과잉기대는 결국 이용자의 실망으로 이어질 것이고 실질적인 서비스가 가능해졌을 시점에는 관심이 없어져 버릴 위험성이 크다.

(3) 성공요소

지금까지 무선 인터넷과 m-commerce에 대한 논의의 대부분이 3세대로 대표되는 네트웍 진화, 무선 인터넷 표준, 보안과 결제 등 기술적인 이슈를 중심으로 이루어져 온 것이 사실이다. 그러나 무선 인터넷의 성패를 결정짓는 것은 새로운 기술이 아니라 현재의 인프라를 최대한 이용하여 무선 이용자에게 적합한 서비스와 비즈니스 모델을 개발하는 것이 될 것이다.

단적인 예로 무선 인터넷 정보서비스가 성공할 수 있는 핵심요인은 정보가 결코 오늘날과 같이 매우 복잡한 브라우저 인터페이스를 통해 이용자에게 전달되어서는 안된다는 것을 인정하는 것이다. 무선 단말기와 이용자의 상호작용은 서비스 운용중 지속적으로 갱신되는 이용자 정보를 기초로 보다 단순한 선택옵션으로 아주 쉽게 이루어질 수 있다. 무선 인터넷 서비스는 단말기에 전원이 들어오는 순간부터 즉시 서비스가 가능하여야 하며 이용자는 업그레이드나 단말기의 기능조작에 대해 신경 쓸 필요가 없어야 한다. 고객은 익숙한 서비스 기능을 계속 이용하면서 점진적으로 개선되는 것을 선

호한다. 통신사업자는 이러한 고객선호를 이용하여 새로운 서비스
와 기능을 신중하게 조절하면서 서비스 활성화를 유도할 수 있다.
이것은 기술적 기능보다는 마케팅 능력에 달려있는 것이다. 물론 기
술적 기반이 완성되지 않고서는 m-commerce 서비스가 이루어질 수
없다. 그러나 비즈니스로서 m-commerce의 성공여부는 역시 전적으
로 지속적인 수익창출 능력에 달려있다.

m-commerce 어플리케이션이 성공하기 위해서는 다음과 같은 요
건들을 충족시켜야 할 것이다.

• 대체 서비스가 없는 어플리케이션이어야 한다.
이동통신망의 강점을 가장 잘 활용한 서비스의 한 예가 위치정보
기반의 서비스이다. 위치정보 기반의 서비스 구성요소는 광고와 프
로모션에도 활용될 수 있고 가장 가까이 위치한 특정 상품을 찾는
것과 같이 방향성을 필요로 하는 어플리케이션 등에 광범위하게 응
용될 수 있다.

• 일정 규모이상의 시장(critical mass)이 존재하여야 한다.
대체 서비스가 존재하더라도 이용자 수가 절대적으로 많기 때문
에 이동통신 서비스를 이용하는 것이 일정규모의 수익을 낼 수 있
다면 의미가 있다. 뱅킹이나 정보검색 서비스 등이 여기에 해당한
다. 날씨나 뉴스같이 흔한 정보도 개인화와 패키징을 통해 부가가치
를 높일 수 있다.

• 다른 플랫폼보다 효과적으로 서비스가 이루어져야 한다.

이동통신망을 이용하는 것이 다른 매체보다 이용자에게 확실한 이익- 즉 빠르고 싸고 보다 편리한 점-을 줄 수 있어야 한다. 이용자들은 부가가치가 있는 서비스에만 돈을 지불하려 할 것이다.

• 저해상도의 출력화면으로도 서비스가 가능하여야 한다.

앞으로 무선환경에서 멀티미디어 서비스를 제공하기 위해서는 스마트 폰과 같은 차세대 단말기가 필요하지만 현재의 기술수준에서 크기와 비용측면에서 사용자의 요구를 만족시키면서도 기본 기능을 수행할 수 있는 단말기로도 서비스 할 수 있어야 한다.

• 거래처리 과정이 복잡하지 않거나 서비스를 개시하는데 최소한의 사업자가 필요하다.

이용자들은 무선 단말기의 단순한 유저 인터페이스를 가지고 불편하게 시간도 오래 걸릴뿐더러 복잡한 처리과정을 요구하는 서비스를 이용하려고 하지 않을 것이다. m-commerce 이용자에게 복잡한 네비게이션을 요구하는 정보검색이나 비디오 컨퍼런싱 같이 복잡하고 이용하기 어려운 어플리케이션보다는 가볍고 단순한 거래가 성공하기 쉬울 것이다.

• 개인화 서비스가 성공가능성이 크다.

이동통신 서비스 이용자는 일반적인 컨텐츠를 검색하기 위해 무선 단말기를 사용하지 않는다. 대신 이용자들은 꼭 필요한 컨텐츠와 서비스를 선택하고 이용할 수 있는 개인화를 요구할 것이다.

• 거래처리에 낮은 수준의 보안이 요구되어야 한다.

아직까지 무선환경에서의 보안이 완벽하지 않기 때문에 단기적으로 낮은 수준의 보안이 요구되는 어플리케이션이 활발하게 이용될 가능성이 크다.

캐나다의 벨 모빌리티(Bell Mobility)가 몬트리올 은행(Bank of Montreal) 및 찰스 슈왑(Charles Schwab)과 제휴하여 제공하는 모바일 뱅킹 서비스는 출력화면이 고해상도일 필요가 없고 사업제휴 파트너간 1:1 관계가 형성되므로 통신사업자와 금융서비스 사업자 모두에게 높은 부가가치를 가져다 주었다. 많은 캐나다인들은 이미 온라인 뱅킹 서비스를 이용하고 있기 때문에 이러한 뱅킹 어플리케이션은 훌륭한 대체 서비스가 되었다.

이에 반해 영국의 바클레이 카드(Barclaycard)와 BT Cellnet이 1999년 시범 서비스를 시작한 전자화폐 장치는 고객들이 특수하게 고안된 휴대전화에 바클레이 카드(Barclaycard)를 삽입하여 BT Cellnet의 망을 통하여 전자화폐를 다운로드 받을 수 있게 해준다. 이러한 서비스는 고객의 니즈에 대해 많은 유용한 정보를 가져다 주었지만 초기 시장에서 고객을 만족시키지 못했기 때문에 상용 서비스로서 성공하지는 못했다. 즉 서비스 절차가 복잡하고 시간이 많이 소요되었을 뿐 아니라 요구되는 보안수준을 당시의 기술수준으로 만족시키지도 못했다.

(4) 단계적 발전전망

m-commerce 어플리케이션은 통신사업자들이 데이터 통신 성능을 향상시키고 순수한 음성통신 서비스로부터 무선정보 서비스 그리고 m-commerce로 발전함에 따라 향후 3세대 기반의 광대역 멀티미디어 서비스까지 진화해 나갈 것이다. 영국의 경우 일찍부터 IMT-2000 서비스를 이동중의 멀티미디어 커뮤니케이션(Multimedia Communications on the Move)으로 정의하고 있다. m-commerce 어플리케이션의 발전단계를 다음과 같이 3단계로 볼 수 있다.

- 단순 어플리케이션 : 1999~2001
  - 이용하기 편한 인터페이스 위주의 단순한 어플리케이션
  - 저해상도, 낮은 수준의 보안
  - 단일 사업자 구조 : 통신망사업자/금융사업자/컨텐츠사업자
  - 서비스 예 : 전자우편, 홈페이지, 모바일 오피스, 게임

- 보안 어플리케이션 : 2000~2003
  - 다자간 거래가 가능한 공개키 기반구조(PKI)의 보안서비스
  - 패킷기반의 통신과 단말기 보급확산
  - 서비스 예 : 모바일 뱅킹, 중개(Broking), 경매(Auction), 쇼핑(Sho-pping), 모바일 지갑(Mobile Wallet)

- 멀티미디어 어플리케이션 : 2002~2005
  - 단말기 성능이 향상되고 3G 광대역 무선통신망을 통한 멀티미

디어 서비스가 가능

- 서비스 예 : 비디오, 뮤직, TV 컨퍼런스, 모바일 TV, 인터액티브
TV

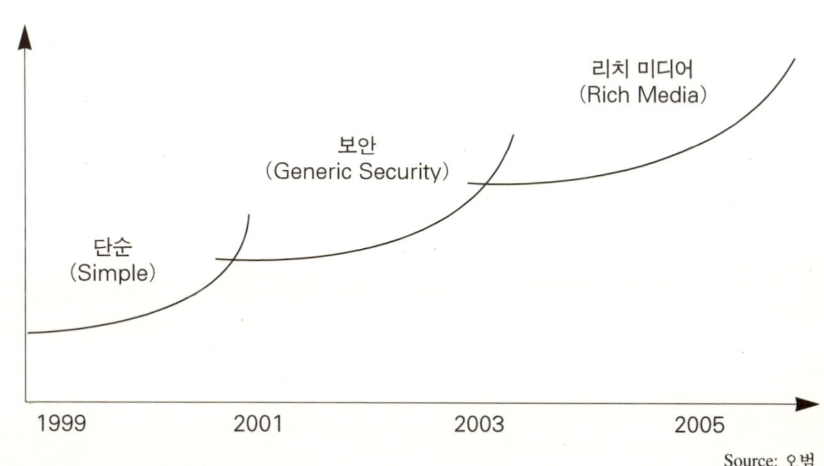

제 2 장

m-commerce 시장전망

무선 인터넷 컨텐츠가
이동통신 서비스의 부가서비스가 아니라
독립적인 서비스로 자리잡기 위해서는
컨텐츠 유료화의 정착, 통신망의 개방을 통해
이동통신사업자와 대등한 입장에서의
제휴 및 협력, 정책적인 지원 등
환경적인 요소뿐 아니라 고객의 정확한
요구 파악을 통해무선 인터넷 특성에 맞는
컨텐츠의 개발이 시급하다.

지금까지 살펴 본 바와 같이 m-commerce는 이동통신 사업자들에게는 물론 소비자들에게도 또 다른 매력적인 시장의 가능성을 제시하고 있다. 그러나 최근 유럽시장에서 불거지고 있는 비관적인 전망에서도 나타나듯이 m-commerce에 대한 장미빛 낙관론은 시기상조이다. 구체적인 시장전망을 통해 m-commerce의 가능성과 그 함정을 살펴볼 수 있다.

전세계 시장을 인터넷 보급률과 이동전화 보급률과의 관계로 살펴보면 3개의 그룹으로 분류할 수 있다. 첫번째 그룹은 이동전화 보급률이 높고 인터넷 사용비율도 높은 그룹으로서 핀란드, 스웨덴, 한국 등을 포함하고 있으며, 두번째 그룹은 이동전화 보급률보다 인터넷 보급률이 높은 그룹으로 미국, 캐나다, 영국, 호주 등 인터넷 주도형 국가들이 포함된다. 세번째 그룹은 이동전화 보급률은 높으나

그림 2-1 국가별 인터넷 보급률과 이동전화 보급률

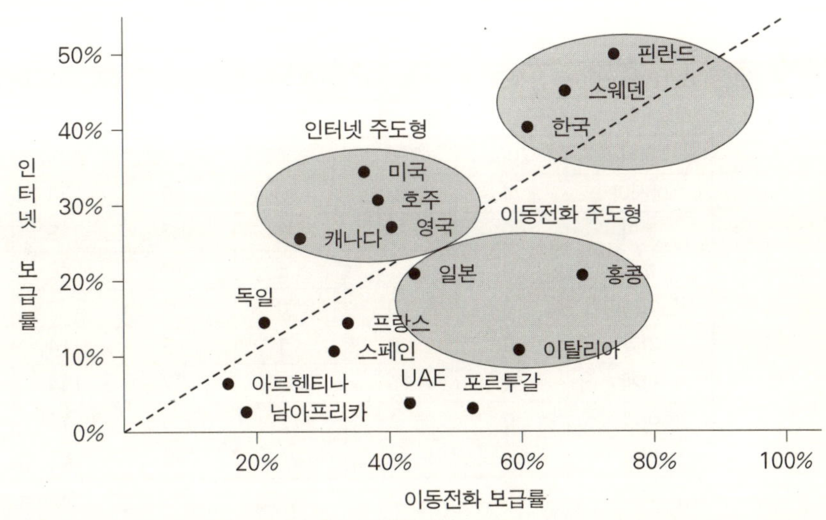

인터넷 사용비율은 비교적 낮은 이동전화 주도형 국가로서 일본, 이탈리아, 홍콩 등이 포함된다. 이러한 차이는 무선 컨텐츠의 보급정도, 국민의 소비행태, 주거환경, 통신인프라의 구축정도에 따른 차이에서 비롯된 것으로 보인다.

전세계 m-commerce 시장규모와 이용자수에 대한 전망은 대체적으로 지속적으로 급격히 성장할 것이라는 점에서는 일치하지만 각 조사 기관마다 큰 편차를 보이고 있다. 이러한 차이는 m-commerce에 구체적으로 어떤 서비스를 포함시킬 것인가 하는 것과 시장의 창출이 새로운 시장의 생성으로 보는지 아니면 기존의 유선 인터넷 시장을 잠식함으로써 이루어지는 것으로 보는지에 대한 시각차에서 기인하는 것으로 보인다.

쥬피터 리서치(Jupiter Research)는 2005년 전세계 m-commerce 시장이 222억 달러에 달할 것으로 전망한다. 쥬피터 리서치는 이중 108억 달러가 쇼핑부문, 81억달러가 컨텐츠 부문, 그리고 33억 달러가 광고부문에서 생길 것으로 예상하고 있다.

표 2-1 2000~2005 전세계 m-commerce 시장전망 (단위:억달러)

지역	2000	2001	2002	2003	2004	2005
아시아	4	13	26	50	74	94
북미	0	1	2	7	19	35
유럽	0	1	5	17	46	78
라틴아메리카	0	0	0	1	2	5
기타	0	0	1	2	4	1
총계	4	15	34	77	144	222
미국	0	1	2	6	17	33
일본	4	12	21	35	45	55

Source: 쥬피터 리서치

 성공적인 M 커머스 비즈니스 전략

표 2-2	2000~2005 전세계 m-commerce 시장전망					(단위:억달러)

지역	2000	2001	2002	2003	2004	2005
아시아	15.45	59.75	134.53	280.94	465.38	672.69
북미	7.84	38.15	87.60	192.22	324.08	468.91
유럽	11.59	47.68	136.07	288.26	488.57	736.18
라틴아메리카	0.24	2.55	8.90	29.21	56.5	104.11
기타	0.41	3.51	11.64	35.21	68.05	125.94
총계	35.534	151.64	378.74	825.84	1,402.58	2,107.83

Source: 오범(Ovum)

쥬피터 리서치와 달리 오범(Ovum)의 예측치는 B2B 부문의 상품 및 서비스 구매, 유료 컨텐츠 서비스를 포함시켜 2005년에 2,100억 달러 규모로 훨씬 더 낙관적으로 전망하고 있다. 포레스터 리서치도 이와 유사하게 2005년까지 m-commerce 이용자가 거의 5억명에 달하고 전체 시장규모는 2,000억 달러에 달할 것으로 예측하고 있다.

1 국내시장

(1) 시장규모

2000년 말 우리나라의 총 이동전화 가입자 수는 2,682 만명에 달했다. 그러나 지난 해 6월 이후 가입자 수의 증가는 뚜렷한 둔화 추세를 보이고 있다. 이동전화 자체는 이제 시장 포화점에 다다랐다는 것이 일반적인 평가이다. 총인구 대비 이동전화의 보급률은 이미

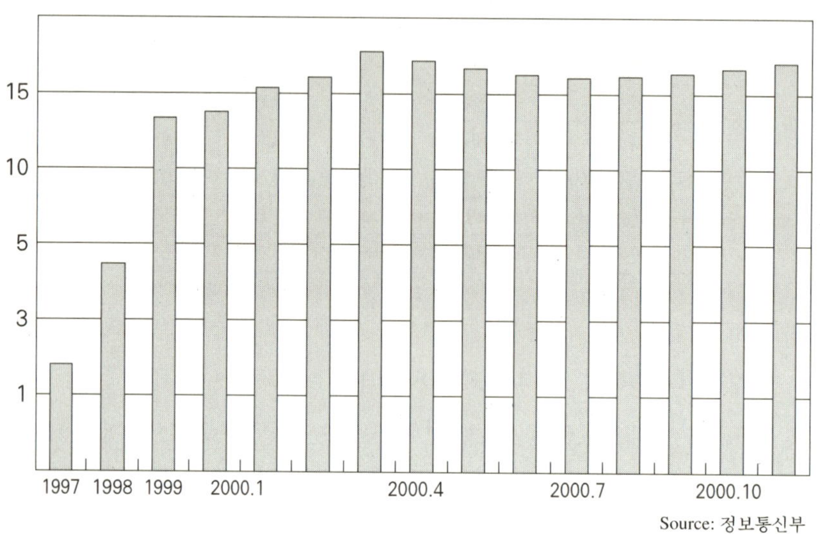

56.8%로서, 우리나라는 이미 세계적인 이동전화 사용국이다. 따라서 이동전화 자체로만 보면 향후의 추가적인 성장 전망은 불투명한 상황이다. 이 점이 현재 이동통신 사업자들의 고민이다.

그런데 이동전화를 이용한 무선 인터넷 이용자 수가 최근 증가하면서 이동전화업계는 새로운 성장의 동인을 얻고 있다. 1997년 168만명이었던 무선 인터넷 이용자 수는 2000년 말에는 1,579만명에 달했다. 물론 단문서비스(SMS) 등 이동전화의 부가적 기능에 치우친 점이 있지만, 하여간 무선 인터넷 사용인구 규모 역시 이동전화 사용인구의 성장패턴과 같은 급속한 시장팽창을 보일 것으로 기대되고 있다.

아래에서는 무선 인터넷 사용인구 성장전망과 이들이 이용하게 될 서비스의 발전방향, 그리고 사용시간의 빈도별 분류를 근거로 전

구분	SK(011)	KTF(016)	신세기(017)	KTM(018)	LG(019)	합계(평균)
총매출액(억원)	14,406	6,133	4,179	3,939	3,527	32,184
- 이동전화	11,539	4,785	N.A	N.A	2,512	N.A
- 접속료 수입	2,867	1,348	N.A	N.A	872	N.A
- 무선 인터넷	N.A	N.A	N.A	N.A	144	N.A
가입자수(천명)						
- 이동전화	11,072	4,903	3,570	2,801	3,630	25,975
- 무선 인터넷	4,182	4,713	734	2,141	3,385	15,785
ARPU/월(원)						
- 이동전화	39,026	32,865	35,824**	N.A	33,000	35,179
- 무선 인터넷	N.A	3,682	N.A	N.A	N.A	N.A
MOU/월(분)						
- 이동전화	N.A	117	109	N.A	110	112
- 무선 인터넷	N.A	148	N.A	N.A	N.A	N.A

주 1) 2000년 3/4분기 자료임 (각 업체별 IR자료에서 종합)
　2) MOU/월은 매월 이동전화 사용시간임 (Minute of Use)
　3) *표시는 2000년 말 수치임, **표시는 접속비를 제외한 수치임

체 m-commerce 시장규모를 전망하였다. 시장규모 전망은 철저하게 이동통신사업자의 관점에서 이루어졌으며, 평균사용시간 (Minute of Use : MOU)과 가입자당 평균 수익(Average Revenue Per User : ARPU) 추정을 근거로 전체 시장규모를 전망하였다.

　먼저 향후 시장 전망을 위해 현재 5개 이동통신사업자가 서비스하는 이동전화 및 무선 인터넷 수입구조를 살펴볼 필요가 있다.

　아직까지 국내 이동전화 사업자가 무선 인터넷 매출액을 집계하여 발표하고 있지는 않다. 다만 2000년 3월 각 이동통신 사업자가 정보통신부에 제출한 매출계획에 따르면 5개 사업자 합계액이 2000년 1,863억원, 2001년 5,384억원에 달했다. 그러나 최근 정보산업연

합회가 조사한 바에 따르면 2000년 무선 인터넷 시장규모는 벌써 5,030억원에 달한 것으로 추정되었다.

무선 인터넷 가입자 수는 2000년 말 1,579만명을 넘어섰는데 이는 WAP/ME 방식과 인터액티브 단문서비스(ISMS)방식의 가입자를 모두 포함하고 있다.

1인당 평균수익(ARPU)은 이동전화가 월평균 34,179원이었으나 무선 인터넷은 한국통신프리텔(016)이 3,682원이라고 발표하고 있다. 이동전화 부문에서 향후 1인당 평균지출액은 줄어들리라는 것이 일반적인 전망이다. 이동통신 사업자간의 경쟁심화, 이동통신망 유지에 따른 원가절감 등으로 이동전화 사용에 따른 가격인하가 불

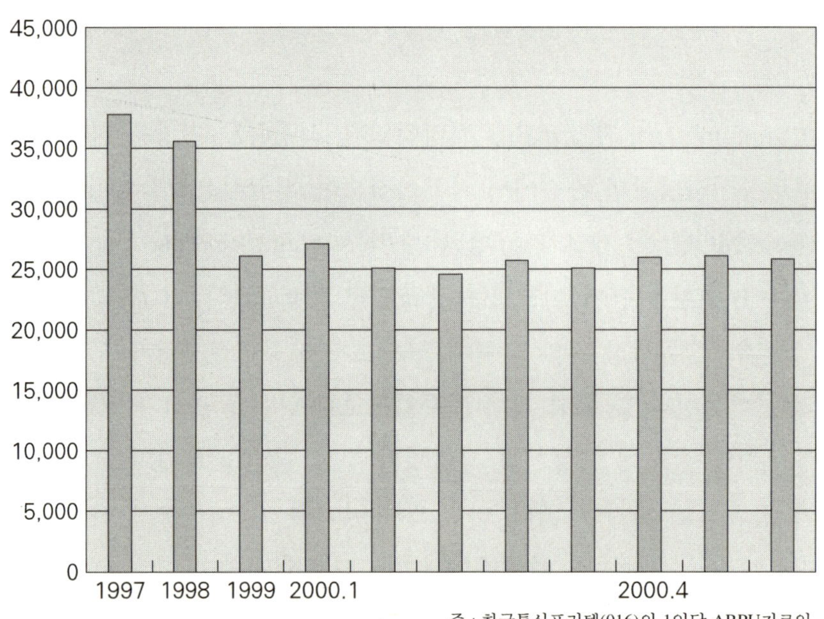

표 2-5 국내 이동전화 사업자의 1인당 ARPU 변화 추이 (단위 : 원)

주 : 한국통신프리텔(016)의 1인당 ARPU자료임

가피하기 때문이다. 최근의 데이터 역시 이러한 추세를 보여주고 있다. 좌측의 표에서 볼 수 있듯이 접속료를 제외한 1인당 ARPU는 감소 추세를 보이고 있다. 이동전화의 지난 1997년 1인당 ARPU는 36,197원이었으나 2000년 7월 26,736원으로 하락하였다. 따라서 향후에도 1인당 ARPU는 지속적인 감소세가 불가피한 것으로 예상된다. 그러나 이동전화 부문의 ARPU 하락은 무선 인터넷 부문의 ARPU 상승으로 대체될 것이라는 것이 일반적인 예상이다.

이동전화의 월평균 사용시간(MOU/Month)의 변화 역시 대체적으로 감소 추세를 보이고 있으나 최근에는 월평균 110분 내외에서 안정된 움직임을 보이고 있다. 향후 MOU의 변화 추세를 예상하기란 쉽지 않다. 무선 인터넷의 사용시간 확대가 이동전화의 MOU를 줄인다고 보기도 힘들다. 현재 무선 인터넷의 MOU에 대해서는 각 사업자가 데이터를 발표하고 있지 않으나 한국통신프리텔(016)의 경우 지난 2000년 6월 월평균 148분이었다. 그러나 이 수치는 1월의 209분보다는 상당히 감소한 수치다. 결국 무선 인터넷의 MOU도 줄어들고 있는데 이는 두 가지 의미로 해석할 수 있다. 무선 인터넷이 제공하는 컨텐츠의 질적 향상이 아직 미약하여 사용자들의 관심이 계속 떨어지는 것이 아니냐는 점. 또 하나는 무선 인터넷 사용자 통계는 계속 증가하고 있으나 실제 이를 지속적으로 사용하는 Heavy User의 비율은 점점 작아지고 있다는 점이다. 그러나 향후 무선 인터넷의 컨텐츠가 다양화되고, 질적 수준이 높아질수록 무선 인터넷 월평균 사용시간(MOU)은 상승하리라는 것이 일반적인 예상이다.

이제 구체적으로 m-commerce의 향후 시장 규모를 전망해보자.

먼저 직접적인 관련성은 없지만 이동전화 가입자수의 변화 추이

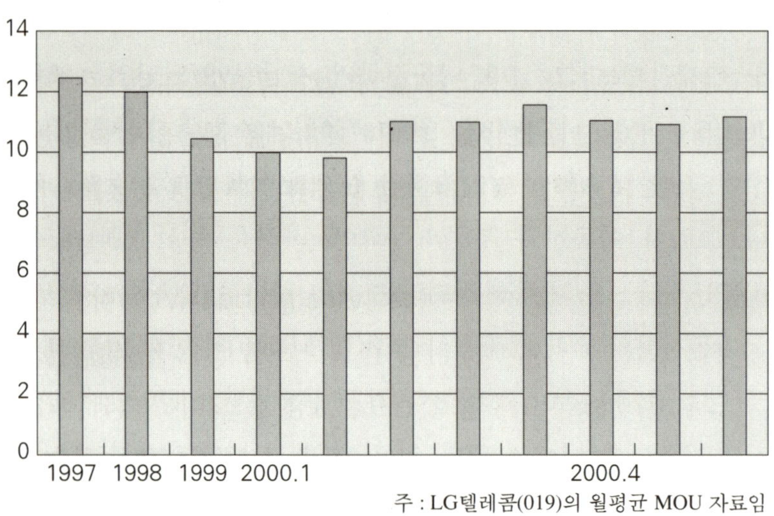

주 : LG텔레콤(019)의 월평균 MOU 자료임

를 전망해 보면, 앞에서도 이야기했듯이 시장포화점에 이른 현재, 추가적인 가입자를 확보하기는 어려울 것으로 예상된다. 따라서 향후 2010년까지 시장보급률 65%를 최대의 확보가능 가입자 규모로 예상했다. 2003년 전후로 서비스 예정인 IMT-2000과 무선 인터넷이 광범위하게 보급되더라도 이는 기존 이동전화 사용자를 대체할 것으로 보았기 대문이다. 향후 인구증가율은 지난 1997~2000년간 연평균 증가율인 0.77%를 사용했다.

무선 인터넷 사용자의 향후 전망을 위해서는 이동통신 가입자에 대한 보급률을 예상하여 전망했다. 대부분의 무선 인터넷 사용자는 이동전화를 통해 데이터를 주고받을 것이기 때문이다. 따라서 이동전화 이외의 단말기, 가령 PDA를 통한 무선 인터넷 시장을 따로 구분하지는 못하였다. 2000년말 무선 인터넷 사용자는 총 1,579만명으로 이미 이동통신 사용자의 58.9%에 달한다. 무선 인터넷 서비스가 질적으로 향상되고 이용요금도 부담스럽지 않은 수준으로 인하될 경우, 대부분의 이동전화 사용자는 무선 인터넷 사용자로 자연스럽게 편입될 것이다. 그러나 유선의 경우와 마찬가지로 보급률이 100%가 되기는 힘들 것으로 보인다. 인터넷 자체에 대해 거부감을 보이는 한계인구는 항상 존재하기 때문이다. 더구나 m-commerce의 경우는 이러한 한계인구의 범위가 더 넓을 수 있다. 국내 인터넷 이용자 수는 지난 2000년 말 기준으로 1,904만명에 달했다. 직접적인 비교는 불가능하지만 이 수치는 국내 유선전화 사용자 2,193만명의 86.8%에 달한다. 따라서 향후 무선 인터넷 사용자의 최대 보급률을 전체 이동전화 사용자의 85%로 가정했다.

무선 인터넷 사용자는 다시 3개의 부류로 구분했다. 현재의 무선 인터넷 사용자 1,579만명중 상당 부분은 Light User로 분류할 수 있다. 월평균 사용시간이 200분에도 못 미치기 때문이다. 따라서 월평균 사용시간이 0~200분인 사용자를 Light User로, 사용시간이 200~400분인 사용자를 Medium User로, 사용시간이 400분 이상인 사용자를 Heavy User로 처리했다. 현재 무선 인터넷 사용자 중 월평균 사용시간이 400분 이상인 Heavy User의 비율은 1%에 크게 못 미치는 것으로 추정된다. Medium User가 1% 내외, 나머지 98% 이상은 사용시간이 월평균 200분 미만인 Light User로 분류할 수 있다. 물론 향후 Medium 및 Heavy User의 구성비율은 올라갈 것으로 예상된다. 향후의 구체적인 구성비율을 전망하기는 쉽지 않지만 2010년 세 부류간의 구성비율을 3:6:1으로 예상했다. 이 비율은 현재 이동전화의 사용빈도 분포 구성비율을 감안하여 적용하였다. 무선 인터넷 사용이 보편화될 경우 유선 인터넷에 대해, 마치 이동전화가 유선전화와 경쟁하는 모습과 비슷한 행태를 보일 것이기 때문이다. 2010년까지의 변화경로에 대해서는 IMT-2000 서비스의 도입을 계기로 로그함수 형태를 보일 것으로 예측했다.

다음으로 시장전망을 위해서는 통신사업자의 과금체계를 살펴볼 필요가 있다. 혼란스러운 문제는 현재 시간제 위주의 무선 인터넷 과금체계가 조만간 시간제, 종량제, 건수제, 정액제, 혼합제 등 다양해 질 것이라는 점이다. 최근 정보통신부에 따르면 5개 이동통신 사업자들은 2.5세대 이동통신(cdma2000-1X) 서비스와 무선 인터넷 컨텐츠의 전면 유료화에 대비, 컨텐츠 종류와 내용별로 과금방식을 달리한 복잡한 요금체계를 마련했다. 이들은 향후 통화료 기준이 될 패킷(512byte)당 요금 수준을 놓고 협의를 진행하고 있다. 정통부는 업계의 자율적인 협의를 통해 패킷(512byte)당 요금을 정해 제시하도록 사업자들에게 요청하고 있으나 각 과금체계의 기준이 될 패킷당 요금을 어느 정도로 정해야 할지 정하기가 쉽지 않다. 이와 같이 무선 인터넷 과금체계가 매우 복잡하게 세분화된 것은 형식과 내용이 제각각인 모든 컨텐츠에 동일한 과금방식을 적용할 수는 없기 때문이다. 예를 들어 무선 인터넷 채팅 서비스에 데이터 양에 따른 종량제를 적용한다면 분당 타자수가 많은 가입자가 불리하다. 따라서 이 경우 시간요금제가 적합할 수 있다. 또 유용성과 희소성 등으로 가치가 달라지는 각종 정보는 파일크기만으로 이용료를 부과하는 것은 적절하지 않다. 휴대폰 단문서비스(SMS)는 종전대로 건수로 요금을 부과하는 것이 쉽다. 이에 따라 각 이동통신 사업자는 컨텐츠의 종류와 내용에 맞춰 시간과 데이터 양을 적절히 적용한 새로운 과금방식을 개발, 수익 극대화를 노리고 있다.

이와 같은 복합적 과금체계에선 사용자 1인당 평균수익(ARPU) 변수가 시장규모 추정에 가장 적합한 결정변수라 할 수 있다. 그러나 ARPU의 추정을 위해서는 사용자가 소비하는 무선 컨텐츠에 대한 종류와 양, 그리고 컨텐츠 가격 등에 대한 복잡한 전제조건이 필요하다. 따라서 아래에서는 기본적으로 무선 인터넷의 1인당 사용시간(MOU)을 기본적 결정변수로 사용하고 ARPU는 사후적으로 도출하는 방법을 사용했다. 또한 1인당 ARPU은 제공되는 서비스별로 따로 그 규모를 추정했다.

미국의 모건 스탠리 딘 위터(Morgan Stanley Dean Witter)는 무선 인터넷 서비스 중 m-commerce와 관련된 서비스를 다음과 같이 분류하고 있다.

직접적인 상거래(Commerce) 외에도, 오락(Entertainment)과 정보(Information) 서비스를 넓은 개념의 m-commerce로 포괄한 것이다. 무선 인터넷의 서비스에는 이와 같은 m-commerce 서비스 외에도 전자우편 등 커뮤니케이션 서비스가 중요한 비중을 차지하고 있다.

표 2-7 무선 인터넷 서비스 중 m-commerce의 분류

구분	상거래(Commerce)	오락(Entertainment)	정보(Information)
서비스 예	티켓구매, M-소매, M-거래, M-은행거래, 전자지갑, 거래인증 및 ID발급, 'push&pull' 광고	비디오, MP3, 온라인게임, 경기결과 게시, 운세, 전화벨, 아이콘 내려받기	뉴스, 증권시세, 개인일정, 교통정보, 전화번호, 주소
유,무선 비교	시간, 장소의 제약해소 중요	컨텐츠의 질이 중요	개인화 및 시간, 장소의 제약해소 중요

자료 : 모건 스탠리 딘 위터 리서치, 2000

아래에서는 m-commerce와 커뮤니케이션 서비스의 시장규모를 구분하여 추정하였다.

이중에서 m-commerce의 초기시장(2000~2002년)에서는 MP3, 온라인게임 등 초보적인 기술수준의 엔터테인먼트 시장 비중이 높을 것으로 예상된다. 중기시장(2003~2005년)에서는 지리, 위치 및 교통정보 등의 정보서비스의 비중이 높아지고 후기시장(2006년 이후)에는 상거래 시장과 멀티미디어 기술을 활용한 보다 높은 기술수준의 엔터테인먼트 시장의 중요성이 높아질 것으로 예상된다.

지금까지의 각 변수들에 대한 전제조건을 토대로 m-commerce 시장규모에 대한 연도별 전망치를 아래 표와 같이 정리했다.

지금까지의 추정결과를 요약하면 다음과 같다.

우선 2000년 전체 무선 인터넷 시장규모는 약 5,023억원 내외로 추정되었다. 이 중에서 커뮤니케이션 서비스 매출액 1,658억원을 제외하면 순수하게 m-commerce의 시장규모는 3,365억원으로 추정되었다. 전체 무선 인터넷 가입자 1,579만명 중 상당 부분은 허수로 추정되지만, 이들을 평균하면 전체적으로 연평균 332분(월평균 27.7분) 무선 인터넷을 사용한 것으로 추정된다. 1인당 평균수익(ARPU)은 연평균 31,284원이었다. 사용한 서비스 중 실제 상거래(Commerce) 서비스는 아직 도입되지 않았고, 엔터테인먼트와 정보 서비스의 비중이 비슷하게 형성되었다.

향후 m-commerce 시장규모 전망에 있어선 2005년에 4조 599억원, 2010년에는 6조 881억원으로 추정되었다. 전체 무선 인터넷 가입자 수는 2005년 2,454만명, 2010년 2,818만명으로 추정되었고 이들은 각각 연평균 2005년 2,489분(하루 평균 6분 내외), 2010년에는

3,098분(하루 평균 8.5분 내외) 무선 인터넷을 사용할 것으로 추정되었다. 무선 인터넷 MOU가 과소 추정되었다고 판단할 수도 있으나,

구분	2000년	2001년	2002년	2003년	2004년	2005년	2006년	2007년	2008년	2009년	2010년
이동전화 가입자 수(천명)	26,816	27,610	28,782	29,729	30,201	30,679	31,163	31,652	32,147	32,647	33,154
무선 인터넷 가입자 수(천명)	15,785	17,947	20,147	22,297	23,557	24,543	25,242	25,955	26,682	27,424	28,181
- Heavy User	0.5%	1.7%	2.9%	4.2%	5.4%	6.5%	7.4%	8.1%	8.6%	9.0%	9.3%
- Medium User	2.0%	11.2%	17.3%	25.6%	33.6%	40.7%	45.6%	48.6%	51.8%	55.3%	60.5%
- Light User	97.5%	87.1%	79.8%	70.2%	61.0%	52.8%	47.0%	43.3%	39.0%	35.7%	30.2%
MOU/Year	332	876	1,753	2,015	2,266	2,489	2,650	2,755	2,857	2,960	3,098
- Heavy User	3,000	5,000	6,000	6,000	6,000	6,000	6,000	6,000	6,000	6,000	6,000
- Medium User	1,200	2,400	2,400	2,400	2,400	2,400	2,400	2,400	2,400	2,400	2,400
- Light User	300	600	1,200	1,200	1,200	1,200	1,200	1,200	1,200	1,200	1,200
1인당 ARPU(원)	31,824	84,092	168,330	193,444	217,544	238,971	254,362	264,453	274,268	284,129	297,446
- Commerce	0	235	1,818	5,088	10,333	16,776	23,096	28,482	33,049	36,880	40,572
- Entertainment	11,361	29,508	58,764	67,067	74,770	81,226	85,156	86,899	87,930	88,194	88,550
- Information	9,961	27,464	54,303	60,374	64,623	67,414	68,983	70,371	73,504	78,647	86,914
(Communication)	(10,502)	(26,884)	(53,445)	(60,915)	(67,808)	(73,555)	(77,097)	(78,701)	(79,785)	(80,409)	(81,411)
시장규모(억원)	5,023	15,092	33,914	43,131	51,247	58,652	64,206	68,638	73,180	77,919	83,823
- Commerce	0	42	336	1,134	2,434	4,117	5,830	7,392	8,818	10,114	11,433
- Entertainment	1,793	5,296	11,839	14,954	17,614	19,936	21,502	22,554	23,461	24,186	24,954
- Information	1,572	4,929	10,941	13,461	15,225	16,546	17,413	18,265	19,612	21,568	24,493
(Communication)	(1,658)	(4,825)	(10,768)	(13,582)	(15,974)	(18,053)	(19,461)	(20,427)	(21,288)	(22,051)	(22,942)
증가율(%)	N.A	164.2%	100.2%	14.9%	12.5%	9.8%	6.4%	4.0%	3.7%	3.6%	4.7%
- Commerce	N.A	N.A	672.1%	179.8%	103.1%	62.3%	37.7%	23.3%	16.0%	11.6%	10.0%
- Entertainment	N.A	159.7%	99.1%	14.1%	11.5%	8.6%	4.9%	2.0%	1.2%	0.3%	0.4%
- Information	N.A	175.7%	97.7%	11.2%	7.1%	4.3%	22.3%	2.0%	4.5%	7.0%	10.5%
(Communication)	N.A	156.0%	98.8%	14.0%	11.3%	8.5%	4.8%	2.1%	1.4%	0.8%	1.2%

현재 이동전화 사용량이 월평균 110분(하루 평균 3.7분 내외)인 점을 감안하면 그렇게 작은 수치도 아니라는 것을 알 수 있다. 또한 무선 인터넷은 유선 인터넷과 경쟁관계인 점을 무시할 수 없다. 아무리 무선 인터넷 컨텐츠 기술과 장비가 발달한다 하더라도 동일한 조건이라면 유선인터넷과 질적 수준에 차이는 나게 마련이다. 무선 인터넷이 유선 인터넷을 대체한다고 보는 것은 현재의 무선 인터넷의 개념을 폭넓게 적용할 때에나 가능할 것이다.

1인당 평균수익(ARPU)은 커뮤니케이션 서비스를 포함할 때 현재의 연간 31,824원에서 2010년 297,446원으로 확대될 것으로 추정되었다. 이는 현재의 이동통신 전체 지출액에 다소 못 미치는 수치이다. 최근 이동전화 통신비가 전체 가계지출액 중에서 차지하는 비중이 점차 높아지고 있는데, 추가적인 통신비 지출 증가는 가계수지에 큰 부담이 될 수도 있다.

m-commerce 중에서는 실제 상거래의 증가율이 높게 나타나고 있으나 이는 현재 상거래 시장이 아직 형성되지 않고 있다는 데 기인하고 있다. 상거래의 비중은 2010년 경에도 전체 시장의 10% 내외가 될 것으로 예상된다. 이동 중 상거래를 한다는 것은 잠재적인 가능성은 크지만 아직까지 현실화되지 않고 있다.

지금까지 분석에서 유념해야 할 점은 3세대 이동통신 수단인 IMT-2000 서비스의 도입이 무선 인터넷의 시장활성화에 어느 정도 기여할 것이냐는 점이다. 무선 인터넷 컨텐츠의 질적 향상을 통해 시장규모를 폭발적으로 신장시킬 가능성은 적다는 것이 필자의 판단이다. 컨텐츠의 질과 양은 cdma2000-1X(IS-95C) 서비스와 IMT-2000을 전후로 완만한 상승을 이룰 것이고 이에 따라 시장규모는 보다 완만한 확대를 지속할 것이다. 따라서 2003년 IMT-2000을 계기로 시장규모의 단기 팽창 가능성은 배제했다.

시장규모 추정을 통해 얻을 수 있는 하나의 시사점은 지금부터 2003년까지인 초기시장이 m-commerce 시장형성에 중요한 시점이라는 것이다. 이 초기시장이 제대로 형성되어야만 그 이후의 시장이 안정된 성장세를 지속할 것이다. 소비자들이 m-commerce의 서비스 내용에 만족할 수준이 되어야만 m-commerce는 성공적인 시장정착을 하게 될 것이기 때문이다. 이에 따라 추정 결과에 나타나듯이 m-commerce 시장의 성장률은 초기에 높게 나타나 있다.

결론적으로 m-commerce 시장이 이동통신 사업자나 소비자들에게 새로운 가능성을 선보이고는 있지만 일부의 기대처럼 확실한 황금거위로 기능할 지는 미지수다. 서비스 제공을 위한 대규모 투자를 커버할 정도로 시장규모가 팽창하리라는 보장도 없다. 최근 유럽의 이동통신 시장의 어두운 전망이나 IMT-2000사업의 불투명한 사업성과 예상 등도 m-commerce의 이러한 함정들을 우려하기 때문이다. 관건은 먼저, 사용자에게 친숙한 무선 단말기를 개발할 필요성이 있다는 점과 유선 인터넷과는 차별화된 서비스에 초점을 맞추어야 한다는 점일 것이다. 이러한 전제조건들이 충족되지 않는다면, m-commerce는 한낱 가능성으로만 그칠 것이다.

(2) 사업자 현황

국내 이동통신사업자들은 1999년 하반기부터 IS-95B 서비스를 제공하면서 본격적인 무선 인터넷 서비스를 시작하였다. 올해부터 고속 인터넷 서비스가 가능한 cdma2000-1X(IS-95C)나 퀄컴사의 HDR 서비스가 본격화되고 이동통신사업자간의 구조조정이 마무리되면서 경쟁이 치열해질 전망이다. 또한 단말기 제조업체가 올해부터 웹브라우저가 장착된 신형 단말기의 공급을 확대하고 있어 기존 음성통화 위주의 단말기에서 무선 인터넷 지원가능 단말기로의 수요대체가 가속화될 것으로 보인다.

국내 이동통신사업자는 국내 이동전화 보급률이 포화상태에 이름에 따라 기존 가입자의 이탈방지, 가입자의 통화량 증대를 통한 매출액 제고를 위해 무선 인터넷의 도입을 적극 추진하고 있다. 현재 이동통신사업자는 제공 서비스의 다양화 차원에서 우수한 컨텐츠를 확보하기 위해 유망 컨텐츠와의 제휴를 확대시켜 나가는 한편 컨텐츠 제공업자에 대한 지배력을 높이기 위해 자체 브랜드의 무선 포탈 서비스를 제공하고 있다. SK텔레콤은 n.Top, 한통프리텔은 PersNet, LG텔레콤은 ez-i 브랜드로 포탈 서비스를 제공하고 있다. 이들 사업자들은 국내 300여개 이상의 컨텐츠 제공업체와 제휴하여 정보서비스를 제공하고 있는 것으로 알려졌다. 그러나 이동통신사업자의 국내 무선 인터넷 서비스는 이용요금이 시간단위로 계산되어 이용자 부담이 크며, 무선 인터넷 서비스 제공 핵심기술이 없어 해외 의존도가 높으며, 인증 및 보안체계도 확립되어 있지 않다. 또한 무선 인터넷 기술표준이 WAP과 ME로 양분됨에 따라 호환성 문제가 있다.

구분	SK텔레콤	신세기통신	LG텔레콤	한통프리텔 -한통M.com
서비스명	n.Top	iTouch	ez-i	magic^{n}
브라우저	WAP	WAP	WAP	ME
제휴회사 수	250여개	200여개	190여개	300여개
컨텐츠 수	4,506여개	2,000여개	1,200여개	1,800여개
주요서비스	전자상거래 전자복권 항공권예약 CNN 뉴스 위치정보 마이벨	멀티미디어 신용카드 조회 주식정보 원격구매 게임 미팅 결혼	주식정보 교통폰(버스, 지하철 등) 전자우편 교량탐지 경매 자바게임 자바무선네트웍 정보커뮤니티 교통방송	모바일 쇼핑 티켓팅 뱅킹 카드결제 메시지뱅크 IRC 채팅 미팅 문자나라 그림나라

Source: 정보통신부, 정보통신정책연구원

무선 인터넷과 m-commerce의 성공여부는 다양한 고객성향에 적합한 컨텐츠 확보여부에 달려 있다고 할 만큼 그 중요성이 크다. 따라서 이동통신사업자들은 우수한 컨텐츠 사업자와 인터넷 포탈업체와의 제휴를 적극 모색하고 있다. 한통프리텔의 경우 야후 코리아, 데이콤 천리안, 다음 커뮤니케이션 등과 전략적 제휴를 하고 있다. 그런데 이동통신사업자들이 무선 인터넷 시장 선점을 위해 무선 포탈을 직접 운영하고 있어 대부분의 영세한 컨텐츠 제공업자들은 특정 이동통신사업자의 포탈에 하부메뉴로 컨텐츠를 제공하고 있다. 이러한 종속관계는 시장초기에 마케팅능력과 자금력이 취약한 컨텐츠 제공업체를 지원하는 측면도 있지만 장기적으로는 컨텐츠 시장

구분	사업자	추진내용
이동통신사업자	SK텔레콤	n.Top 이용자를 대상으로 개인 무선 홈페이지 서비스 제공
	LG텔레콤	ez-i를 통해 폰페이지 서비스 시작
	한통프리텔	자사 무선 인터넷 서비스에 라이코스, 천리안, 다음, 유니텔, 야후 등 기존 인터넷포탈과 제휴한 무선포탈 서비스
인터넷 포탈	라이코스	오라클의 무선 포탈 플랫폼인 Portal to GO를 이용하여 무선 홈페이지 개설 서비스
	다음	무선 인터넷을 통해 웹메일 수신여부 확인서비스와 커뮤니티 서비스 준비중
	야후 코리아	10여개의 컨텐츠를 011, 016, 019를 통해 제공
	네이버	전세계 무선 인터넷 사이트를 검색할 수 있는 무선 인터넷 브라우저인 네이버 엑스모바일 을 개발
PC통신 사업자	나우콤	무선포탈 사이트인 '모티즌' 운영
	천리안	무선포탈 사이트인 '모빌 천리안' 운영

Source: 정보통신정책연구원

의 활성화와 컨텐츠 제공업체의 자생력을 약화시키는 원인이 되고 있다. 이러한 열등한 관계를 극복하는 수단의 하나로 사업체간 제휴 활동을 통해 대형화를 모색하는 움직임도 있으며 일본의 포탈업체와 제휴를 통한 컨텐츠 도입도 시도하고 있다. 사이버드 코리아는 일본의 사이버드와, 에어아이는 MTI와, 네오비젼 코리아는 캡콤사와, 모비도미는 모비닷과 제휴하고 있다.

우리나라의 무선 인터넷 컨텐츠 서비스가 활성화되지 않는 것은 여러가지 이유가 있다. UBS 와버그(Warburg)의 분석에 따르면 NTT Docomo의 경우 i-mode 가입자의 ARPU가 전체에서 22% 증가한 반면 KT 프리텔의 데이터이용자의 ARPU는 14.4%, SK 텔레콤은 5.9%밖에 차지하지 못하는 것으로 나타나고 있다. 현재 국내 이동

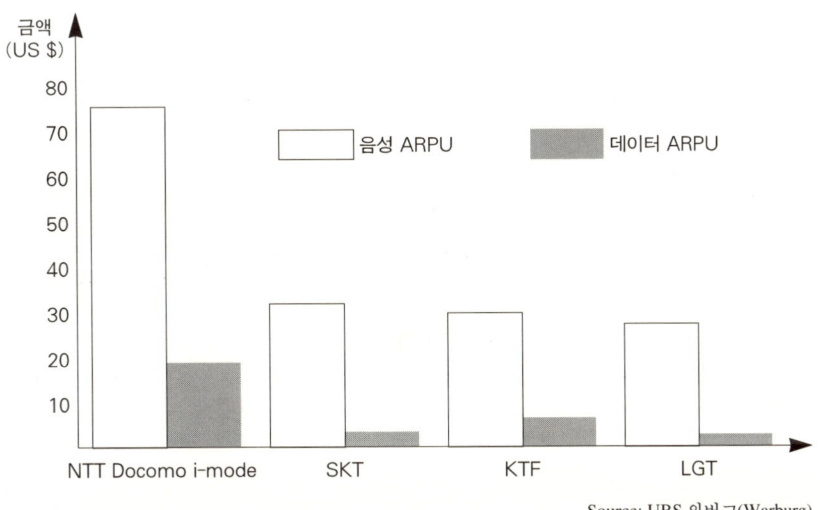

Source: UBS 와버그(Warburg)

통신사업자의 데이터 통신 속도가 최소한 13Kbps로 일본의 9.6Kbps보다 앞서면서도 무선 인터넷 ARPU 비중이 상대적으로 NTT Dcomo의 i-mode보다 떨어지는 이유는 패킷방식의 과금이 이루어지지 않고 있으며 8라인의 스크린 휴대전화가 아직까지 널리 보급되지 않은 것을 들 수 있다. 이는 컨텐츠 차체에도 문제가 있다. 국내 무선 컨텐츠 업체들 대부분이 게임, 캐릭터, 만화 등 오락위주의 컨텐츠에 집중되어 있으며 무선 인터넷 서비스 가입자 대부분이 경제적 능력이 떨어지는 청소년층에 집중되어 있어 부가가치가 떨어지는 컨텐츠를 중심으로 무선 인터넷이 활성화되어 있다. 한통프리텔과 한통엠닷컴의 통합 무선 인터넷 서비스인 매직의 가장 인기 있는 컨텐츠 주간 Top 10 리스트를 보면 10위 안의 인기 컨텐츠 대부분이 게임이나 오락류에 속하는 것들이라는 것을 알 수 있다. 무선

순 위	컨텐츠명	종류
1위	그림나라	화면
2위	소리나라	착신멜로디
3위	모바일 삼국지	게임
4위	다음	포탈/전자우편
5위	무선대국이벤트	이벤트
6위	알림마당	공지
7위	디바인에어	게임
8위	모바일 채팅	채팅
9위	노리아 행성	게임
10위	문자나라	메시지

Source: 한통프리텔, 한통엠닷컴

인터넷 컨텐츠 이용자 계층도 연령별로 20대가 가장 많고 그 다음이 30대, 10대 순으로 이루어져 있다.

무선 인터넷 컨텐츠가 이동통신 서비스의 부가서비스가 아니라 독립적인 서비스로 자리잡기 위해서는 컨텐츠 유료화의 정착, 통신망의 개방을 통해 이동통신사업자와 대등한 입장에서의 제휴 및 협력, 정책적인 지원 등 환경적인 요소뿐 아니라 고객의 정확한 요구 파악을 통해 무선 인터넷 특성에 맞는 컨텐츠의 개발이 시급하다.

2000년 12월 15일 정보통신부에서 발표한 3세대 서비스인 IMT-2000 사업권 선정결과는 동기방식으로 신청한 한국통신, SK, LG 3개 사업자중 SK와 한국통신이 사업권을 획득하였으며 LG는 탈락하였다. 또한 비동기방식으로 유일하게 지원했던 하나로 통신 중심의 한국 IMT-2000도 탈락하였다. 사업자 선정당시 주요 이슈중의 하나가 비동기방식인 W-CDMA와 동기방식인 cdma2000간의 기술적 우수성과 경제성에 관한 것이었다. 동기방식이 비동기방식보다 기술적으로 우수할 수도 있지만 대부분의 업체가 비동기방식을 채택한 이유는 전세계 3세대 사업자중 80%이상이 선택한 기술이기 때문에 장비가격이 저렴해질 것이라는 것과 연구개발 투자도 W-CDMA 기술에 집중되어 있기 때문에 무선 인터넷을 포함한 W-CDMA 기능이 cdma2000을 능가하게 될 것이라는 전망에 따른 것이다. 이동통신사업자 입장에서는 기존의 동기망인 cdmaOne에서 비동기인 W-CDMA로 전환하는데 소요되는 비용이 동기망인 cdma2000으로 진화하는 것보다 훨씬 크다. 그러나 이러한 경제적 우위도 궁극적으로는 기존의 CDMA 망장비가 모두 IP 기반의 장비로 대체되어야 할 것이라는 점을 고려하면 단기적인 것으로서 중장기적으로는 큰 차이가 없어진다.

그러나 당초에 장미빛 기대로 출발하였던 IMT-2000 사업이 사업권 선정이후에는 사업자 스스로 연기가능성을 시사하는 등 조심스러운 행보를 보이고 있다. 실질적으로 W-CDMA 네트웍 장비가 서비스 예정시점인 2002년 2/4분기까지 개발이 완전히 끝나 상용화가 가능할 지 불투명한 것도 불확실성을 높이는 한 요인이다. 이미 PCS 사업 초기에 적정 수요를 초과하는 과도한 투자로 수익성과 유동성 문제를 경험했던 이동통신사업자 입장에서는 경제적으로 그리고 기술적으로 불투명한 3세대 사업에 조급하게 투자하기 보다는 현재의 네트웍을 기반으로 한 수익성 높은 부가서비스 개발에 주력하는 것이 현실적인 대안일 수 있다.

3세대 네트웍에 대한 막대한 투자를 최대한 늦추면서 현재의 네트웍 진화단계에 따라 m-commerce 서비스를 활성화시키는 것이 이동통신사업자의 수익성 측면에서 유리하다. 우리나라나 유럽과 달리 NTT Docomo가 3세대 서비스를 서두르고 있는 것은 2세대 주파수 대역이 포화상태로서 새로운 가입자를 수용하기 힘들기 때문에 주파수 대역의 확보가 주된 이유라고 보아야 할 것이다. 이러한 NTT Docomo도 최근 시스템상의 문제로 3세대 서비스 일정을 연기하고 있는 실정이다. 이에 따라 국내 이동통신사업자들도 당분간 기술적으로 cdma2000에 기반한 과도기적인 2.5세대 서비스인 IS-95C에 주력할 것으로 보인다. IS-95C는 현재의 네트웍 업그레이드를 통해 144Kbps의 데이터 통신속도를 낼 수 있을 뿐 아니라 무선 인터넷을 활성화시키는 데 필요한 패킷기반의 과금이 가능한 장점을 가지고 있다. 일부에서는 IS-95C와 후속 버전인 1X Plus가 과도기적인 서비스가 아니라 IMT-2000 서비스 이후에도 상당 기간 지속될 것으로 보기도 한다.

② 해외시장

　지금까지 m-commerce 이용자와 시장규모 측면에서 유럽이 가장 중요한 지역으로서 북미 지역을 훨씬 앞질러 시장을 선도해왔다. 이것은 유럽이 일찍부터 GSM을 단일 표준으로 채택하였고 텔레폰 뱅킹과 자동이체가 일반화되어 다른 곳보다 m-commerce 서비스에 유리한 환경을 가지고 있기 때문이다. 유럽시장의 특징은 핀란드와 같이 보급률이 높은 나라를 제외하고는 이동통신사업자의 영향력이 절대적으로 크다는데 있다. 유럽의 이동통신사업자들은 일반적으로 새로운 기술이나 고객수요가 검증될 때 까지는 소규모의 파일롯 기반으로 출발하는 것을 선호하는 편인데 보안과 같이 민감한 사안이 걸려있는 경우에는 특히 그렇다.

북미지역은 기존의 아날로그 방식의 시스템과 여러 가지 방식의 디지털 시스템- TDMA, CDMA, GSM-이 혼재되어 있어 m-commerce의 본격적인 성장을 가로막고 있다. 따라서 이동통신사업자들의 관심도 음성통화와 관련된 부가서비스에 치우쳐 있으며 무선 데이터 통신에서 유럽지역과 달리 상대적으로 잘 개발된 페이징 사업자와 경쟁을 벌이고 있다. 그러나 인터넷이 많이 확산되어 있고 전자상거래에 대한 친숙도가 높다는 것은 앞으로 성장가능성이 충분하다는 것을 시사한다.

최근 일본 i-mode의 성공에 힘입어 아시아 태평양지역이 새로운 중심시장으로 떠오르고 있다. 쥬피터 리서치는 지역별 분석에서 2000년 말 무선 인터넷 가입자수가 일본에서는 3천만명에 이르는 반면 미국과 유럽지역은 각각 겨우 6백만명에 머무르고 있으며 현재 일본의 m-commerce 시장규모인 4억달러에 도달하는데 2년이상이 걸릴 것으로 예상하고 있다. 쥬피터 리서치는 일본의 이동통신사업자가 유럽이나 미국의 이동통신사업자가 따라야 할 모델을 제시하고 있다고 지적하면서 향후 2년간 인프라를 개선하고 고객을 최우선시하는 일본식 모델을 따라가야 한다고 권고하고 있다. NTT Docomo의 i-mode 서비스는 전세계에서 처음으로 무선 인터넷을 이용한 수익모델을 제시하면서 이른바 일본식 전자상거래 모델인 K-commerce라는 신조어까지 등장시킬 정도로 각광받고 있다.

(1) 유럽지역

　지난 수년간 산업분석가들은 유선 인터넷 분야에서는 미국이 유럽을 앞서는 반면 무선 인터넷 분야에서는 유럽이 미국을 추월할 것으로 예상해왔다. 유럽은 고가의 PC와 전화요금 때문에 인해 이동전화 이용을 선호하고 있고 PC를 통한 유선인터넷 이용자는 전체 인구의 1/10 수준인데 비해 이동전화는 전체인구의 1/4이 보유하고 있다. 메릴린치(Merrill Lynch)는 유럽지역의 전체 이동전화가입자가 2001년 유선전화가입자를 추월하고 무선 인터넷 이용자 수는 2004년 유선 인터넷 이용자 수를 능가할 것으로 전망한다. 하지만 현재 전세계에서 가장 큰 이동통신가입자를 보유하고 있는 유럽지역도 2003년경에 가서는 중국의 이동전화가입자수 폭증에 따라 아시아태평양 지역에 뒤질 것으로 보인다.

　유럽이 전세계 시장에서 무선 인터넷에 있어 경쟁우위를 확보할 수 있었던 요인은 단말기 제조, 전세계적 서비스 제공, 반도체 제조, 스마트 카드 등에 있어 세계적인 기업들을 보유하고 있기 때문이다. 또한 이동통신 가입자수 증가와 새로운 장비이용도, 어플리케이션

표 2-12　기관별 유럽지역 이동전화 가입자수 전망

(단위:백만)

조사기관	2000년	2001년	2002년	2003년	2004년
Merrill Lynch	244.3	324.3	404.3	484.3	
EMC	238.2	301.6	359.4	465.9	439.3
Stanford C.Bernstein & Co.	267.6	383.8	496.6	593.0	663.2
Gartner Group	191.5	228.3	259.1	285.3	
Datamonitor	178.0	232.0	254.0	270.0	278.0

의 우수성, 저렴한 가격에 따른 새로운 단말기의 보급 등을 이동통신 시장에서 급속한 성장을 이룰 수 있는 요인으로 들 수 있다. 하지만 역시 가장 큰 요인은 유럽지역이 일찍부터 미국과 달리 GSM 단일표준을 채택한데서 찾을 수 있다. GSM과 WAP이라고 하는 개방 플랫폼을 단일표준을 채택함으로써 국가간에 로밍이 용이해지고 이것이 단말기의 보급과 성능향상을 촉진시켰으며 궁극적으로 이동통신가입자수의 확장을 가능하게 한 것이다. EMC에 따르면 현재 유럽은 전세계 GSM 가입자의 64%를 차지하고 있으며 2004년에는 GSM 가입자수가 2배로 증가하겠지만 전세계 점유율은 55%로 떨어질 것으로 전망된다.

유럽지역에서도 서부유럽이 인구 100명당 기준으로 볼 때 세계에서 이동전화보급률이 가장 높은 지역이며 그중에서도 독일, 이탈리아, 영국, 프랑스와 스페인이 유럽 전체 이동전화 가입자중 76%를 차지하고 있다. 서부유럽에서도 세계최대의 이동전화기 제조업체인 노키아를 보유하고 있는 핀란드는 경제활동인구로 보면 거의 100%에 육박하는 가입자수를 가지고 있다.

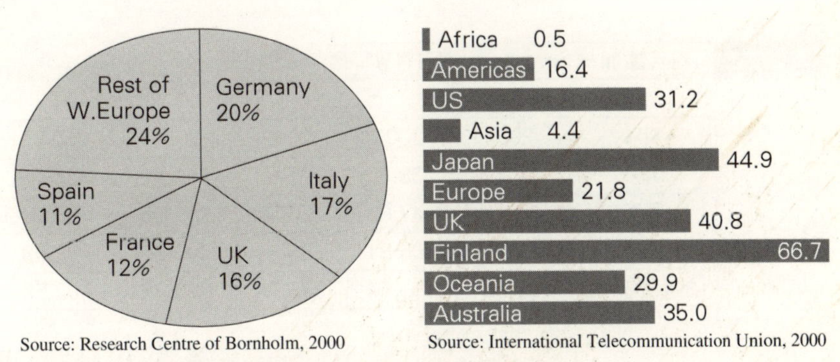

Source: Research Centre of Bornholm, 2000

Source: International Telecommunication Union, 2000

현재까지 WAP 기반의 무선 인터넷 서비스는 컨텐츠의 부족, 낮은 데이터 전송속도, 단말기 교체비용 때문에 사용자들의 외면을 받고 있는 것이 사실이다. 최근 닐슨 노만 그룹의 서비스 이용자 실태조사에서 서비스를 이용한 이동전화가입자들의 반응이 WAP 휴대전화 구입에 상당히 부정적인 것으로 나타났으며 보스턴 컨설팅 그룹(Boston Consulting Group)의 조사에서도 프랑스인들의 경우 WAP 서비스에 회의적이며 불만도 상당히 높은 것으로 나타났다. 뿐만 아니라 세계 무선 인터넷 시장에서 가장 성공적으로 평가받고 있는 NTT Docomo가 2000년 초 네덜란드의 이동통신사업자인 KPN Mobile의 지분을 취득하고 몇몇 유럽국가의 3세대 사업 라이센스에 참여하려고 하는 등 유럽지역의 이동통신사업자와 제휴를 활발히 추진하고 있는 것도 WAP의 생존가능성에 불확실성을 높이는 한 요인이다.

그러나 이러한 문제에도 불구하고 시장조사기관들은 대체적으로 2003년까지 인터넷 접속이 가능한 단말기가 구형 단말기를 대체해 유럽지역 전체 인구의 1/5내지 1/4이 WAP 서비스를 사용할 것으로 예측하고 있다. 본홈(Bornholm) 리서치센터는 2003년까지 유럽 전

표 2-13 지역별 m-commerce 시장전망

(단위:억달러)

지역	2000	2001	2002	2003	2004	2005
북미	7.84	38.15	87.60	192.22	324.08	468.91
유럽	11.59	47.68	136.07	288.26	488.57	736.18
기타	16.1	65.81	155.07	345.36	589.93	902.74
총계(전세계)	35.53	151.64	378.74	825.84	1,402.58	2,107.83

Source: 오범(Ovum)

체인구의 20%가 WAP 이용자가 될 것으로 보고 있으며 듀라체(Durlacher)는 보다 낙관적으로 모든 이동통신 가입자의 85%에 달하는 2억명이 무선 인터넷을 이용할 것으로 전망하고 있다.

유럽지역의 높은 이동전화보급률과 이동통신사업자들의 마케팅 노력에도 불구하고 m-commerce 서비스는 아직 이용자들로부터 각광받지 못하고 있다. 메릴린치에 따르면 상대적으로 낮은 신용카드 보급률도 한 원인으로 보인다. 미국에서는 온라인 구매의 90%가 신용카드를 통한 지불인데 비해 노르웨이에서는 20%이하로 나타난다. 유럽지역에서 가장 많은 이동전화가입자를 보유하고 있는 나라 중의 하나인 이탈리아에서는 15%만이 신용카드를 사용하고 있다. 그러나 GSM 휴대전화기가 개인정보를 보관할 수 있는 SIM 카드를 탑재하게 되면 이러한 문제는 곧 해결될 것으로 보인다.

오범과 쥬피터 리서치는 2005년까지 서부유럽이 전세계 m-commerce 시장의 1/3을 차지할 것이라는데 의견을 같이한다. 듀라체(Durlacher)는 그중에서도 이탈리아, 독일과 영국이 2003년까지 m-commerce 시장의 대부분을 점할 것으로 예상하고 있다.

오범은 2005년까지 이동전화가입자당 월 거래액이 북미지역과 유럽이 모두 비슷하게 낮을 것으로 전망하고 있다. 듀라체(Durlacher)도 전체적인 m-commerce 시장규모에 대한 낙관적인 전망에도

표 2-14   **2000~2005 지역별 m-commerce 시장전망**   (단위:억달러)

지역	2000	2001	2002	2003	2004	2005
유럽	0.0	1	5	17	46	78
전세계	4	15	34	76	145	222

Source: 쥬피터 리서치

불구하고 가입자당 수익은 높지 않을 것으로 보고 있는데 이는 m-commerce 서비스의 고객 기반이 상당히 넓게 퍼져나갈 것이라는 것을 의미한다.

현재 유럽지역 이동통신사업자들은 기존 무선 인터넷 서비스의 한계를 극복하고 고객에게 고속의 데이터전송능력과 개인화된 서비스 옵션을 제공하기 위해 이동통신망을 2.5세대와 3세대로 진화시키기 위해 많은 투자를 하고 있다. 이들은 2000년에 3세대 서비스를 위한 주파수 경매에만 1,500억 달러를 투자했다. 영국의 경우 동년 4월 3세대 사업권 경매에 5개 사업자가 총 354억 달러를 지불했는데 이것은 처음 예상의 10배에 이르는 금액이었다. 같은 해 7월 독일의 사업자들은 448억 달러를 지불했다. 이렇게 사업권 경매에 소요되는 비용이 치솟자 3세대 사업의 수익성에 의문이 제기되고 BT와 도이치 텔레콤(Deutsche Telekom)의 주가는 사업권 경매 후 큰 폭으로 하락했다. 최근 1년간 부채도 급격히 증가해 BT의 부채는 440억 달러, 프랑스 텔레콤(France Telecom)의 부채는 6억 달러, 네덜란드 KPN의 부채는 시가총액을 넘어서 S&P로부터 신용등급을 하향조정 받았다. 이러한 부작용으로 인해 같은 해 7월의 네덜란드 경매에서는 예상보다 70% 떨어진 24억 달러에 경매가 이루어졌고 10월의 이탈리아 경매에서도 예상보다 낮게 경매가 이루어졌다. 프랑스에서는 일정액에 사업권을 교부하였고 핀란드와 스페인 같은 나라에서는 사업자의 사업성에 따라 사업권 비용을 면제해주기도 하였다.

문제는 사업권 획득에 들어가는 비용뿐 아니라 앞으로 3세대 통신망 구축에 투자될 천문학적인 비용이다. 보스턴 컨설팅 그룹(Boston Consulting Group)은 유럽의 이동통신사업자들이 향후 4~5

국가	사업권 획득 사업자	시기	선정방식/사업권 대금
핀란드	Sonera, Radiolinja, Telia, Kolmegee	1999.3	경매방식
스페인	Telefonica, Retevision, Airtel, Xfree	2000.3	심사방식/4,660억원
영국	Vodafone, BT, TIW, One2One, Orange	2000.4	경매방시/38조원 - 예정가의 5배 수준
네덜란드	Libertel, KPN, Telefort, 3Gblue, Dutchphone	2000.7	경매방식/2조 7,000억원 - 예정가의 1/4 수준
독일	T-Mobile, E-Plus, Group3G, Mannesmann Mobilfunk, ViaG Interkom, Mobilecom	2000.8	경매방식/46조원 - 유럽 최대 액수
이탈리아	Telecom Italia Mobile, Ipoc, Omnitel, Wind, Andala	2000.10	경매방식/11조 3,000억원 - 예정가의 1/2 수준
오스트리아	Mobilcom Austria, Tele.ring, Max.mobil, ConnectAustria, Telefonica, Hutchison	2000.11	경매방식/6,500억원
스위스	Swisscom AG, Orange, Telefonica, dSpeed	2000.12	경매방식/1,380억원
프랑스	4개 업체 선정에 2개 업체만 참여신청으로 보류	2001년 초	심사방식

년간 총 3,000억 달러를 쏟아 부어야 할 것으로 예상한다. JP 모간도 앞으로 3년간 사업권 획득 비용을 제외하고 통신망구축에만 1,000~3,000억 달러가 소요될 것으로 예측한다. 어떤 조사기관은 전 세계적으로 3세대 통신망 투자에 1조달러 이상이 들어갈 것으로 전 망하고 있다. 이동통신 이용자의 관점에서 이러한 막대한 투자비는 가입자에게 전가돼 기존의 GSM 서비스보다 많은 비용을 지불해야 할 것으로 보인다. 골드만삭스는 3세대 서비스에 대한 막대한 투자

에도 불구하고 대부분의 이용자들은 기존의 2세대나 2.5세대 서비스만으로도 충분히 만족할 것으로 분석하고 있다. 더 큰 문제는 3세대 통신망 구축에 소요되는 투자비는 다시 가입자의 요금청구서에 반영되어 3세대 서비스의 매력을 크게 떨어뜨릴 것이라는 것이다. 스트래티지스 그룹(Strategis Group)은 이러한 대규모 투자가 5년이상이 지나서야 열매를 맺기 시작할 것으로 전망한다. 2006년이 되면 독일, 영국, 프랑스를 필두로한 유럽국가들이 2.5세대와 3세대 가입자수면에서 상위 10개 국가중 5개를 차지할 것으로 예측된다.

　업계 전문가들은 이와 같은 현실적인 문제 때문에 3세대 서비스가 당초 예정보다 지연되고 기존 사업자들은 수익성악화에 따른 치열한 생존경쟁을 통과한 대형 사업자로 통합될 것으로 보고 있다. 따라서 현 시점에서 유럽의 이동통신사업자들은 시장수요가 없는 3세대 서비스에 막대한 신규 투자를 하기 보다는 훨씬 적은 투자비로

표 2-16　2006년 2.5세대/3세대 가입자수 상위 10개국 전망　　　　(단위 : 백만)

국가	2.5세대 가입자수	3세대 가입자수
중국	48.9	26.3
일본	14.4	21.5
독일	16.0	8.6
영국	14.7	7.9
프랑스	12.3	6.6
미국	11.1	2.8
이탈리아	10.5	5.7
스페인	7.6	4.1
한국	5.3	5.3
호주	3.9	2.1

Source: 스트래티지스 그룹(The Strategis Group)

　성공적인 *M* 커머스 비즈니스 전략

중고속 무선 인터넷 서비스가 가능한 GPRS(General Packet Radio Service) 망구축에 집중 투자할 가능성이 크다. GPRS 는 기존의 GSM 음성 네트웍에 패킷 전용방식의 데이터 전송 네트웍을 추가로 설치해 중고속 무선 인터넷 서비스를 지원하는 기술로서 3세대로 진화하기 전의 과도기적인 네트웍 기술이다. 이에 따라 당초 2002년경으로 예정된 유럽지역의 3세대 서비스 도입시기가 2~3년 가량 지연될 가능성이 높아지고 있다.

포레스터 리서치는 26개 이동통신사업자에 대한 인터뷰 결과 무선 인터넷 접속, 컨텐츠 구입, 광고 등의 분야에서 수익증대를 기대하고 있지만 경쟁격화와 막대한 설비투자로 인해 사업자 수익은 2003년부터 감소하기 시작해 2007년부터 적자를 보고 2013년이 되어서야 회복될 것으로 예측하고 있다. 이러한 수익성 문제를 극복하기 위해서는 규모의 경제가 필요하며 궁극적으로 유럽시장에서는 대형 5개 사업자만이 살아남을 것으로 보고있다. 구체적으로 2008년까지 유럽의 이동통신시장을 보다폰(Vodafone), T-Mobil, 프랑스 텔레콤(France Telecom), BT Cellnet 4개사와 KPN, NTT Docomo, 텔레포니카(Telefonica), 텔레콤 이탈리아(Telecom Italia)중 살아 남는 1개사를 포함한 5개사가 분할 지배할 것으로 전망하고 있다.

(2) 북미지역

북미지역은 유럽과 일본에 비해 무선 인터넷과 m-commerce 분야에 있어서는 기술개발면이나 서비스면에서 뒤처져 있다. 여러 가지

원인을 들 수 있겠지만 가장 큰 이유는 국가표준이 부재하여 TDMA, CDMA, GSM, GSM 1900, iDEN과 아날로그방식인 AMPS 등 6가지 이동통신 프로토콜이 혼재해 있다는 데서 찾을 수 있다. 또한 대부분의 국가가 국가차원에서 이동통신 사업권을 부여한 반면 미국은 지역차원에서 이동통신 허가권을 부여하여 총 314개의 지역사업자가 사업을 영위하고 있어 혼란을 가중시키고 있다. 또한 수신자에게 통화료를 청구하는 RPP(Receiving Party Pays)를 채택하고 있는 점, 별도의 이동통신 인식번호가 존재하지 않는다는 점, 종량요금제를 채택하여 이용자에게 고가로 인식되고 있는 점, 차세대 이동통신 기술을 해외에서 먼저 시험함에 따라 국내 도입이 지연되는 점 등이 문제점으로 지적된다. 또한 미국이 그동안 광케이블 등 정보고속도로 구축에 주력해 온 반면 유럽의 경우 이미 1990년대 초부터 디지털방식의 GSM 방식을 채택해 무선 인터넷 기술에 있어서는 미국을 앞지르고 있다.

이와 같은 상대적 열세에도 불구하고 북미지역이 상대적 강점을 갖는 분야가 있다. 유럽이 GSM 단일 표준을 채용하였다면 북미지역은 영어라고 하는 단일언어를 사용한다는 장점이 있다. 이것은 어플리케이션 공급업체, 포탈과 컨텐츠 제공업체에게는 상당한 의미를 가진다. 최근 이동통신사업자와 무선 컨텐츠 공급업체간에 제휴가 활발히 이루어짐에 따라 북미지역의 이용자들은 보다 다양한 서비스를 선택할 수 있게 되었다.

- AT&T 와이어리스가 GSM 통신망을 통해 NTT Docomo의 컨텐츠를 미국시장에 서비스할 예정이다.

• 벨 모빌리티(Bell Mobility)와 Yahoo! Canada가 북미시장에
  SMS와 유사한 서비스를 제공하기 위해 준비하고 있다.

　북미지역의 또 다른 강점은 인터넷 보급률이 높고 일반고객이나
기업고객이 온라인 전자상거래에 대한 선호도가 높다는 것이다. 또
한 북미지역은 유럽지역에 비해 온라인 컨텐츠와 솔루션 공급업체

표 2-17　이동전화가입자수 상위 20개국

국가	가입자수(백만)	보급률
미국	93.6	34.0%
일본	58.0	43.4%
중국	46.5	3.7%
이탈리아	31.1	52.2%
한국	27.5	53.3%
영국	25.5	42.9%
독일	25.0	30.2%
프랑스	21.1	35.5%
스페인	16.4	41.0%
브라질	14.4	8.3%
대만	11.5	51.6%
터키	9.2	14.0%
멕시코	8.7	8.6%
호주	7.8	40.8%
네덜란드	7.1	44.9%
캐나다	7.0	22.4%
스웨덴	5.4	60.0%
남아공	5.3	12.2%
포르투갈	4.8	47.8%
아르헨티나	4.7	12.7%

Source: 미국 인구통계청

가 다양하므로 m-commerce 인프라 소프트웨어와 어플리케이션 구축이 용이한 장점이 있다. 가장 두드러진 예가 미국 기업으로서 WAP 기술을 최초로 개발한 오픈웨이브(구 Phone.com)를 들 수 있다. 이러한 기술적 우위를 바탕으로 미국의 솔루션 공급업체들은 북미지역의 이동통신사업자들이 뒤처져있는 동안 유럽지역의 이동통신사업자를 고객으로 확보하기위해 노력하고 있다. 또한 벤처캐피탈로부터 투자받은 자금력을 바탕으로 유럽지역의 기술력이 우수한 업체들을 매수하고 있다.

낮은 이동전화보급률과 국가표준의 부재에도 불구하고 북미시장은 절대치면에서 상당한 수의 가입자를 보유하고 있다. 미국과 캐나다는 가입자수면에서 모두 상위 20위권 안에 포함되는데 미국이 1위, 캐나다가 16위를 차지하고 있다. 골드만삭스의 분석에 따르면 비록 이동전화보급률은 34%밖에 안되지만 절대 가입자수에 있어서는 전세계 이동전화가입자수의 20%를 차지하고 있다.

북미는 전세계에서 인터넷 이용자수가 이동통신가입자수를 능가하는 유일한 지역이지만 향후 수년간 무선 인터넷 이용이 급속히 증가할 것이라는 사실에는 이론의 여지가 없다. 꾸준히 유럽과 일본을 따라가고 있긴 하지만 무선 인터넷 보급률 측면에서 아직도 상당히 뒤떨어져 있는 것이 사실이다. 그러나 미국 인구의 절대규모

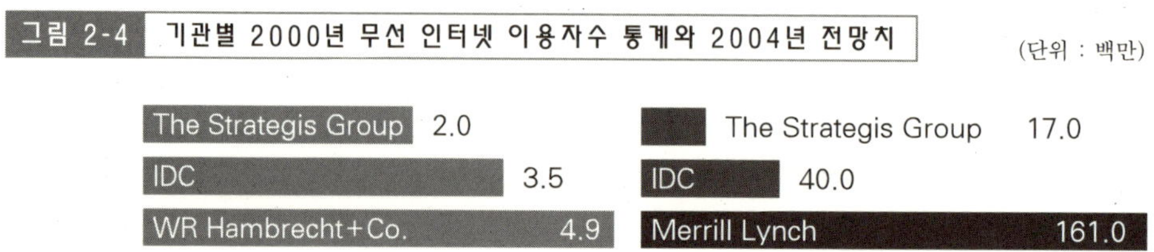

그림 2-4 기관별 2000년 무선 인터넷 이용자수 통계와 2004년 전망치   (단위 : 백만)

성공적인 M 커머스 비즈니스 전략

자체가 크기 때문에 보급률이 조금만 높아져도 상당한 이용자가 증가한다는 것을 의미한다.

　미국의 무선 인터넷 이용자의 정확한 숫자는 알 수 없지만 대략적인 통계치는 구할 수 있다. 향후 전망에 대해서도 미국시장의 특성상 조사기관마다 크게 차이가 난다. 단지 공통적인 것은 앞으로 시장이 상당히 성장할 것이고 곧 무선 인터넷 사용이 정착될 것이라는 점이다.

　미국의 m-commerce는 아직 초기단계이긴 하지만 이동통신과 무선 인터넷 산업이 성숙해지고 관련 하드웨어, 인프라, 소프트웨어가 속속 등장함에 따라 성장이 가속화될 것으로 보인다. 데이터모니터(Datamonitor)같은 기관은 미국의 m-commerce 시장규모가 2005년에 가서는 유럽시장을 추월할 것이라는 낙관적 전망을 하기도 한다. 그러한 전망은 광고시장의 성장에 기초를 둔 것이다. 쥬피터 리서치

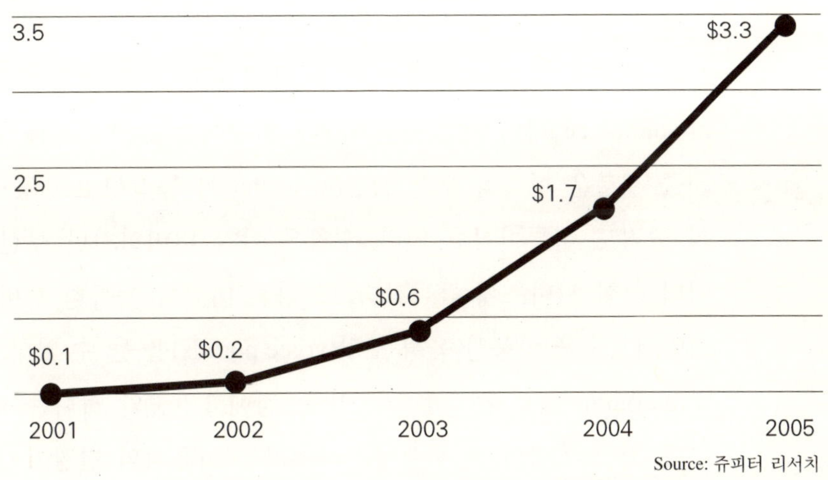

그림 2-5 | 2001~2005 미국 m-commerce 시장 전망

Source: 쥬피터 리서치

에 따르면 2005년 예상되는 33억 달러중 21억 달러가 광고부문이고 5억 달러가 유료 컨텐츠 그리고 나머지 7억 달러가 모바일 쇼핑(m-shopping) 부문이다.

미국의 이동통신사업자들도 자국내 이동통신사업자들의 경쟁심화 및 가입자 이탈 증가, 일본 무선 인터넷 시장의 폭발적 증가와 미국시장 진출에 자극받아 아날로그 기반 통신망의 디지털화를 서두르고 있으며 무선 포탈과 m-commerce 서비스를 적극 추진하고 있다. 벨 아틀란틱(Bell Atlantic), GTE, 보다폰-에어터치(Vodafone-AirTouch) 3사의 합병으로 미국 제1의 이동통신사업자가 된 버라이존 와이어리스(Verizon Wireless)는 'My VZW' 라는 무선 포탈 서비스를 통해 전자우편, 기상정보, 스포츠정보, 비행기 스케줄 등 다양한 컨텐츠를 제공하고 있다. AT&T 와이어리스도 2000년 5월 Digital PocketNet 이라는 무선 인터넷 서비스를 기존 음성가입자에게 무료로 제공하고 있으며 6.99달러를 추가로 내면 이동전화로 전자우편과 팩스서비스를 추가로 이용할 수 있도록 하였다.

m-commerce도 무선 인터넷과 동일한 성장요인과 장애요인을 갖는다. 대역폭 증가와 함께 보다 큰 대형 컬러 화면을 갖춘 단말기가 m-commerce 서비스를 촉진시킨다. 최근에는 소액결제를 활성화시켜줄 새로운 형태의 무선 지갑(m-wallet)이 등장했고 신용카드사와의 협력도 이루어지고 있다. 수익은 아직 미미하지만 무선 쿠폰도 이미 시험 서비스에 들어갔다. 또 다른 미국의 독특한 서비스는 음성인식기술을 이용한 음성 포탈(voice portals)을 들 수 있다.

m-commerce의 성장을 가로막는 장애요인중의 하나는 보안문제이다. 최근 미국의 한 이동통신사업자는 이용자의 단말기 고유번호

사업자	무선 인터넷 제공여부	무선 인터넷 접속료	무선 데이터 요금	비고
AirTouch	있음	없음	음성통화와 비슷한 요금 체계를 가지고 있으며 일정량의 통화분으로 구성된 상품으로 판매	MSN과의 제휴를 통해 공동마케팅
AT&T Wireless	없음	없음	기업고객용에 한정된 PocketNet 요금체계	프리미엄 상품에 일정표 서비스,선호서비스, 리스트서비스 제공
Bell Atlantic	있음	있음 (월 9.95달러)	음성통화와 비슷한 요금 체계를 가지고 있으며 일정량의 통화분으로 구성된 상품으로 판매	Vodafone-AirTouch, GTE와 함께 Verizon 으로 합병
Bell Mobility	있음	없음	텍스트 전송시 월 3.99/9.99 달러 요금 책정	다양하고 잘 구성된 무선데이터 상품체계 보유 초기화면을 개인취향 대로 다양하게 설정
Bell South	없음	없음	분당 15~30센트의 요금으로 제공되며 일정량의 통화분으로 구성된 상품으로 판매	아직 웹 브라우징 서비스 불가능
Cellular One	없음	없음	Infopack: 5달러 단말기와 같이 제공되는 21가지 선택사항중 3가지 선택	아직 전자우편,웹브라우징 서비스 불가능
GTE Wireless	있음	월 9.95 달러	음성통화와 동일한 요금체계	전자우편 및 데이터 전송 가능
Nextel	있음	월 14.95/ 19.95달러	음성통화와 동일한 요금체계	Basic Plan, Plus Plan 2가지 종류 무선데이터 상품
AT&T Wireless	없음	없음	텍스트 전송: 월 8달러	아직 웹브라우징 서비스 불가능
Sprint PCS	있음	월 9.95 달러	일정량의 통화량으로 구성된 상품으로 판매	무선 인터넷 시장의 선두주자로 상품과 요금체계 지속적으로 개선
US West	있음	월 9.95 달러	음성통화와 동일한 요금체계	US West.net을 통한 전자우편 서비스 제공
VoiceStream	없음	없음	텍스트 전송시 500 메시지에 월 8달러	무선모뎀서비스를 월 29.95달러에 제공

Source : 포레스터 리서치

가 일종의 쿠키로서 인터넷 접속시 웹사이트에 전달되고 있다는 것을 시인한 적이 있다. 이와 관련된 또 다른 문제는 스팸성 광고이다. 보안과 스팸을 규제하는 법안이 통과되기까지에는 앞으로 수년이 걸릴 것이다. 이용성(usability)과 이용자의 학습곡선도 m-commerce에서 중요한 요인이다. 2000년도에 이루어진 보스턴 컨설팅 그룹의 조사에 따르면 4명의 이용자중 1명이 몇번 사용해본 후에 m-commerce 서비스를 포기한 것으로 나타난다. m-commerce에서는 표준화된 무선 인터넷 기능보다는 이용자가 쉽게 이용할 수 있는 경험이 더 중요하다는 것을 알 수 있다.

(3) 아시아 태평양지역과 일본

최근 ITU(International Telecommunication Union)는 2000년 말 발표한 한 보고서에서 아시아 태평양지역이 세계 이동통신산업의 중심지가 될 것으로 전망했다. 2001년까지 전세계 이동통신 사용자의 50%이상이 아시아 태평양지역에 분포돼 이 지역이 세계 무선 인터넷 시장에서 선도적인 위치를 차지할 것이며 멀지 않아 핵심권으로 부상하게 되리라는 것이다. 이 보고서는 일본의 NTT Docomo가 2001년 5월 3세대 서비스를 시작하는 것은 예상보다 7개월이상 앞선 것이며 특히 한국, 홍콩, 중국 등이 광대역 3세대 네트웍 분야에서 유럽이나 미국을 앞질러 일본을 바싹 추격할 것이라고 예상했다. 특히 중국의 경우 이동통신 가입자수가 최근 3년동안 2배가량 증가해 정부의 소극적인 정책과는 달리 이동통신 가입자수가 현재 5100만명

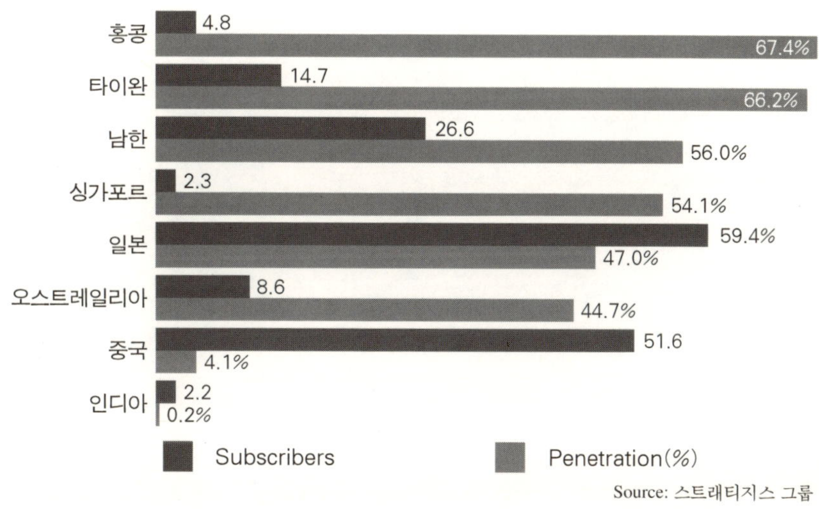

Source: 스트래티지스 그룹

이상으로 보급률은 4.1%에 지나지 않지만 절대규모면에서는 아시아 국가중 일본에 이어 2위를 기록하고 있는 것으로 나타났다. BDA China같은 기관은 중국의 이동통신가입자수가 2004년경에는 2억 3천 6백만명에 달할 것으로 추산한다. 스트래티지스그룹은 중국이 2007년까지 미국보다 훨씬 앞선 3억 3400만명의 가입자를 확보할 것으로 예상하고 있다. 그러나 ITU 보고서는 이러한 이동통신 및 인터넷 사용증가가 일부 선진 아시아 태평양 국가들에 한정되고 있으며 이들 국가에서 조차 인터넷의 보급이 저소득층에게까지 미치지 못하는 문제점을 노정하고 있다고 지적하고 있다.

IDC의 추산에 따르면 일본을 제외한 아시아 태평양지역의 이동통신가입자는 1999년 초 6천 1백만명에서 현재 1억명으로 증가했다. 이러한 숫자는 2004년에 가면 3억 4천 2백만명까지 증가할 것이

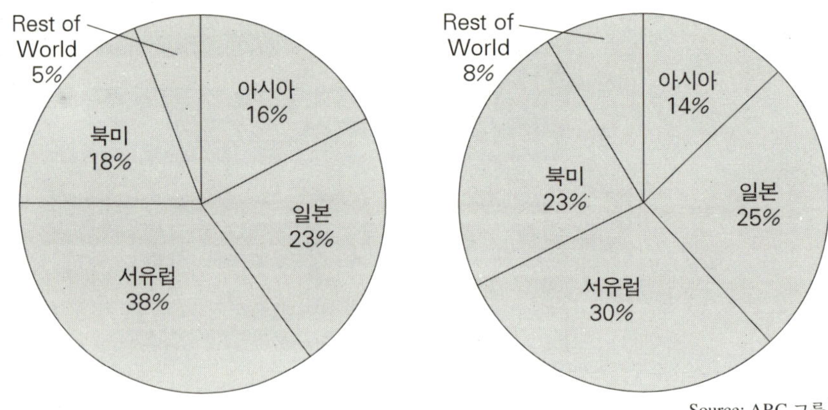

다. EMC도 이와 비슷하게 2000년말 가입자수가 2억명에 달하고 2004년에는 3억 4천 2백만명에 달할 것으로 전망하고 있다.

ARC 그룹에서는 일본을 제외한 아시아 태평양지역의 무선 인터넷 가입자수가 2000년 말 기준으로 전세계 가입자수의 39%를 차지할 것으로 추정하고 있다. 오범(Ovum)에서도 아시아 태평양지역이 2002년 말 기준으로 전체 무선 인터넷 가입자의 46%를 차지해 세계 무선 인터넷 시장을 주도할 것으로 예상하고 있다.

아시아 태평양지역의 m-commerce 시장규모는 일본을 제외하면 상당히 작아진다. 프로스트 & 설리반(Frost & Sullivan)에서는 2005년까지 일본을 포함한 아시아 태평양 지역의 m-commerce 시장규모가 129억 달러로 성장할 것으로 전망한다. 쥬피터 리서치에서는 94억 달러로 이보다 작게 추정하고 있으며 B2B 부문을 포함시키는 오범에서는 이보다 훨씬 큰 672억 달러 규모로 추산하고 있다.

아시아지역에서도 3세대 서비스에 대한 회의론이 확산되고 있는

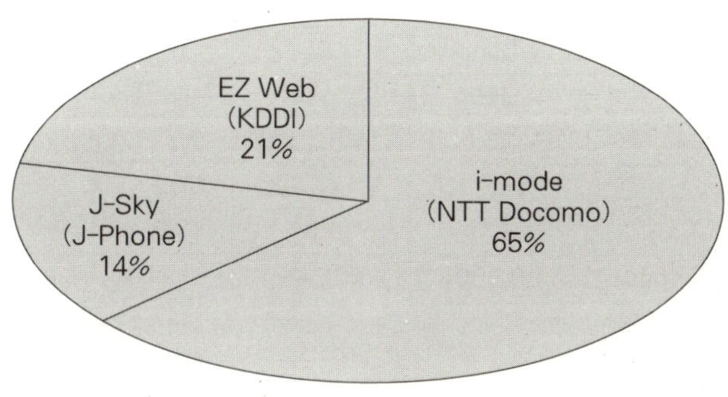

Source: 일본 우정성

데 싱가포르의 경우 3세대 주파수 경매가 연기되면서 낙찰 하한가도 대폭 낮아졌다. 싱가포르는 3세대 네트웍 장비와 단말기 상용화에 대한 우려로 전국적인 서비스가 당초보다 1년 늦은 2004년 12월로 연기될 것으로 보고 있다. 홍콩의 이동통신사업자들도 3세대 사업권 비용이 너무 비쌀 경우 경매에 참여하지 않을 수도 있다며 정책당국에 압박을 가하고 있다.

6천만명에 육박하는 이동통신가입자를 가진 일본의 이동통신시장은 아시아 태평양 지역에서 가장 많은 가입자를 가지고 있지만 보급률 측면에서는 홍콩보다 조금 낮은 편이다. 일본의 이동통신 시장은 NTT Docomo, J-phone 그리고 KDDI 3개 사업자가 지배하고 있지만 사실상 시장점유율이나 투자규모 그리고 기술과 브랜드 측면에서 NTT Docomo가 압도적인 우세를 보이고 있다. 일본의 이동통신 기술은 독자기술에 의한 폐쇄적인 정책을 유지해옴에 따라 복잡한 양상을 보인다. NTT Docomo는 1979년에 일본 최초로 독자적인 디지털 방식인 PDC(Personal Digital Cellular)방식을 도입하였고

사업자		NTT Docomo	KDDI	J-Phone	총계
서비스명		i-Mode	EZ Web	J-Sky	
이동전화 이용자수		35,115,000	1,462,000	9,726,000	59,456,000
무선 인터넷 이용자수		19,777,000	6,114,000	5,521,000	31,411,000
무선 인터넷	공식사이트	1,600	680	550	N/A
웹사이트 수	독립사이트	38,000	N/A	N/A	N/A

1994년 IDO 및 Tu-Ka 그룹이 그 뒤를 이었다. 현재는 미국과의 통상마찰로 외국에서 기술이 도입되었고 기존 서비스에 대항하기 위해 새로운 기술을 도입함에 따라 여러가지 기술방식이 혼합되어 사용되고 있다. 아날로그 방식으로는 NTT 대용량 방식, TACS 방식이 있으며 디지털 방식으로는 PDC 방식과 cdmaOne 방식이 이용되고 있다.

2001년 2월 현재 무선 인터넷 이용자는 일본 전체 인구 1억 2천만명중 3천만명에 달해 4명중 1명이 휴대전화로 인터넷을 이용하는 것으로 나타났다. 일본에서는 거의 모든 웹 사이트들이 PC뿐 아니라 휴대전화에도 컨텐츠 서비스를 하고 있다.

NTT Docomo는 패킷망을 이용한 세계 최초의 상용 무선 인터넷 서비스인 i-mode를 1999년 2월 22일부터 제공하고 있다. i-mode는 2001년 2월 현재 가입자가 2000만명에 육박하고 있으며 하루 평균 5만명 증가라는 경이적인 성장세를 보이고 있다. i-mode 가입자가 100만명을 넘는데는 167일이 소요되었지만 200만명 돌파는 71일, 300만명 돌파는 66일 등 500만명까지는 100만명당 2개월이 걸렸지만 500만명 이후부터는 가속도가 붙어서 800만명까지는 월평균

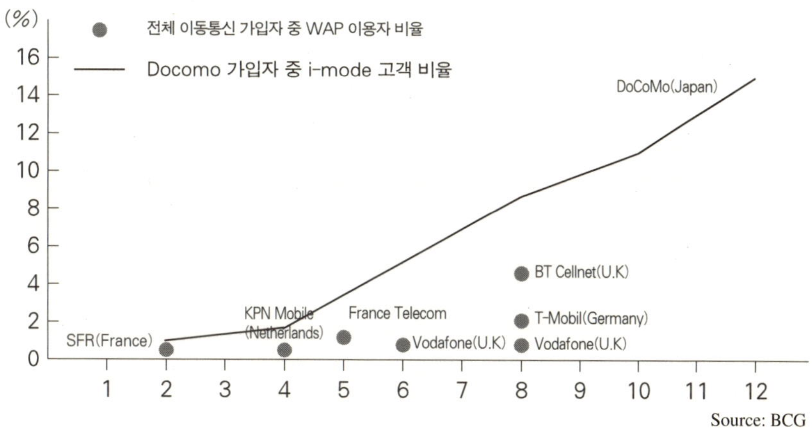

100만명의 가입자를 확보하였으며 현재는 매월 약 150만명의 속도로 가입자수가 증가하고 있다. 다음 그림을 보면 i-mode 서비스 가입자가 WAP서비스를 하는 유럽 이동통신사업자보다 훨씬 빠른 속도로 증가해왔다는 것을 알 수 있다.

일본에서 무선 인터넷이 유선 인터넷보다 더 각광을 받고 있는데에는 여러 가지 이유가 있는데 우선 일본의 소비자들은 보다 콤팩트하고 경량의 단말기를 선호하고 PC가격이 상당히 하락했지만 비용측면에서 아직까지 PC 구매를 부담스럽게 느낀다. 그리고 NTT가 가입자망을 사실상 독점하고 있으므로 고가 인터넷 접속비용이 PC기반의 인터넷 이용에 장애요인으로 작용했다.

반면에 i-mode는 업계 최초로 패킷모드에 기반한 데이터서비스의 종량과금제를 채택하여 이용자의 부담을 대폭 완화하였다. 표준기본요금은 월 300엔이며 각 서비스마다 1패킷(=128 바이트)당 0.3엔을 추가로 지불하도록 되어 있다. 또한 여러 유료 사이트가 있는

구분	내용
모바일 은행 (Mobile Banking)	사꾸라, 산와은행 등 140개 주요 은행과 신용카드회사와 제휴 단말기를 통한 잔고 확인, 계좌이체 등의 서비스 제공
예약업무 (Mobile Booking)	기차, 비행기, 콘서트 표 등을 예매할 수 있으며 특별공연이나 할인혜택에 관한 정보 제공 현재 JAL, JTB 등 20여개 업체 참여
전자우편(E-Mail)	한번에 최대 500자까지 송신할 수 있으며 휴대전화 가입자뿐 아니라 PC 및 PDA 사용자와도 통신 가능 가입자는 휴대전화번호 @docomo.co.jp의 주소를 할당받으며 전송된 전자우편은 i-mode 서버에 보관되어 직접 전송이 불가 능할 경우에도 사후에 전달
모바일 거래 (Mobile Transaction)	온라인 주식거래, 서적구입 등의 모바일 상거래 서비스 제공 현재 니꼬 증권, 키노꾸니야 서점 등이 참여하고 있으며 결제대 금은 신용카드 또는 온라인 입금을 통해 거래 즉시 이체
엔터테인먼트 (Entertainment)	캐릭터 및 사진 전송, 가라오케, FM 방송 수신, 점성술, 네트웍 게임 등이 있으며 반다이, 포토넷 등 30여개 업체가 제휴
데이터베이스 (Database)	레스토랑 안내, 전화번호부, 요리법, 사전검색, 교통정보, 뉴스, 기상정보 등을 제공

데 사용료는 정보 제공자들이 임의로 정하고 있다. 유료 사이트들은 월정액 제도로 요금을 부과하고 있는데 보통 100~300엔이며 다양한 컨텐츠가 제공된다. 이와 같은 저렴한 요금체계는 기존의 회선교환방식에서는 볼 수 없었던 것이며 이러한 점이 i-mode 가입자 확충에 중요한 요소가 되었다.

i-mode의 또하나의 가장 성공요인은 풍부한 컨텐츠의 제공을 들 수 있다. i-mode는 유선인터넷의 HTML과 동일한 기반의 c-HTML을 사용함으로써 컨텐츠 업체의 담당자가 별도의 교육없이 무선 단말기용 컨텐츠를 개발할 수 있도록 하였다. 이러한 영향으로 2000년

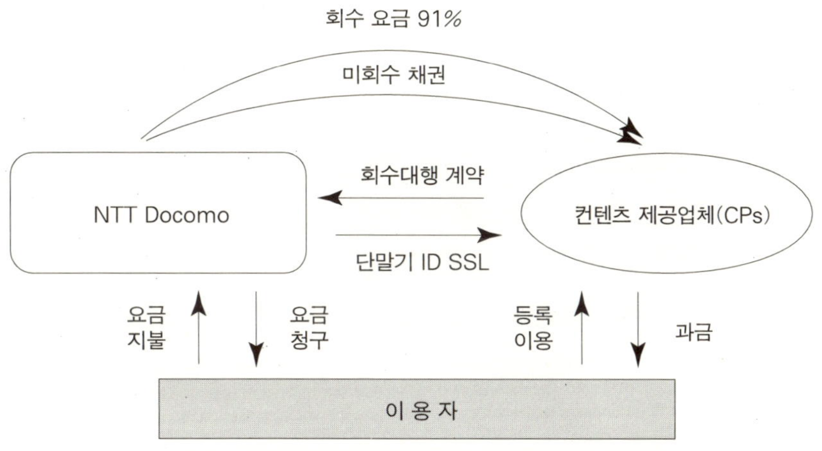

3/4분기 현재 주요 컨텐츠를 제공하는 공식적인 웹사이트는 1,600개 이상이며 독립적인 사이트도 39,000개를 넘어가고 있다.

　컨텐츠의 개발을 촉진시킨 또 하나의 주요 요인은 NTT Docomo가 컨텐츠 제공자(CP)의 과금업무를 대행함으로써 영세한 컨텐츠 제공자들이 안심하고 컨텐츠를 제공할 수 있으며 사용자들은 서비스에 대한 과금시 신용카드 등의 정보를 컨텐츠 제공자에게 줄 필요없이 기존 통신회사의 요금청구에 합산되어 컨텐츠를 사용하기에 매우 편리하게 했다는데 있다. NTT Docomo는 요금회수대행을 해주면서 대행수수료를 CP로부터 컨텐츠 이용요금의 9%를 받는 비즈니스 모델을 만들었다.

　그 다음 요인은 i-mode의 두터운 가입자층을 들 수 있다. NTT Docomo는 당초 i-mode의 주요 고객층을 고소득 전문직 종사자를 목표로 하였지만 시간이 경과할수록 젊은층의 가입이 두드러지면서

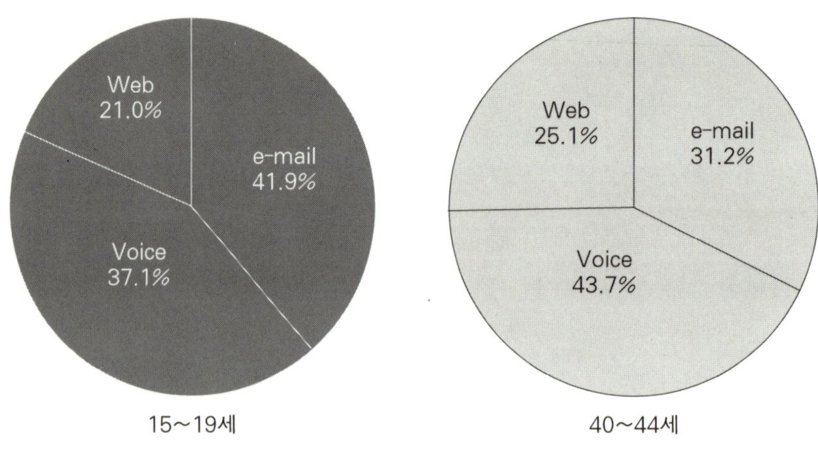

Source: Infocom

주요 고객층이 다양한 연령대로 확산되었다. 이와 같은 젊은층의 선호는 보편화된 이동전화기에서의 조작이 타 연령층에 비해 능숙할 뿐 아니라 공개장소에서 이동전화 이용에 거부감을 느끼지 않기 때문으로 보인다.

　NTT Docomo는 i-mode의 성공에 힘입어 IMT-2000 사업을 적극적으로 추진하고 있다. NTT Docomo는 2000년 6월에 IMT-2000 사업권을 부여받는 즉시 W-CDMA 방식의 3G 시범 서비스를 제공하고 2001년 5월부터 동경지역부터 상용서비스를 시작하여 1년후에는 전국 주요도시로 확대할 계획이었으나 시스템상의 문제로 상용서비스를 10월로 연기하였다. IMT-2000의 도입을 서두르는 것은 폭발적인 가입자로 인해 현재의 2세대 서비스의 수용능력이 한계에 다다른 이유도 있지만 또 한편으로는 i-mode 성공을 통해 무선 인터넷과 m-commerce에 대한 수요를 확신하였으며 여기서 얻은 경험과 노하우를 기반으로 세계시장 진출을 뒷받침하기 위해서이다. 해외시장 진출을 위해 이미 19%의 지분을 출자하고 있는 홍콩의 허치슨(Hutchison)에 i-mode 관련 기술의 수출에 합의함으로써 중국 및 동남아 진출을 위한 교두보를 마련하였다. 이어서 유럽시장을 겨냥해 스페인의 텔레포니카(Telefonica)와 공동으로 i-mode 기술채택을 위한 공동시험을 실시하는 한편 네덜란드의 KPN Mobile사의 지분매입에 45억 달러를 투자하였다. 또한 미국시장 진출을 위해 미국 최대의 ISP인 AOL과 제휴하였고 AT&T 와이어리스에도 98억 달러 규모의 지분참여를 통해 미국시장 진출을 위한 기반을 마련하였다.

NTT Docomo가 서비스할 IMT-2000 서비스는 통화품질보다는 데이터 통신에 초점을 둔 고기능형 i-mode 서비스가 될 것으로 보인다. IMT-2000 서비스의 최대 장점인 고속패킷통신서비스에 있어서 상향전송 64Kbps, 하향전송 384Kbps를 구현할 수 있다. 최고 2Mbps의 초고속 데이터통신 서비스가 실현되려면 서비스 개시 후 1~2년이 걸릴 것으로 예상된다.

NTT Docomo의 i-mode 성공에 자극받아 경쟁사업자인 J-phone과 KDDI도 자사 고객의 이탈을 방지하고자 무선 인터넷 서비스의 제공을 서두르고 있다. 이중 KDDI는 비동기식 W-CDMA 기술을 채택한 NTT Docomo와 J-phone과는 달리 동기방식인 cdma2000를 채택해 경쟁사와는 차별화된 전략을 구사하고 있다. 현재로서는 NTT Docomo가 i-mode 성공의 여세를 몰아 당분간 무선 인터넷 시장을 선도하겠지만 J-phone과 KDDI도 무선 인터넷 서비스 개발에 전사적인 노력을 경주하고 있어 귀추가 주목된다.

m-commerce 기반기술

무선 인터넷 시스템은 여러 가지
요소기술을 결합한 복합적인 시스템이다.
이러한 요소기술에는 이동통신사업자가
운영하는 이동통신 네트웍 기술,
무선 ISP(Wireless Internet Service Provider),
마이크로 브라우저, 무선 인터넷 컨텐츠 표준,
이동성지원 프로토콜, 무선 단말기,
무선 미들웨어 등이 있다.

　　무선 인터넷 시스템은 여러 가지 요소기술을 결합한 복합적인 시스템이다. 이러한 요소기술에는 이동통신사업자가 운영하는 이동통신 네트웍 기술, 무선 ISP(Wireless Internet Service Provider), 마이크로 브라우저, 무선 인터넷 컨텐츠 표준, 이동성지원 프로토콜, 무선 단말기, 무선 미들웨어 등이 있다. 이러한 기술분야들은 무선 인터넷이 어떤 표준을 통하여 제공될 것인가에 따라 변화가 있을 수 있는데 아직까지 통일된 표준이 존재하지 않으며 여러 가지 표준이 혼재하는 과정을 거쳐 시장에서의 성패에 따라 하나의 표준으로 수렴될 것으로 전망된다.

그림 3-1　무선 인터넷 시스템 구성도

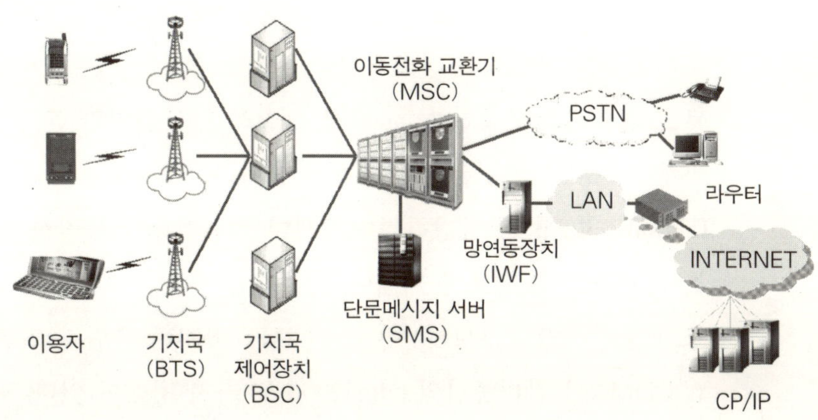

1 네트워크 관련 기술

이동통신기술은 일반적으로 아날로그 방식에 의한 이동전화시스템(AMPS)을 제 1세대(1G), 디지털 방식에 의한 현행 이동전화시스템을 제 2세대(2G), 그리고 차세대이동통신(IMT-2000)으로 지칭되는 cdma2000(북미방식) 또는 W-CDMA(유럽방식)를 제 3세대(3G)로 지칭한다. 현재 2세대에서 3세대로 넘어가는 과도기 기술로 2.5세대(2.5G)가 등장하고 있다. 2.5세대 기술은 국가간/사업자간 표준의 차이로 인해 다양한 형태로 개발되고 있는데 유럽방식은 데이터 전송속도가 향상된 GPRS/EDGE를 거쳐 W-CDMA로 진행되고 있으며, 북미방식은 IS-95B/C를 거쳐 cdma2000으로 진화되고 있다.

이동통신 네트웍의 진화과정을 살펴 보면 처음에는 1세대인 아날로그 셀룰러(analog cellular)에서 출발하였다. 하지만 곧 1세대의 용량부족과 낮은 품질문제를 해소하기 위하여 2세대인 디지털 셀룰러(digital cellular)가 등장하였다. 2세대 이동전화가 등장한 후 일반인들이 사용할 수 있도록 가격이 저렴하고 사용이 보편화된 PCS 서비스가 등장하였다. 3세대 서비스인 IMT-2000은 유럽과 일본 중심의 W-CDMA와 북미중심의 cdma2000 두 가지 방식이 있다. 전자는 비동기 방식인 GSM에서 발전된 중속 회선교환서비스인 HSCSD(High Speed Circuit Switching Data)와 중속 패킷교환서비스인 GPRS(General Packet Radio Service)가 발전한 형태이다. 후자는 동기식 방식인 CDMA가 IS-95A, IS-95B, cdma2000-1X(IS-95C) 등을 거쳐 발전한 것이다. 동기식은 위치추적시스템인 GPS를 이용해 기

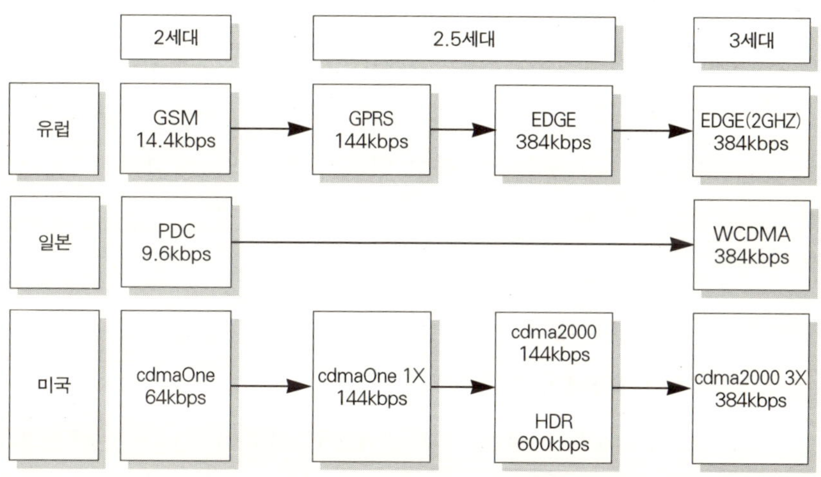

지국의 시각을 일치시키는 데 반해 비동기식은 자체적으로 이를 조정하는 방식을 말한다.

• 1세대(아날로그), 2세대(디지털)

1세대와 2세대까지의 이동통신기술은 일반적으로 데이터통신보다는 음성통신에 초점을 맞추고 있다. 1세대 아날로그 기술은 AMPS와 TACS 등으로 나누어지며 이 중에서 AMPS 방식이 주류를 이루고 있다. AMPS망에 의한 무선데이터통신서비스인 CDPD(Cellular Digital Packet Data)의 전송속도는 9.6Kbps 미만이며, 전송용량도 상당히 제한되어 있다. 2세대 디지털기술은 유럽식 GSM(TDMA)과 북미식 CDMA 방식으로 구분되는데 이 역시 데이터통신보다는 음성통신의 고품질화가 주목적이다. 데이터 전송속도가 최대 14.4Kbps에 불과하므로 SMS(Short Message Service)보다 용량이 큰 무선 인터넷 서비스에는 근본적인 한계가 있다.

• 2.5세대(IS-95B/IS-2000,GPRS/EDGE)

2.5세대 기술은 기존의 2세대 기술에 데이터통신기능을 강화시키는 것을 주목적으로 하고 있다. 현행 GSM계열의 2.5세대 기술로는 HSCSD(High-Speed Circuit-Switched Data), GPRS(General Packet Radio Service), EDGE(Enhanced Data for GSM Evolution)를 들 수 있다. HSCSD는 회선교환방식에서 적용될 수 있는 기술로서 기존의 GSM-TDMA 모듈에 타임슬롯을 추가하여 데이터 전송속도를 57.6Kbps까지 낼 수 있다. GPRS는 데이터전송이 보다 용이한 패킷교환방식에서 적용될 수 있는 기술로 무선 인터넷 접속이 용이하도록 IP(Internet Protocol)와 X.25 프로토콜을 지원하고 있다. GPRS의 전송속도는 115Kbps 수준이며 1999년 독일의 T-Mobil이 최초로 도입하였다. EDGE는 GPRS를 향상시킨 기술로 GSM망과 TDMA/IS-136 망에 동시에 이용할 수 있을 뿐 아니라 효율적인 무선접속 모듈을 통해 데이터전송속도를 최대 384Kbps까지 높일 수 있다. 한편 CDMA 계열의 2.5세대 기술은 현재의 IS-95B와 올해 초 상용화할 cdma2000-1X(IS-2000,IS-95C)가 있다. IS-95B 기술은 기존 시스템(IS-95, IS-95A)의 용량을 확대하고 64Kbps까지의 데이터 전송속도를 지원할 수 있으며 cdma2000-1X기술은 IS-95B에 패킷 데이터망을 추가하여 144Kbps에서 370Kbps까지의 데이터전송속도를 지원할 수 있도록 설계되어 있다. cdma2000-1X기술의 가장 큰 장점은 144Kbps의 높은 전송속도이외에도 2Mbps급의 속도를 지원하는 cdma2000-3X로의 기술진화를 용이하게 한다는 점이다. 그러나 기

구분		상용화시기	전송속도	무선 인터넷
GSM	HSCSD	1999년 하반기	57.6Kbps	TelenorMobile,Omnipoint, SingTel Mobile,Sonera 등
	GPRS	2000년 하반기	115Kbps	T-Mobil, Hongkong Telecom, France Telecom, One2one, Omnipoint, Sonera, Optus 등
	EDGE	2000/2001년 후반	384Kbps	
D-AMPS	CDPD	1990년 중반이후	19.2Kbps	미국 대부분 아날로그 사업자
	IS-136+	2000년	64Kbps	
	IS-136HS	2000년 후반	384Kbps	
CDMA IS-95	IS-95B	2000년	64Kbps	국내 이동전화사업자
	IS-2000 (cdma2000-1x)	2001년 초	144Kbps	Telstra, Bell Atlantic Mobile, Sprint PCS, 국내 이동전화사업자

술발전 추세상 cdma2000-3X기술이 상용화되어 시장에 출현할지는 아직 유동적이다.

최근 전 세계적으로 3세대 서비스에 대한 회의론이 확산된 배경에는 사업권 획득에 대한 과도한 투자부담과 기술개발 지연으로 투자회수 기간이 늘어난 것이 직접적인 원인으로 작용했지만 2.5세대 기술의 급속한 발전도 한 몫을 하고 있다. 현재 2.5세대 기술로 3세대 서비스중 대부분의 서비스가 가능하다. 전문가들은 새로운 압축 소프트웨어의 등장으로 2.5세대 네트웍에서 고품질의 무선 인터넷 서비스가 가능한데다 속도도 기존 전화모뎀의 2배 이상 수준이어서 3세대 네트웍 구축비용의 1/5정도만으로도 3세대에 버금가는 서비스를 제공할 수 있다고 본다. 국내에서도 동기식 기술인 1X EV-DO(Evolution Data Only)와 1X EV-DV(Evolution Data & Voice)의 빠른 기술개발과 국제

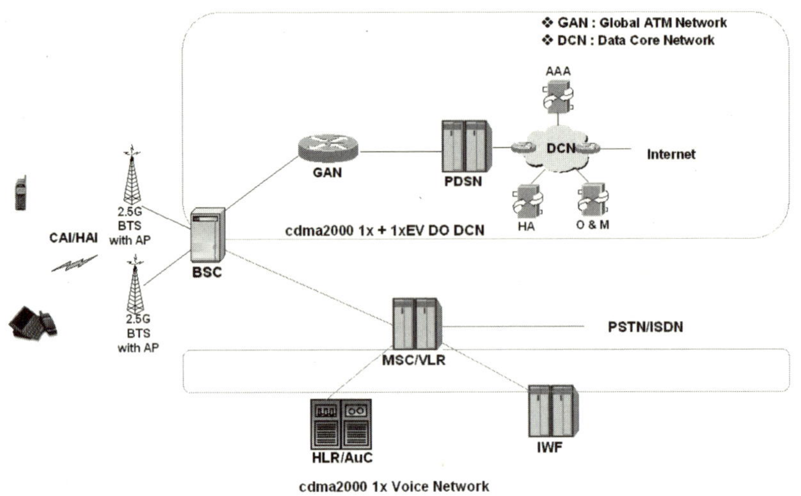

Source: SK Telecom

표준화 작업이 이루어짐에 따라 IMT-2000 서비스가 본격화되기 이전에 cdma2000-1X와 HDR(High Data Rate: 퀄컴이 개발한 데이터 전용 무선통신기술로 올해 6월 1X EV-DO 국제 표준 권고안으로 채택될 예정) 서비스가 상당기간 지속될 것으로 보인다.

• 3세대(IMT-2000)

3세대 이동통신서비스인 IMT-2000(International Mobile Telecommunications 2000)은 기존 음성위주의 서비스 형태에서 디지털 기술을 이용하여 고속 광대역 이동 멀티미디어 서비스 제공을 목표로 한 서비스이다. IMT-2000 서비스는 무선통신의 관점에서 보면 이동통신서비스로 보아야 하나 서비스 측면에서 볼 때에는 유무선 통합 서비스로 보는 것이 맞을 것이다. 앞으로 IMT-2000은 유무선 통

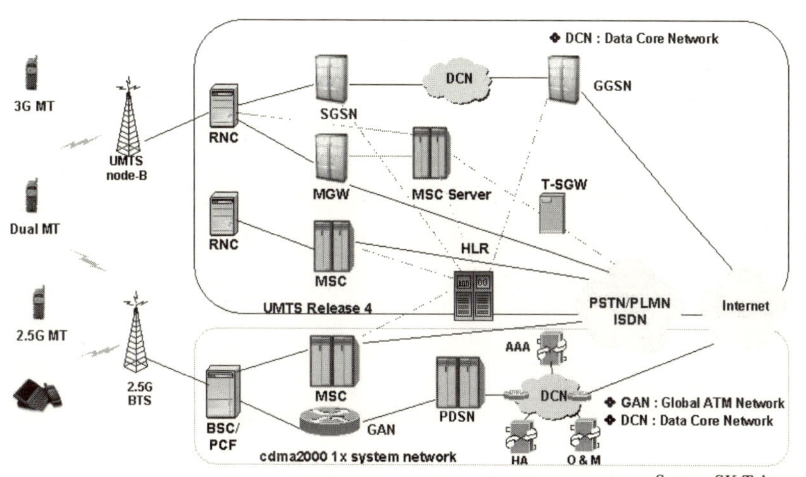

Source: SK Telecom

합 서비스를 요구하는 사용자의 요구를 반영하여 유선과 무선망에
서 제공하는 멀티미디어 서비스의 주요한 매개수단으로 작용할 것
으로 보인다. 이미 언급했듯이 현재 이동통신서비스는 세계적으로
보급률의 급속한 증가 추세속에 기존 음성위주 서비스 외에 데이터
서비스로 서비스 제공 범위를 확대하고 있다. 그러나 기존의 이동통
신기술과 인프라는 본래 음성전달을 기본 목적으로 하여 구축되었
고 정보전달의 통로인 주파수 대역이 협대역으로 설정되어 있으므
로 데이터서비스를 하기에는 제한적일 수 밖에 없다. 반면 IMT-2000
서비스는 광대역의 주파수 대역폭을 근간으로 멀티미디어 서비스를
지향하는 서비스이다. 현재 IMT-2000의 무선접속기술은 유럽과 일
본이 주도하고 있는 비동기식인 W-CDMA 방식과 미국이 주도하는
동기식인 cdma2000이 각축을 벌이고 있다. 그런데 최근 중국의 국
영기업인 차이나 텔레콤(China Telecom)의 무선 사업부인 차이나 모

일정	추진내용
1999년	3G 무선접속 표준화 최초의 3G 시범서비스
2000년	네트웍 구조, 무선 단말기 요구사항 등 표준화 계속 진행
2000년 5월	ITU-R에서 IMT-2000 권고사항 공식 승인
2000년	유럽과 아시아에서 3G 사업권 허가
2001년	3G 시범서비스 시작
2001년 3~5월	NTT Docomo가 최초의 3G 서비스 시작
2001년 여름	유럽에서 최초의 3G 시범서비스
2002년 초	최초의 3G 단말기 출시
2002년	3G 상용서비스 본격화 5월경 한국 IMT-2000 서비스 상용화?

바일(China Mobile)에서 3세대 독자 표준인 TD-SCDMA(Time Division Synchronous Code Division Multiple Access) 기술에 대한 테스트에 성공하였다. 이로써 세계에서 가장 큰 이동통신 시장으로 등장하고 있는 중국에서는 3세대 서비스에 독자적으로 개발한 TD-SCDMA를 적용할 가능성이 커지고 있다. 현재 한국에서는 전세계적인 추세인 비동기식 W-CDMA 사업자 2곳을 선정한 상태이며 동기식 사업자를 추가로 올해 초 선정할 예정이다. 서비스 시기는 위의 표에서 나타나듯이 우리나라를 포함하여 대부분 2001년에서 2002년으로 계획하고 있다. 현재까지는 일본의 NTT Docomo가 5월 30일 세계 최초로 비동기식 IMT-2000(W-CDMA) 시범서비스를 시작하였으며 10월에 상용서비스를 시작할 계획으로 있다. 유럽의 대부분 국가들은 유럽연합의 권고일정대로 2002년 1월을 상용화 목표시기로 잡고 있다.

• 4세대(All IP)

4세대 이동통신망은 데이터 전송 프로토콜의 IP화는 물론이고 무선단말기와 기지국간의 무선구간까지 VoIP(Voice over IP)를 지원하는 이른바 All IP 네트웍으로 진화된 것을 말한다. 이렇게 되면 범용성있는 IP 네트웍용 통신장비를 이용할 수 있기 때문에 장비도입 및 관리비용을 절감할 수 있게 된다. 또한 음성통화나 데이터 통신 트래픽을 백본 IP 네트웍에 통합함으로써 데이터 전송 비용도 절감할 수 있다. 무선 단말기와 인터넷간에 엔드투엔드(end to end) IP 통신이 가능하게 되면 이용자는 통신사업자와 관계없이 인터넷상의 다양한 서비스를 이용할 수 있게 된다. 전송속도 측면에서는 IMT-2000 비용 수준에서 10배인 20 Mbps 이상의 속도를 목표로 하고 있다.

통신사업자나 장비업체는 이러한 All IP화를 위한 실험이나 제품개발에 나서고 있다. 유럽중심의 IMT-2000 표준화단체인 3GPP(3rd Generation Partnership Project)에서 1999년 모든 이용자의 데이터 및 신호전송을 위하여 All IP 구조를 발표한 바 있다. 미국을 중심으로 하는 3GPP2에서도 All IP Ad Hoc 그룹을 결성하여 목표설정 및 상위 레벨의 요구사항을 정의하고 있다. 지난 2000년 7월 일본텔레콤은 에릭슨과 함께 패킷 통신망을 경유한 IMT-2000 단말까지의 VoIP 전송실험을 세계 최초로 실시한 바 있다. NTT Docomo도 2000년 9월부터 All IP화를 위한 IMT-2000 기간망 구축을 위해 국내외 컨소시엄과 공동개발에 들어갔다. 일본정부 차원에서는 4세대 VoIP 서비스의 2010년 상용화를 목표로 2006년까지 관련 기술표준을 마련할 방침이다. 일본의 이러한 움직임은 IMT-2000 사업에서 비동기방식인 W-CDMA 표준을 적극적으로 밀어붙여 미국중심의 cdma2000을 제친

구분		2세대(~2002)	3세대(2002~2005)	4세대(2005~)
무선 접속	특징	2세대 : 회선방식, 14.4Kbps 2.5세대 : 패킷방식, ~2Mbps	패킷방식, 114Kbps~2Mbps	All IP 방식, 2Mbps~
	표준	2세대 : IS-95, GSM 2.5세대 : IS-95B/C, GPRS EDGE, HDR	Cdma2000, W-CDMA	4G RTT
무선 인터넷 전송	특징	텍스트 기반 전송	텍스트 압축 전송	압축 및 무선전용 데이터 전송
	표준	HTTP, WSP, WTP/WDP	WSP, WTP/WDP IP 헤더 압축	mobile HTTP, mobile TCP, 패킷 압축
무선 인터넷망	특징	32비트 IPv4 주소체계 이동통신망에서 이동성관리 유선망 QoS 위주	IPv4와 Ipv6 혼합망 Mobile IP 도입 무선환경을 고려한 QoS	국내 이동전화사업자
	표준	Ipv4,DNS GSM-MAP, ANSI-41 Intserv, RSVP, Differserv, MPLS	IPv4 + Ipv6, DNS (MAP+ANSI-41)+ mobile IP Intserv/RSVP, Advanced Diffserv & MPLS	Ipv6, DNSv6 Enhanced mobile IP End to end QoS
보안	특징	무선환경을 고려한 보안	유·무선 연동을 고려한 보안	All IP 기반의 무선 인터넷 보안
	표준	WTLS, WPKI, RADIUS+	AAA, DIAMETER	Advanced SPKI, PKI, TLS, AES
컨텐츠	특징	축소형 HTML	Binary XML 형태	XML에 기반을 둔 무선 DTD 형태
	표준	c-HTML, s-HTML, m-HTML WML, WML script CC/PP, CPI(UAProf)	Binary XML, HTML WML, WML script Java, Javascript CC/PP, CPI(UAProf)	XML 기반 DTD Script 언어 CPI(UAProf)
주요 서비스		음성, SMS, 전자우편, 증권정보	고속 인터넷, 영상전화, 멀티미디어, 전자상거래, 양방향 메시지	초고속 인터넷, 대화형 멀티미디어, 화상회의, 원격진료, 모바일오피스

Source : 한국전자통신연구원

여세를 몰아 4세대에서도 계속 우세를 차지하려는 의도로 볼 수 있다. 스웨덴의 에릭슨도 이미 2000년부터 4세대 이동통신시스템 연구에 착수한 형태이다. 우리나라 정부에서도 올해 3월경 기술개발 기본계획을 확정하고 6월부터 기술개발에 착수할 예정으로 있다.

② 이동성 관련 기술

무선 단말기가 이동하면서 연속적으로 데이터를 주고 받거나 원거리의 사설 망에 접근할 수 있으려면 단말기가 유선 인터넷 망과 연동된 무선 망에 접속하는 기술과 이동시 기지국과 기지국 사이를 오갈 때 생기는 핸드오프(hand-off)를 극복하고 패킷을 교환할 수 있는 기술들이 뒷받침되어야 한다. 현재 2세대 망 기반의 무선 인터

표 3-4 이동성 지원 프로토콜의 종류

구분	내용
블루투스 (Bluetooth)	· 10~100 m 정도의 근거리에서 무선 데이터 송수신 · 모든 전자제품에 응용 가능
이동IP (Mobile IP)	· IP주소를 비롯한 네트웍 환경을 바꾸지 않고 지리적인 위치에 상관없이 무선 인터넷 서비스를 이용 · 기지국과 단말기가 IP를 가지며 데이터그램의 교환은 유선 망을 이용
MANET (Mobile Adhoc Network)	· 유선 기반망이 구축되어 있지 않은 상황에서 손쉽게 통신망을 구성하고 인터넷 서비스를 제공 · 완전 무선망에서의 인터넷 서비스 · 유선과 동등한 품질의 음성 멀티미디어 서비스

넷에서 이동성 지원은 주로 GSM-MAP이나 ANSI-41과 같은 이동통신망의 자체 이동성 지원 기술에 의하여 제공되고 있다. IMT-2000에서 무선 인터넷 사용자의 이동성 지원을 위하여 3GPP2는 IETF의 mobile IP를 사용하고 있으며 3GPP도 패킷망인 GPRS에 이동 IP(mobile IP)를 단계적으로 도입할 계획으로 있다.

(1) 블루투스(Bluetooth)

10세기에 덴마크와 노르웨이를 통일했던 왕의 이름을 딴 블루투스는 단거리 무선통신 규격으로서 1994년 에릭슨에서 연구를 시작한 이래 1998년에는 에릭슨, 노키아, IBM, 도시바, 인텔 등 5개 회사가 Bluetooth Special Interest Group을 결성하였고 1999년에는 모토롤라, 마이크로소프트, 루슨트 테크놀로지, 쓰리콤(3Com) 등이 동참하여 9개사로 늘었으며 지금까지 약 2000여개의 장비제조업체들이 블루투스 채택에 서명했다.

블루투스는 작고 저렴한 가격에 적은 전력소모로 휴대장치, 네트웍 접속 포인트, 기타 주변 장치들 사이의 좁은 구역(10~100m)내의 무선연결을 위한 하나의 기술적 규격사항이다. 예를 들어 블루투스가 탑재된 휴대 단말기를 사용자가 가지고 있다면 주변 10~100 이내의 유선 망이나 유선 LAN, 무선 망이나 무선 LAN 등의 일부 통로만 확보되면 언제든지 인터넷 접속이 가능해진다. 전자우편도 가능하며 자체 보안기능도 일부 가지고 있어 전자상거래까지도 가능하다.

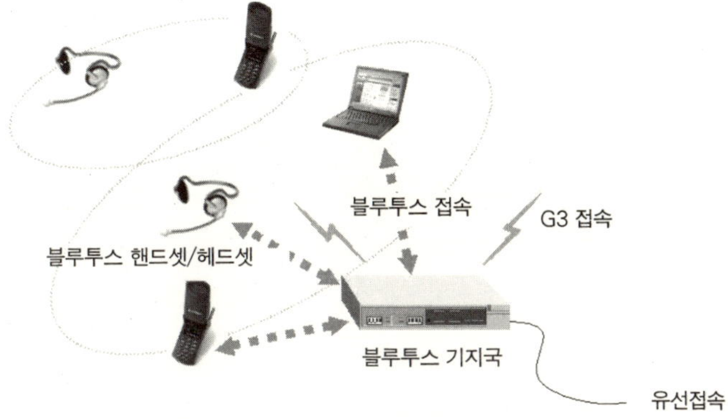

이러한 장점에도 불구하고 신기술이 도입되는 과정에서 사용자들이 겪는 문제들이 블루투스의 경우에도 예외는 아니다. 블루투스 기술을 사용해 개발된 킬러 어플리케이션(killer application)이 아직 가시화되지 않고 있다. 2,000개가 넘는 멤버업체들이 각자 제품개발에 주력한 나머지 시장형성을 위한 어플리케이션 개발에는 소홀했던 것이 사실이다. 그나마 상용사례를 처음으로 보여준 것이 최근에 등장한 호텔업무 응용 어플리케이션이다. 뉴욕 월가에 위치한 홀리데이 인 호텔에서는 블루투스에 기반한 체크인 시스템을 도입하여 투숙객들이 블루투스가 장착된 휴대전화로 프론트를 거치지 않고 객실을 이용할 수 있도록 한 바 있다. 기술적인 측면에서도 블루투스는 현재 기기 사이에 장애물이 있으면 데이터 전송장애를 일으킬 뿐 아니라 최고 데이터 전송속도가 720kbps정도에 그치고 있다. 따라서 속도가 월등히 뛰어난 근거리무선기술인 HomeRF나 802.11B가 공식 발표되면 블루투스의 존재 자체가 불투명해질 수 있다는 지적도 있다. 실제로 최근 스타벅스 매장에 무선 인터넷을 제공하는 계약을

구 분	블루투스	Home RF	IEEE 802.11
전송거리	10미터	45미터	100미터
전송속도	720 Kbps	1~2 Mbps	2~11 Mbps
사용 주파수 대역	2.4 Ghz 밴드	2.4 Ghz 밴드	2.4 Ghz 밴드
지원 서비스	음성, 데이터	음성＋데이터	데이터
전력 소비	1mW	100mW	100mW~
예상가격	$25/2000 &8/2003	$30/2000 $15/2003	$100/2000 $20/2003

체결한 모바일스타(MobileStar)는 블루투스 대신 802.11B를 채용할 계획이다. 초기에 블루투스를 지지했던 인텔도 새로운 무선 인터넷 전용 단말기인 HomeRF를 채택하기로 결정했는데 이것은 상대적으로 비용이 저렴할 뿐 아니라 당장 상용화할 수 있기 때문이다.

현재 블루투스 기술이 여러 가지 문제점을 가지고 있는 것은 사실이지만 무한한 응용 가능성과 잠재력이 큰 시장성을 가지고 있는 것은 분명하다. 시장조사 방법에 따라 매출이나 판매량 예측에서 다소 차이가 날 수 있으나 가장 비관적인 경우에도 블루투스의 시장성을 부인하지는 못한다. 프로스트 & 설리반(Frost & Sullivan)은 최근 발표한 보고서에서 머지않아 블루투스 제품이 급속도로 성장할 것이라는 전망을 내놓으면서 올해 블루투스 제품이 25억 달러 규모에 달하는 1,100만 개 이상 출시될 것으로 밝혔다. 이 보고서는 또한 블루투스와 관련된 과대 선전들이 "계속해서 기대치를 상승시키는 악순환을 낳고 있다"고 지적하고 있다. 기대치가 계속 높아지면서 블루투스는 단순히 케이블을 대체하던 기술에서 복잡한 무선 근거리 통신망에 비슷한 수준으로 변해갔고 이런 '성격 변질'로 인해 블

	2000	2001	2002	2003	2004	2005
총 블루투스 칩셋(M)	9.2	138	489.9	1080.5	1595.1	2131.3
연간 성장률(%)		1395	255	121	48	34
칩셋 평균단가($)15	7.5	4.5	3.15	2.52	2.02	
블루투스 시장규모($M)	139	1035	2205	3404	4020	4297
연간 성장률	647	113	54	18	7	

Source: 메릴린치

루투스 상용화가 지연돼 왔다는 것이다. 최근 한 보고서에서 메릴린치(Merrill Lynch)는 블루투스 칩셋의 판매가 2003년에는 약 10억개 그리고 2005년에는 210억개에 달할 것으로 예측하고 있다. 그러나 블루투스 칩셋이 하드웨어 사업자 입장에서는 아직까지 고가이므로 대중화될 때까지 2~3년이 걸릴 것으로 보인다.

　최근의 동향을 살펴보면 미국의 경우 무선전화기보다는 PDA나 노트북 PC 등에 부가적(add-on)으로 장착되는 형태의 제품이 주류를 이룰 것으로 보이며 무선 전화기 보급률이 높은 유럽과 아시아는 단말기 내에 내장(built-in)되는 형태를 띨 것으로 보인다. 유럽에서는 에릭슨과 노키아의 영향으로 2002년 초반부터 제조되는 단말기의 절반이상이 블루투스를 내장할 것으로 전망된다. 퀄컴이 새로 출시하는 CDMA 단말기용 MSM 3300 칩부터는 블루투스 지원기능을 추가함에 따라 향후 모든 CDMA 단말기 사용자는 블루투스 기능을 기본적으로 이용할 수 있을 것이다.

(2) 이동 IP(Mobile IP)

이동 IP(Mobile IP)는 이동통신 단말기가 일정한 기지국에서 다른 기지국으로 이동할 경우 인터넷 접속을 계속 유지, 사용할 수 없게 되는 문제를 해결하기 위하여 나온 기술이다. 현재 대부분의 환경에서 사용되는 IP version4는 IP 주소를 이용하여 어떤 노드의 접속점을 식별할 수 있다고 가정한다. 그러므로 어떤 한 노드가 자신에게 전달되는 데이터그램을 받기 위해서는 그 노드의 IP 주소를 포함하는 네트웍내에 위치해야만 한다. 만약 그 위치가 바뀐다면 데이터그램은 전송될 수 없다. 이와 같은 문제를 해결하기 위하여 교환기가 IP를 가지는 현재의 방식에서 단말기와 기지국이 IP를 가지도록 한다. 이처럼 이동 IP(Mobile IP)는 네트웍 주소 기반의 IP 경로 설정에서 생기는 호스트의 서브넷 간 이동 제한을 극복하고자 하는 것이다. IMT-2000의 패킷 서비스 구현에도 Mobile IP를 IP 계층으로 도입될 가능성이 크다.

이동 IP(Mobile IP)의 기본적인 동작에 대한 표준화는 완료되었으나 실시간 IP 멀티미디어 서비스 지원을 위해 빠른 핸드오프를 지원하기 위한 마이크로 이동성 지원 기술, IP 망에서의 트라이앵글 라우팅의 문제를 해결하고 최적의 라우팅을 제공하기 위한 기술, 그외 이동 사용자 인증을 위한 AAA(Authentication, Authorization and Accounting) 기술, FA(Foreign Agent)에서의 역방향 터널링 기술, 3세대 이동통신에 이동 IP(Mobile IP)를 적용하기 위한 기술 등에 대한 표준화는 계속 진행되고 있다.

(3) MANET(Mobile Adhoc NETwork)

MANET(Mobile Adhoc NETwork)는 유선을 기반으로 한 망이 필요 없이 이동 단말기로만 구성된 망을 활용하는 것이며 산악 지역의 긴급 구조 상황이나 전쟁터 등과 같이 유선 기반의 통신망이 구축되어 있지 않은 곳에서 손쉽게 통신망을 구성하고 인터넷 서비스를 제공할 수 있는 기술이다. 사용할 수 없게 되는 문제를 해결하기 위하여 나온 기술이다.

MANET의 망구조는 매우 동적으로 변할 수 있고, 낮은 대역폭과 높은 전송 오류와 전송선의 불안정성 등의 이유 때문에 지금의 인터넷 라우팅 프로토콜들을 그대로 사용할 수 없다. 특히 기존 라우팅 프로토콜들을 MANET에서 그대로 활용할 경우 주기적인 메시지 교환이 필요하기 때문에 망의 대역폭을 낭비하고 동적인 망의 변화에 신속하게 대응할 수 없으며 라우팅 루프가 생길 가능성도 있어 보다 효과적인 라우팅 프로토콜을 개발해야 할 필요가 있다.

③ 컨텐츠 관련 기술

컨텐츠 표현 기술은 무선 인터넷 환경에서 사용자가 서버로부터 제공받는 서비스가 여러 컨텐츠로 구성되므로 각 컨텐츠를 표현하고 상호 교환을 위한 기법을 다루는 것이다. 무선 인터넷 환경에서의 컨텐츠 표현 기술은 서비스 종류와 무선 단말기 하드웨어의 제

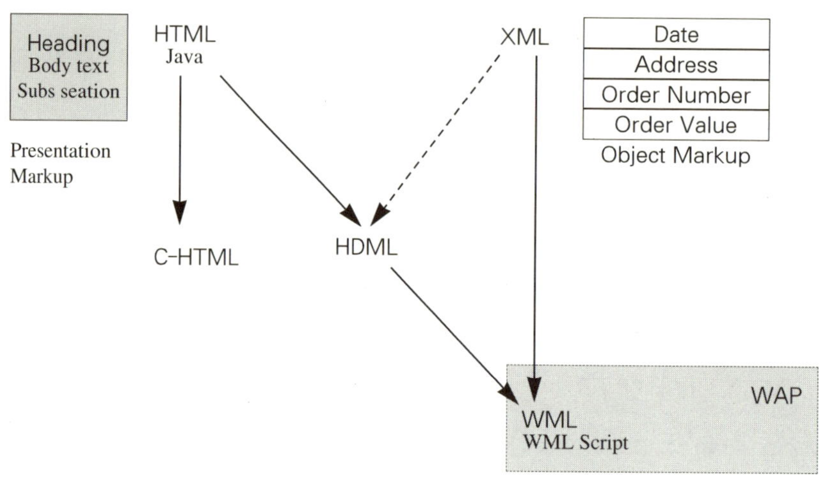

한성으로 인하여 유선 인터넷 환경에서 사용되는 HTML보다 단순한 기능을 제공하는 데이터 표현기술로 정의되어 있다. 이러한 데이터 표현기술 표준은 세 가지 방식의 표준이 제시되고 있다. 유럽을 중심으로 제안된 WAP(Wireless Application Protocol), i-mode로 널리 알려진 일본 NTT-Docomo와 W3C가 표준화를 추진하고 있는 c-HTML 그리고 뒤늦게 뛰어든 Microsoft가 개발한 ME(Mobile Explorer)가 있다. WAP은 Unwired Planet사(현 오픈웨이브)가 개발한 HDML에서 발전된 것으로서 무선 인터넷 서비스 초기에 사실상의 표준으로 인정받았었다. 현재 c-HTML은 HTML을 기반으로 개발되어 현재 세계에서 가장 성공적인 무선 인터넷 서비스로 평가받고 있는 i-mode의 성공에 힘입어 WAP의 대안으로 대두되고 있다.

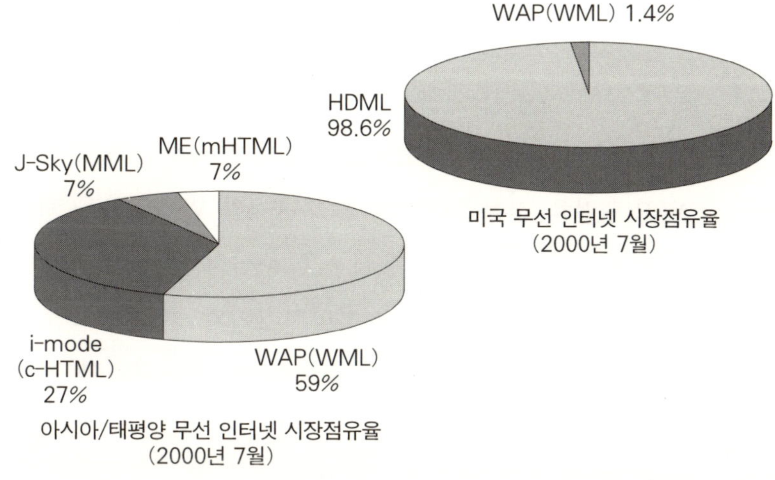

　ME 방식은 기존 유선 인터넷 표준언어인 HTML를 그대로 사용할 수 있다는 장점이 있지만, WAP 방식에 비해 시장 보급률이 낮은 단계에 있기 때문에 적용 분야가 상대적으로 협소하다. 현재 유럽은 WAP이 대부분으로 미국에서도 WAP이전 단계인 HDML이 주로 사용되고 있다. 반면에 아시아 지역에서는 i-mode의 영향을 받은 c-HTML이 널리 이용되고 있다. 그런데 WAP의 본산이라고 할 수 있는 유럽지역에서도 WAP에 대한 회의론이 힘을 얻어가고 있는데 그 이유는 첫째 충분한 WAP 단말기의 보급이 이루어지지 않았으며 둘째 WAP 단말기를 보유한 사용자의 경우에도 느린 전송속도, 초보적인 어플리케이션 수준, 네트웍 접속시간 지연 등의 이유로 사용자들이 외면하고 있기 때문이다.

(1) WAP(Wireless Application Protocol)

현재의 이동통신망에서 무선 인터넷 서비스를 제공할 수 있도록 하기 위해 고안된 표준규격으로 1997년 에릭슨, 모토롤라, 노키아, Unwired Planet(현 오픈웨이브) 4개사가 공통규격을 제정하기 위해 WAP 포럼을 결성하였으며 1998년 4월 WAP 1.0을 발표하고 1999년 말에 최초의 WAP 상용제품을 출시하였다. 1999년 12월에 WAP 1.2 버전이 승인된 후 현재 멀티미디어와 종단간 보안 기능을 가지는 1.3 버전과 차세대 WAP인 2.0버전이 발표되었다. 차세대 WAP은 유선과 동일한 수준의 무선 인터넷 서비스를 제공할 수 있도록 WAP 전체구조를 개조하는 것을 목표로 하고 있다. 또한 최근에 ME를 기반으로한 새로운 표준이 각광받고 WAP 사용의 불편함에 따른 회의가 확산되자 선마이크로시스템즈와 제휴를 통해 WAP과 자바의 J2ME를 결합하여 웹 기반의 전자우편과 마이크로브라우저 그리고 소프트웨어 개발킷을 공동 개발하기로 하는 등 최근의 부진을 만회하기 위해 노력하고 있다. 현재 WAP 포럼에는 우리나라의 LG전자, 삼성전자, SK 텔레콤을 포함하여 전 세계 200여 업체들이 참여하고 있다. 현재 유럽과 미국지역의 무선 인터넷 서비스 대부분이 WAP을 기반으로 제공되고 있으며 국내에서도 SK 텔레콤, LG 텔레콤, 신세기통신에서 이 방식을 채택한 무선 인터넷 서비스를 제공중이다.

WAP은 HTTP, TCP 등 기존 인터넷의 표준 프로토콜을 사용하지 않고 무선에 최적화된 형태의 새로운 프로토콜을 사용함으로써 HTML과의 상호호환성을 지원하지 않으며 이로 인해 HDML

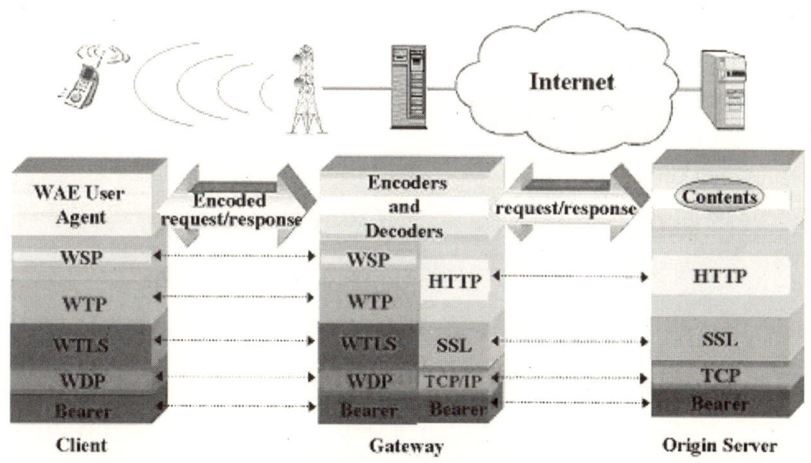

(Handheld Devices Markup Language), WML(Wireless Markup Language)로 변환하기 위해 무선 단말기와 서버 사이에 **WAP** 게이트웨이가 반드시 필요하다. 이와 같이 **WAP**은 별도의 프로토콜을 가지고 있어서 **WAP** 게이트웨이에서 **WML**로 변환하는 작업이 필요하므로 사업자가 부담해야 할 비용이 큰 편이며 신호를 변환할 때 일시적으로 보안이 풀린다는 단점이 있다.

(2) ME(Mobile Explorer)

마이크로소프트를 중심으로 발전했으며 **WAP**과 **W3C**에 대응해 **CDMA**관련 원천기술을 보유하고 있는 퀄컴과의 제휴를 통해 휴대전화에서 인터넷을 검색할 수 있도록 Windows CE를 기반으로 개발하였다. ME는 WAP 방식에서 게이트웨이가 하여야 할 일을 단말기의 브라우저에서 할 수 있도록 고안되었으며 HTTP 방식과의 호환성을 높이기 위하여 mHTML(Mobile HTML)을 사용함으로써 WAP과는 달리 기존 HTML 컨텐츠를 사용할 수 있다.

이 방식에서는 게이트웨이가 필요없으므로 이동통신망 사업자로서는 투자비를 절감할 수 있고 컨텐츠 사업자들도 기존의 HTML 컨텐츠와 호환되는 이점이 있지만 마이크로 브라우저의 오버헤드가 커지며 공개되지 않은 방식이므로 일부 그래픽 파일을 지원하지 않아 확장성이 떨어지는 문제점이 있다. 현재 국내에서는 한국통신프리텔과 한국통신엠닷컴에서 이 방식을 이용한 무선 인터넷 서비스를 제공하고 있다.

그림 3-9 **ME 서비스 구조**

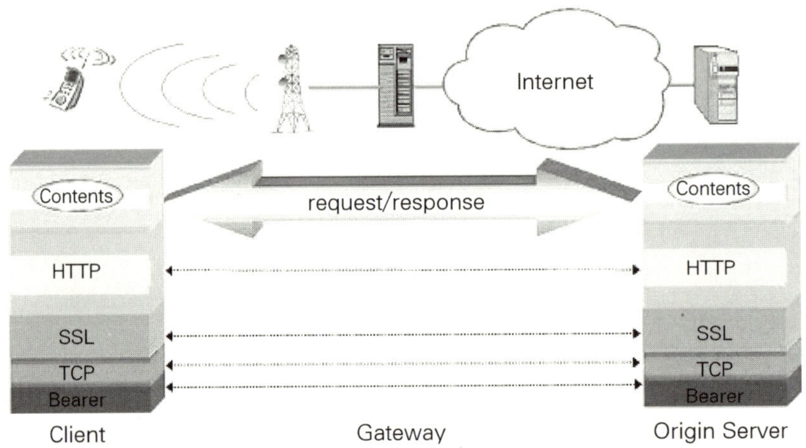

(3) W3C/i-mode

W3C(World Wide Web Consortium)는 무선 인터넷의 표준화를 위한 단체로 1994년 미국의 MIT, 유럽의 IRNIA, 일본의 게이오 대학 등을 중심으로 결성됐으며 전 세계 300개 이상의 업체/학계가 참여하고 있다. W3C에서는 c-HTML(Compact HTML)을 사용하는데 이는 HTML 4.0의 서브셋으로서 별도의 변환 게이트웨이가 필요 없으면서도 HTML로 작성된 내용을 접근할 수 있다는 장점을 가지고 있다. 일본의 액세스(Access)가 NTT Docomo의 무선 인터넷 서비스인 i-mode에 c-HTML 무선 인터넷 프로토콜을 제공함으로써 일본을 중심으로 세력을 확산하면서 현재 WAP의 가장 유력한 대안으로 부상하고 있다. i-mode 방식은 독자적인 프로토콜을 사용하여 단말기의 부담을 최소화하였고 다른 프로토콜, 운영체제(OS), CPU도 필요에 따라 지원할 수 있도록 하였다.

NTT Docomo에서는 패킷단위의 요금 부과 체계로 이용요금면에서 강점을 지니며 2001년 2월 현재 2000만명에 가까운 가입자로 전 세계적으로 가장 많은 무선 인터넷 가입자와 수익모델을 보여주는 성공사례로 각광을 받고 있다. 이에 따라 일본내 지역적 한계를 극복하고 세계시장 진출을 위해 2000년 9월 미국 최대의 온라인 포탈 사업자인 AOL과 제휴를 맺었고 최근 AT&T 와이어리스, 유럽의 KPN, 홍콩의 허치슨(Hutchison)에 대한 지분 투자 등 전세계적인 영향력을 증대해감으로써 앞으로 무선 인터넷 표준에 큰 영향을 줄 것으로 예상된다.

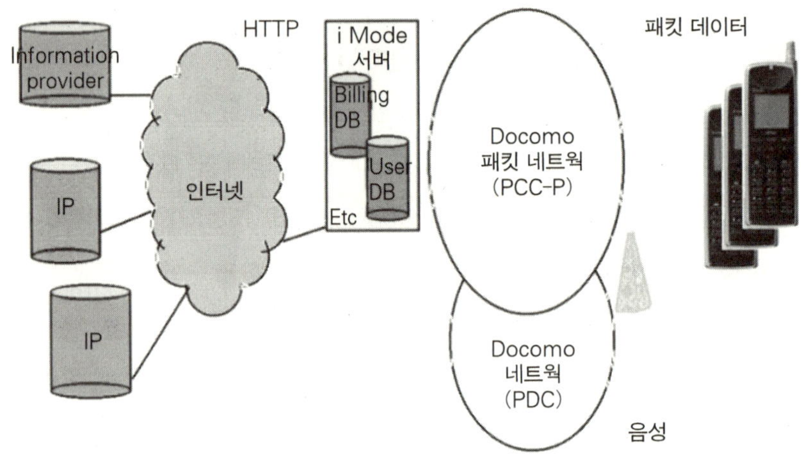

(4) 웹 클리핑(Web Clipping)

웹 클리핑은 현재 미국 PDA 시장의 대부분을 차지하고 있는 팜 컴퓨팅(Palm)사의 Palm 단말기를 위한 무선 인터넷 컨텐츠 서비스 이다. 이 기술은 웹 기반의 정보를 Palm 단말기에 전송할 때 데이터 의 양을 줄이는 기법을 사용하는데 고유의 포맷을 채택하고 있다. 기상, 항공편, 영화 상영시간 등 고객이 미리 설정한 서비스 질의가 프록시 서버에 보내지면 프록시 서버는 웹사이트에서 해당되는 데 이터를 가져와 압축된 형태로 Palm 단말기에 다운로드한다. 현재 Amazon, AOL, Bloomberg, eBay, UPS, Wall Street Journal, Yahoo 등 이 컨텐츠를 제휴하고 있다.

그림 3-11 웹 클리핑 서비스와 네트웍 구성

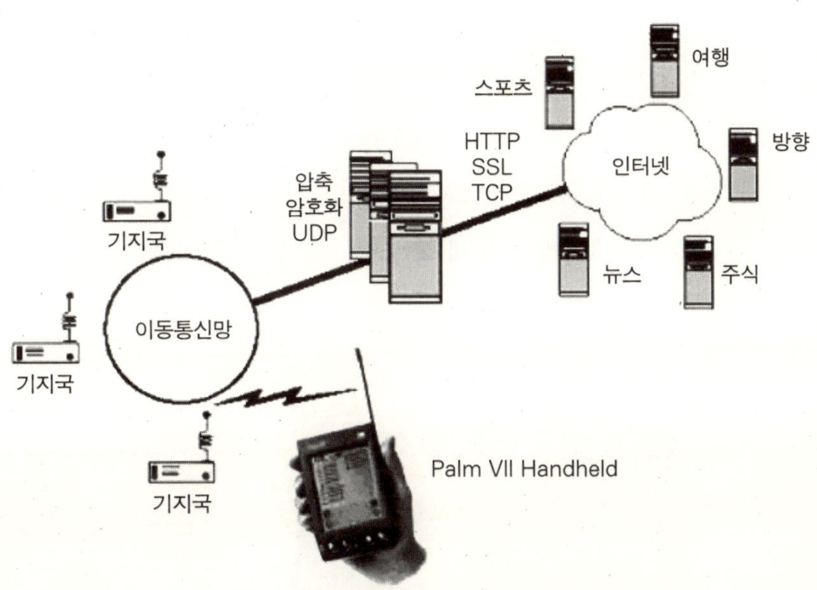
초기화면
질의
응답
스포츠
여행
방향
HTTP
SSL
TCP
인터넷
압축
암호화
UDP
뉴스
주식
기지국
이동통신망
기지국
기지국
Palm VII Handheld

(5) 자바(JAVA)

컨텐츠의 전달과 표현뿐 아니라 무선 인터넷 서비스가 보다 복잡해지고 정교해짐에 따라 웹페이지에 어플리케이션 코드를 내장할 필요성이 생겼는데 현재로서는 자바가 세계적인 표준으로 채택되고 있다. 자바가 이동통신업계의 지원을 받는 이유는 유선 인터넷에서만 사용해왔던 자바 기능을 이동통신망을 통한 무선 인터넷에 도입할 경우 다양하고 화려한 서비스를 구현할 수 있기 때문이다. 따라서 이동통신업계는 자바 또는 자바기능의 무선 인터넷 기술을 통해 문자위주로 된 단순한 무선 인터넷 서비스의 한계를 극복할 수 있을 것으로 기대하고 있다. 특히 자바는 무선 인터넷 기술표준인 WAP(Wireless Application Protocol)에 비해 한층 강화된 보안기능을 지니고 있어 앞으로 무선 인터넷을 활용한 증권거래 및 전자상거래 등에 광범위하게 응용될 것으로 전망되고 있다.

그림 3-12 **자바의 특징**

· 고품질의 이용자 경험을 위한
  자체 처리기능

· 기능성 상용 소프트웨어
  다운로드로 포털 차별화

· 게임

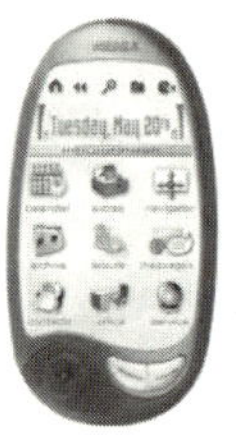

지도검색
실시간 방향안내
네트웍 약점 보완

· 단말기 독립성 극대화

· 무선상으로 업그레이드와 성능 향상

자바 기반의 서비스는 무선 단말기에 자바 가상머신(Virtual Machine)과 표준 클래스 라이브러리를 탑재하는 것으로, 가상머신과 표준 클래스 라이브러리를 필요로 한다. 이런 요구에 의해 자바의 표준화를 담당하고 있는 자바 커뮤니티 프로세스 집행 위원회에서는 CLDC(Connected Limited Device Configuration)와 MIDP (Mobile Information Device Profile)를 각각 가상머신과 클래스 라이브러리 표준으로 제정했다. CLDC는 2MB 이하의 메모리 용량을 가진 디바이스를 대상으로 한 이동전화용 소프트웨어 플랫폼인 JAVA2마이크로에디션(J2ME) 컨피규레이션이다. CLDC 규격은 K 가상머신을 채택한 자바 가상머신으로, 그 상위의 코어 응용프로그램 인터페이스(API)를 CLDC 라이브러리로 정의하고 있다. MIDP는 CLDC를 기반으로 한 확장 응용프로그램 인터페이스(API) 규격이

그림 3-13   자바의 분류

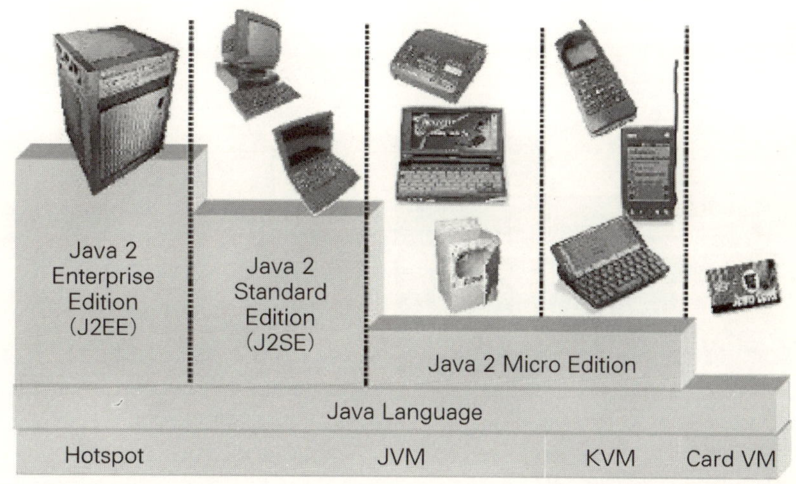

Source: 가트너

며, 셀룰러폰, 스마트폰, PDA 등의 이동 정보 기기용 어플리케이션
에서 필요한 라이브러리를 정의하고 있다.

2001년 초 일본의 NTT Docomo는 i-mode에 J2ME를 적용하여
CLDC와 MIDP에 기반을 두면서 독자규격을 만들었으며, 도이치 텔
레콤(Deutsche Telecom), 스프린트(Sprint), 버라이존(Verizon) 등 세
계 유수의 이동통신 서비스업체들도 앞 다투어 가상머신 개발에 박
차를 가하고 있다. 국내에서 자바의 도입은 이동통신망사업자 위주
로 진행되고 있는데 LG텔레콤은 선마이크로시스템즈와 제휴해 이
지자바(ezJava)라는 무선 인터넷 자바 서비스를 상용화했고, SK텔
레콤은 XCE 등과 손잡고 자바 서비스 개발을 추진하고 있으며 삼

그림 3-14 **SK Telecom 자바 구조**

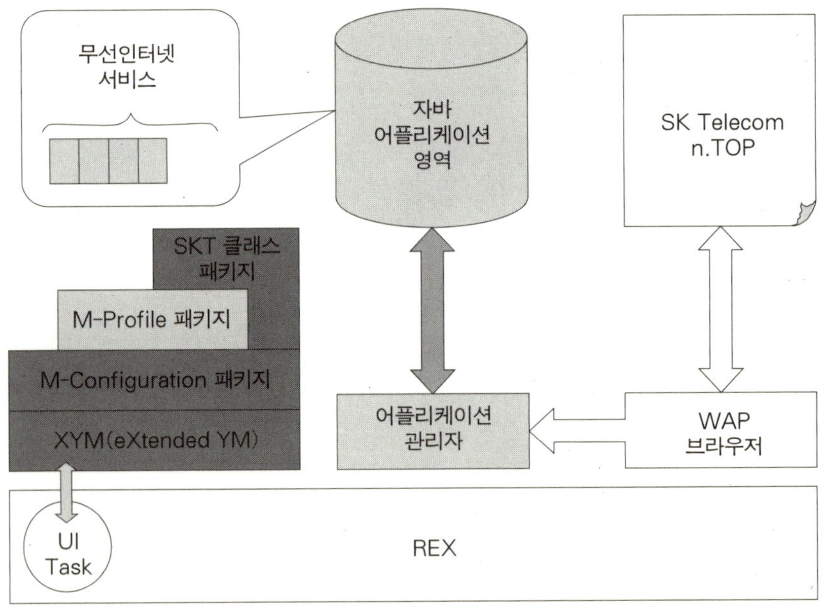

성전자도 CLDC/MIDP 전문가 그룹에 참여하는 등 자바 기술 개발을 적극 추진하고 있다.

　NTT Docomo가 2001년 1월 26일부터 서비스를 개시한 자바 기반의 i애플리(iAppli) 서비스는 지금까지의 무선 인터넷 서비스와는 다른 다양한 기능성을 보여주고 있다. 이번에 선보인 i애플리(iAppli)서비스는 서비스 용도별로 미리 준비해놓은 일종의 자바 어플리케이션 프로그램(Applet)으로서 네트웍을 통해 다운로드 받아 메뉴에 등록해두면 필요할 때마다 이용이 가능하며 통신처리없이 언제라도 실행시킬 수 있도록 구성되어 있다. 이렇게 되면 앞으로 새로운 기능을 이용하기 위해 단말기를 새로 구매할 필요 없이 이용자가 필요한 기능을 선택해 사용할 수 있게 된다. 현재 i애플리(iAppli)는 모두 32개 메뉴에 38종의 컨텐츠로 구성되며 기존의 텍스트나 정지화상 위주의 컨텐츠에 비해 보다 역동적인 컨텐츠 서비스가 가능하게 된다. 응용서비스는 정보/데이터베이스, 은행/증권, 착신멜로디/가라오케, 화상/시계, 각종 게임/통신형 게임, 점 등 다양한 장르에 걸쳐 있다.

　자바의 다양한 기능에 힘입어 인해 무선 인터넷 서비스는 양적으로 뿐만 아니라 질적으로 성장할 전망이다. 무선 인터넷의 활성화를 위해서는 위치정보 메시징 등 무선 인터넷에서만 가능한 기능들을 이용한 킬러 어플리케이션이 등장해야만 하는데 자바 플랫폼은 그러한 가능성을 열어 주고 있으며, 블루투스, 지니(Jini)와 같은 신기술과의 접목을 통해 보다 발전적인 플랫폼으로 성장할 것이다. IMT-2000 시장에서도 자바의 역할은 더욱 중요해질 것으로 보인다.

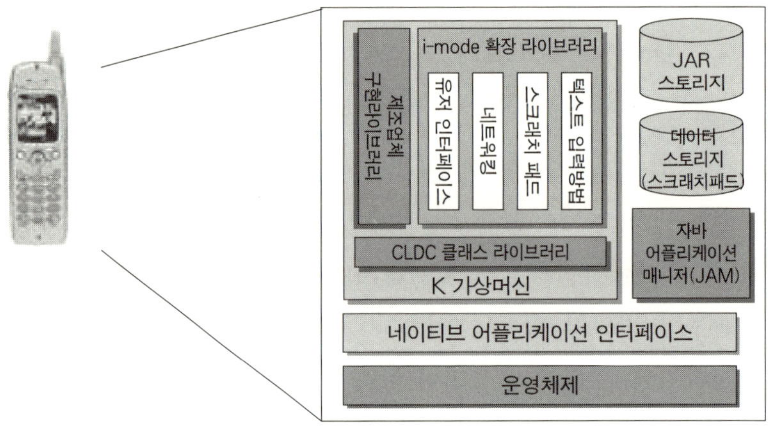

(6) BREW

BREW(Binary Runtime for Wireless)는 퀄컴이 최근 발표한 무선 어플리케이션 플랫폼으로서 무선용 자바인 J2ME보다 고속으로서 범용 프로그래밍 언어인 C, C++도 지원하며 휴대전화의 음성 호제어도 가능하다. BREW는 올해 출시예정인 퀄컴의 MSM 5500 시리즈 칩부터 탑재될 예정이며 개발자가 다양한 어플리케이션을 탑재할 수 있어 단말기에 새로운 기능을 추가하기 위한 개발기간을 대폭 단축할 수 있다. 또한 BREW를 탑재한 휴대전화는 여러 가지 어플리케이션을 네트웍의 서버로부터 다운로드해서 이용할 수 있으며 기존의 자바2 가상머신을 탑재할 수도 있다. 자바는 네이티브 코드(native code)가 아니기 때문에 동작이 느린데 반해 BREW는 하드웨어와 직접 접속하기 때문에 속도가 빠른 장점이 있다.

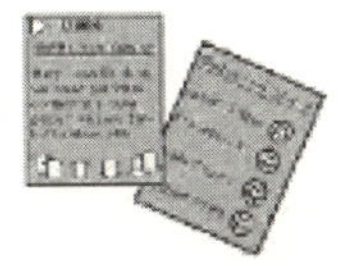

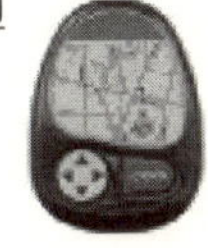

BREW는 다음과 같은 4가지 모듈로 구성되어 있다.

- 어플리케이션 : Wireless Launchpad Suite
- 응용프로그램 인터페이스 : Porting Kit
- 소프트웨어 개발 도구(SDK)
- 미들웨어 : QIS

Wireless Launchpad는 자바의 가상머신에 해당한다. BREW 어플리케이션은 BREW Porting Kit을 통해 Launchpad Suite를 갖춘 GPS 등의 단말기에 직접 접속할 수 있고 BREW 어플리케이션끼리 연계시키는 것도 가능하다. BREW의 또 다른 특징은 자바보다 일반적인 C 혹은 C++ 언어로 프로그램 개발을 지원하기 때문에 고기능 고성능 어플리케이션 개발이 용이하다는 점이다.

일본의 KDDI는 경쟁사인 NTT Docomo에 대항할 핵심기술로서 BREW를 선택하여 현재 추진중인 자바와 별도로 2001년 가을경을 목표로 cdmaOne 네트웍과 단말기에 BREW를 채택할 예정이다. 또한 10월경 상용화되는 cdma2000-1X와 1X EV-DO(HDR)에도 BREW를 적용할 계획으로 있다.

(7) VXML

이용자가 의사소통하기 위한 수단으로 음성은 가장 기본적이고 편리한 방법이며 무선 인터넷에서도 이것은 예외가 아니다. VoiceXML(Voice extensible Markup Language)는 모토롤라, AT&T, 루슨트가 주도하는 VoiceXML Forum에서 추진되고 있는 음성관련 기술 표준이다. IBM은 자사의 음성인식기술을 제공하고 있는데 IBM의 ViaVoice Pro Millenium은 AOL, 넷스케이프, 마이크로소프트의 인터넷 익스플로러을 통해 인터넷 사이트에서 웹 컨텐츠, 전자우편 등의 내용을 음성으로 변화시켜 제공해준다. 노키아는 단말기에 음성인식기능을 탑재시키기 위해 IBM과 제휴하고 있다. 마이크로소프트 역시 Entropic, L&H을 포섭하여 음성인식기술에 투자하고 있다. 모토롤라의 경우 유니시스와 함께 VXML 게이트웨이와 Natural Language Speech Assistant를 통합시키는 작업을 추진하고 있다.

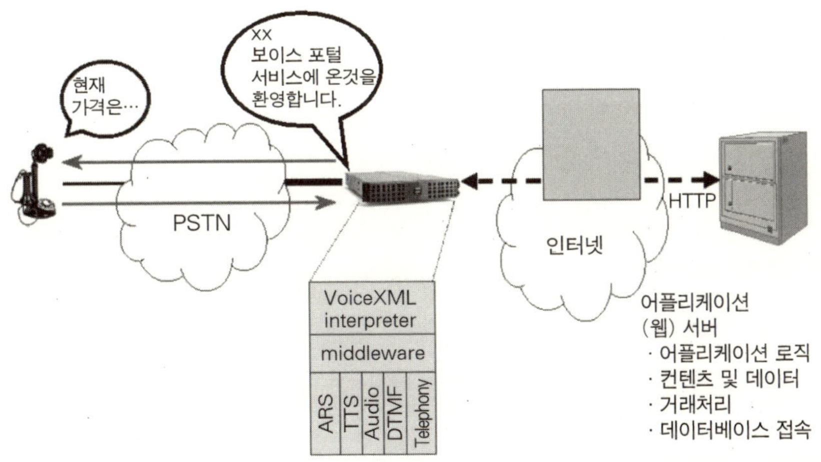

(8) XHTML

최근 무선 인터넷 관련업계와 개발자들을 중심으로 WAP의 WML (Wireless Markup Language)이나 c-HTML 대신 XHTML Basic이 무선 인터넷 사이트 구축 언어로 새롭게 대두되고 있다. XHTML은 본질적으로 HTML을 바탕으로 하는 언어로서 모든 유형의 장치들이 상호 운용될 수 있도록 구조가 엉성한 HTML에 규칙을 제공한다. 여기서 X는 인터넷 프로그래밍 언어에 보다 우수한 구조와 상호 운용성을 제공하는 메타언어인 XML에서 따온 것이다. W3C(World Wide Web Consortium)은 미래의 모든 유선 인터넷 프로그래밍에 XHTML을 권장하고 있다. 이 언어는 다양한 기기를 지원하기 때문에 음료수 자동판매기에서부터 개인휴대단말기(PDA)

와 이동전화, 가전기기 등에 까지 폭넓게 적용될 수 있는 무선 인터넷용 범용언어로 부상하고 있다. XHTML과 마찬가지로 W3C에서 지원하는 XHTML Basic은 XHTML을 무선 기기에 맞게 코드를 대폭 간소화시킨 것으로 무선장치의 작은 화면과 제한된 전원에 맞게 설계된 것이다. XHTML Basic 개발에는 WAP 프로토콜 개발사인 오픈웨이브시스템스와 c-HTML을 개발한 일본의 액세스 그리고 선마이크로시스템, 파나소닉, 에릭슨이 참여하고 있다. WAP 2.0이 기본 표시언어로 XHTML Basic을 사용할 뿐만 아니라 NTT Docomo도 현재 사용하고 있는 c-HTML을 대체할 i-mode용 XML 기반 언어를 개발하고 있는 것으로 알려졌다. NTT Docomo가 AT&T 와이어리스에 지분참여를 하고 있으므로 i-mode가 XHTML로의 전환을 주도할 가능성도 있다.

(9) 기타

국내업체인 신지소프트와 모빌탑은 각각 SK텔레콤-신세기통신, 한통프리텔-한통엠닷컴과 제휴를 맺고 C언어 기반의 가상머신(VM)을 휴대전화에 탑재하고 있다. 자바 가상머신에 비해 크기가 훨씬 작아 탑재가 간편하나 보안이 약하고 세계표준이 아니라는 약점을 안고 있다.

4 무선 미들웨어(Mobile Middleware)

앞으로 무선 인터넷 서비스 활성화를 위한 기반으로 많은 무선 미들웨어 플랫폼이 필요해질 것으로 보인다. 무선 미들웨어는 상이한 어플리케이션, 툴, 네트웍 그리고 기술을 통합해서 이용자에게 공통적인 인터페이스를 제공하는 것이다. 즉 무선 미들웨어는 전자상거래 어플리케이션을 다양한 무선망과 운영체계와 통합할 수 있게 해주는 소프트웨어 계층이다. 이러한 미들웨어에는 m-commerce 게이트웨이, 무선 포탈 플랫폼, 무선 보안, 무선 지급결제, 위치확인, 모바일 CRM 등이 포함된다.

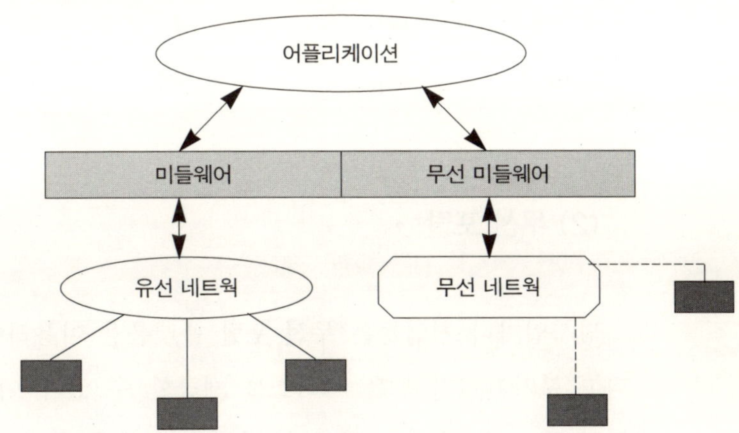

그림 3-18 무선 미들웨어 개념도

(1) m-commerce 게이트웨이

무선 인터넷 컨텐츠 제공업체는 무선을 포함해 다양한 종류의 채널에 컨텐츠 서비스를 제공하여야 한다. m-commerce 게이트웨이는 망사업자와 컨텐츠 업체 중간에서 여러 종류의 채널 특성에 맞게 컨텐츠를 변환하는 역할을 수행한다. 724 솔루션사는 SMS, WAP, PDA, 게임콘솔과 같은 단말기를 통해 금융기관의 내부 시스템에 접속할 수 있는 게이트웨이 솔루션을 제공하고 있다.

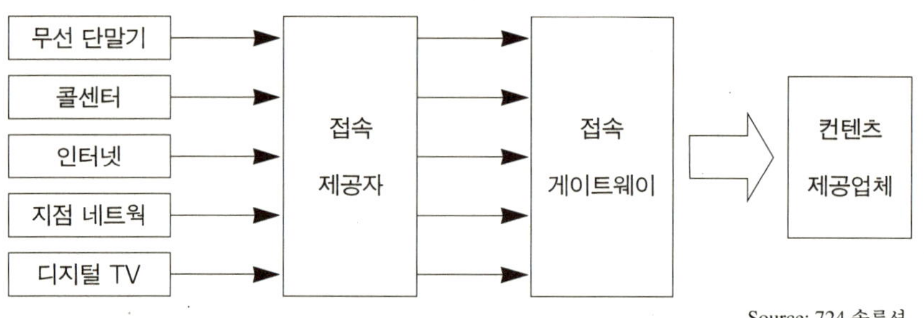

그림 3-19 m-commerce 게이트웨이 구성도

Source: 724 솔루션

(2) 무선 포탈

망사업자나 기업들은 무선 포탈 플랫폼을 이용하여 보다 지능화되고 부가가치가 높은 서비스를 제공할 수 있다. 이러한 플랫폼은 자바, C++, XML에 기반을 둔 개방형 구조로 설계되어 써드파티가 다양한 컴포넌트 소프트웨어를 개발하여 다양한 기능을 추가할 수 있게 해준다.

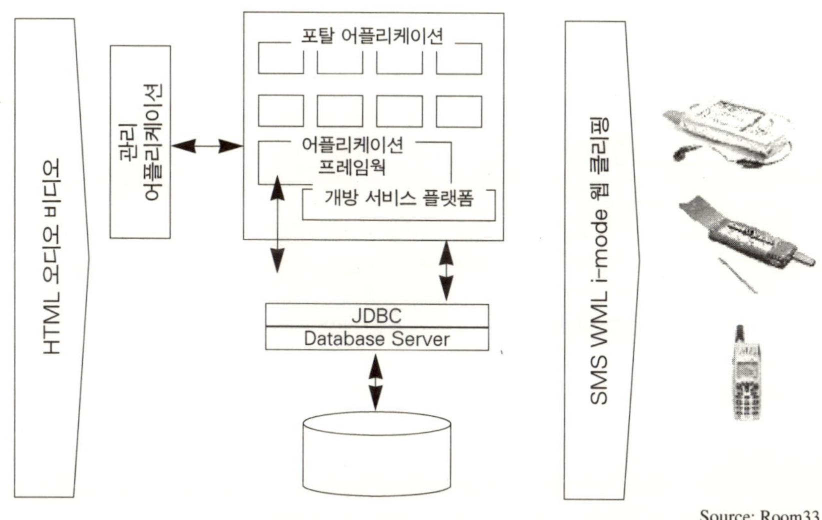

Source: Room33

 Oracle사는 Portal-to-Go 플랫폼을 제공하고 있는데 이 플랫폼은 기존의 웹페이지를 일반적인 XML 포맷으로 변환시켜 무선 단말기 환경에 맞게 HTML, WML, HDML 형식을 생성시켜 준다. 오픈 티 브(Open TV)의 Spyglass Prism 역시 비슷한 기능을 수행한다.

 무선 포탈 플랫폼은 이러한 컨텐츠 포맷 변환기능뿐 아니라 개인 화 기능도 지원한다. 포탈이 발전해감에 따라 포탈은 개인화에 기반 한 포탈로 진화하게 되는 것이다. 인터액티브 커뮤니케이션이 가능 한 인터넷 속성상 더욱 세분화된 개인중심의 서비스가 가능하고 사 회자체가 점차 개인화됨에 따라 이용자도 개인화된 서비스를 원하 기 때문이다. 개인화는 다음과 같은 기능들을 수행한다.

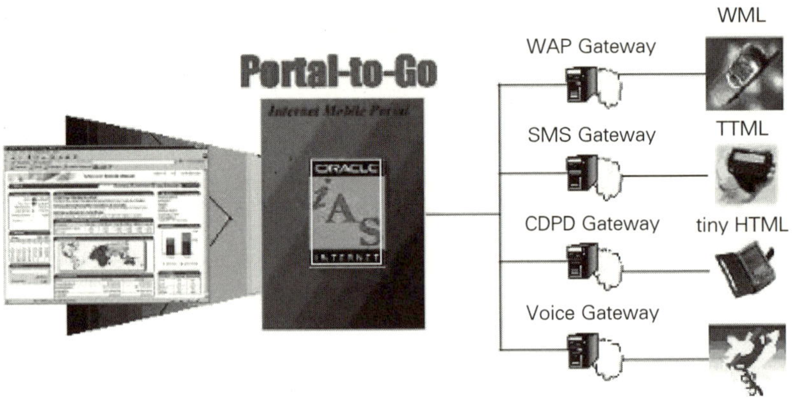

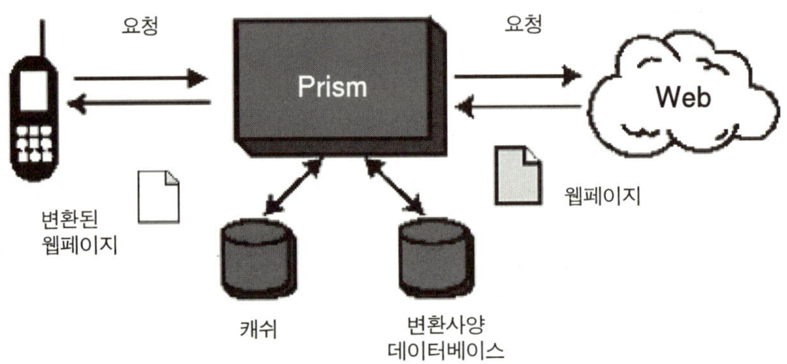

Source: 오라클, Open TV

- 웹 컨텐츠 개인화 : 고객의 관심사에 따른 웹페이지 구성

- 실시간 구매 추천 : 고객의 구매패턴을 실시간 예측하여 구매가
  능성이 높은 제품을 추천

- 캠페인 관리 : 고객의 선호에 따른 광고, 이벤트 제공

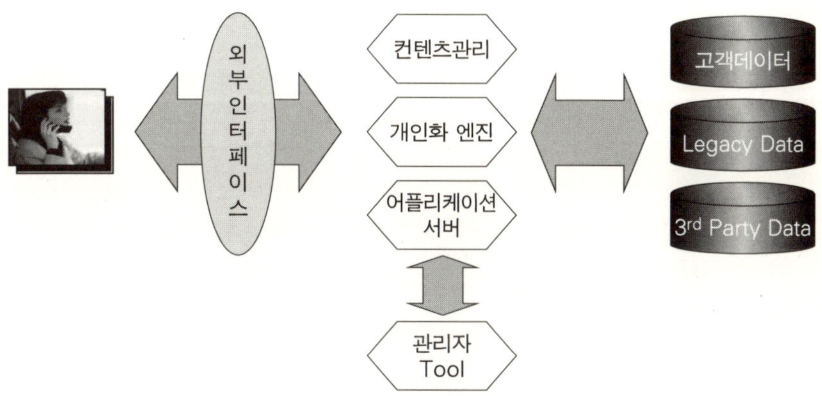

이용사가 무선 난말기를 항상 휴대하는 경우가 많고 개인정보와 이용성향 정보의 분석이 용이하기 때문에 무선 포탈은 특히 개인화가 적용되기 적합한 분야이다. 고객의 접속정보에 대한 신뢰성있는 정보를 바탕으로 고객정보의 분석을 통해 다양한 마케팅 전략을 세울 수 있다.

(3) 무선 보안

현재 유선 인터넷에서는 도청, 메시지 변조, 신분위장 등의 공격에서 기밀성(confidentiality), 사용자 인증(authentication), 데이터 무결성(integrity), 부인방지(non-repudiation) 등과 같은 정보보호 서비스를 제공한다. m-commerce는 대면접촉이 없는 무선 인터넷을 통한 거래이므로 거래의 신뢰성 지원이 핵심기술이다. 이 신뢰성은 정

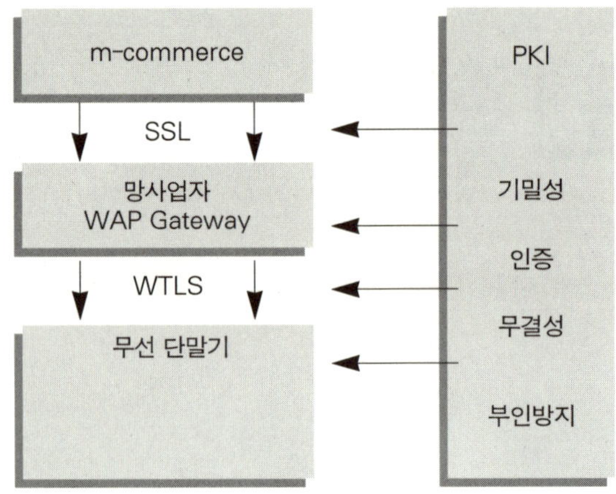

보보호를 위한 인증(authentication), 무결성(integrity), 기밀성(con-fidentiality), 부인방지(non-repudiation) 기술의 지원으로 가능하다. 기밀성은 암호화기술을 통해 해결가능하며 인증, 무결성, 부인방지는 전자서명을 통해 가능해진다. 무선 인터넷에서는 기존의 유선 인터넷과 비교하여 유선망과의 연동, 대역폭의 제안, 단말기의 제한 등으로 새로운 무선보안기술이 요구된다. 이를 위해 무선 인터넷 환경에서의 공개키 기반구조(PKI: Public Key Infrastructure)에 대한 연구가 진행중이다. PKI는 전체적인 보안 솔루션의 핵심으로서 어플리케이션이 다른 어플리케이션에 정보를 전달할 때 디지털 인증서를 사용하여 기밀을 유지하도록 해주지만 지역과 네트웍 구성에 따라 기준이 달라 지금까지 광범위하게 사용되지는 못했다.

앞에서 언급한 세가지 방식의 무선 인터넷 프로토콜중에서 ME와 i-Mode는 HTTP를 기반으로 하고 있기 때문에 SSL(Secure Socket

구분	WAP 방식	ME 방식	i-Mode 방식
제공업체	WAP Forum	Wireless Knowledge (Microsoft, Qualcomm)	NTT Docomo
보안계층	WTLS	SSL	SSL
단대안 보안	WAP Gateway와 기존 웹서버와 통합 추진	무선 단말이 기존 HTML 포맷 수용	고려중
사용자 인증	WPKI 시스템 및 인증서 포맷 미확정	미확정	미확정

Layer)과 같은 유선 인터넷에서 사용되는 보안 메커니즘을 사용하며 WAP에서는 별도의 보안 메커니즘인 WTLS(Wireless Transport Layer Security)를 사용한다.

표 3-8   국내외 주요 보안업체와 활동분야

구분	회사명	주요 활동
해외	Baltimore(영국)	WAP 게이트웨이 서버, 전자서명 툴킷, 무선 PKI용 WAP CA 등 개발
	VeriSign(미국)	WTLS용 서버 인증서 ID 판매, Short-lived Mini Certificate 제안
	Sonera(핀란드)	무선 PKI 서비스 제품군 개발, 스마트 카드 기술 적용
	Certicom(캐나다)	WTLS 툴킷 개발/ECC 기반의 암호 솔루션 제공
	Entrust(미국)	WAP기반 PKI 솔루션 제공
국내	드림 시큐리티	WTLS 기반 보안기술 솔루션 TrustM 개발
	이니텍	WTLS 툴킷 개발
	드림데이터	Datadesign AG(독일)와 제휴하여 WAP용 전자상거래 솔루션 제공
	MI Security	무선 PKI 솔루션 개발
	소프트포럼	ME SSL 부분의 MSSL 개발

국내외에서 활동하고 있는 대표적인 보안업체들을 살펴보면 영국의 볼티모어(Baltimore)를 선두로 WAP 솔루션기반의 서비스가 가능하며 핀란드의 소네라(Sonera)는 무선 공개키기반구조(PKI)에 기반한 세계 최초의 무선 뱅킹 서비스를 제공하였다. 국내의 몇몇 보안업체들도 무선 보안관련 제품을 출시하고 있으나 자체 기술이 아직 미비한 실정이며 상용화를 위해서는 국가표준 정책과 공조가 필요하다.

1) 인증기술

인증은 어떤 사실을 증명하거나 확인하기 위하여 사용되는 기능으로 사용자 인증, 내용 인증, 신용 인증의 3가지로 구분된다. 무선 인터넷에서의 인증 서비스 제공을 위해서는 무선 단말 장치를 이용하여 인증서를 발급받고 저장 관리할 수 있도록 새로운 인증서 발급체계 및 인증서 형식 등에 대한 표준화가 필요하다. 또한 현재 인터넷의 주요 응용으로 간주되는 전자상거래의 활성화를 위해 핵심이 되는 사용자 인증 및 서버 인증 서비스를 무선 환경에 맞게 개발하여야 하며 현재 많은 연산을 요구하는 공개키 방식의 인증기술은 무선 망의 대역폭 제한, 무선 단말기의 CPU 성능과 메모리 제약으로 인해 그대로 무선 환경에 적용하는 것은 어려우므로 사용자 공개키, 개인키 등을 보관할 수 있는 IC 카드 기술이 개발되어야 한다.

WAP은 전송계층에서 WTLS(Wireless Transports Layer Security), 응용계층에서 WML 스크립트 라이브러리를 이용한 전자서명을 통해 보안 서비스를 제공한다. WTLS에서는 기밀성(Confidentiality of

 성공적인 M 커머스 비즈니스 전략

Privacy), 사용자 인증(User Authentication), 메시지 무결성(Data Integrity), 부인방지(Non-repudiation) 등의 보안서비스를 제공한다. 이때 인증서 기반의 강화된 보안서비스를 제공하기 위해 PKI (Public Key Infrastructure) 기술이 필요하지만, 기존 유선 환경에서 정의된 PKI를 무선 환경에 그대로 적용하는 것은 단말기 용량제한 등 무선 인터넷의 제약요소 때문에 불가능하다. 따라서 무선 인터넷 을 위한 무선 인터넷 전용 PKI, 즉 WPKI를 필요로 하게 된다. 이에 따라 WAP Forum은 WPKI(Wireless Public Key Infrastructure)를 IETF PKIX 작업반의 X.509를 기반으로 연구개발해 국제표준을 제 정 중이며 국내에서는 한국전자통신연구원(ETRI)에서 표준안을 제 정 중에 있다.

마이크로소프트는 기본적으로 기존 인터넷의 표준을 그대로 사 용하여 무선 인터넷을 구현하는 전략으로 SSL 솔루션을 보안 솔루 션으로 채택하였다. 현재 ME 1.0용의 SSL 모듈에서는 강력한 사용

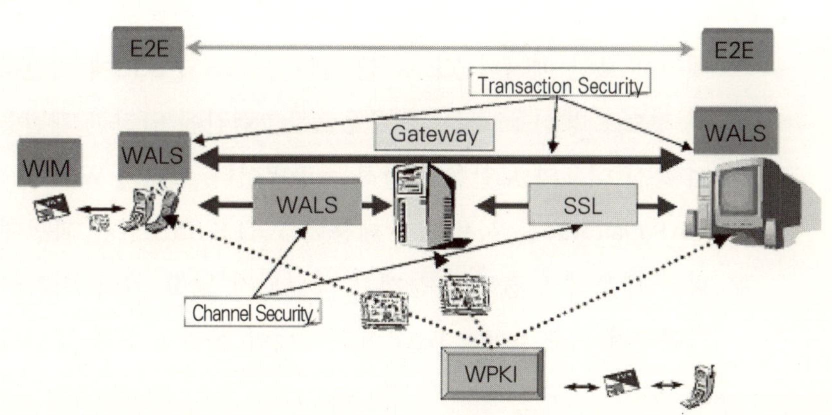

자 인증 기능을 제공하지는 않는다. 이것은 현재 일반적인 보안 웹 서비스에서와 같이 익명 SSL 세션을 만들고 ID와 비밀번호로 인증을 수행한다는 뜻이다. 단말기 칩의 기술적인 문제로 아직까지는 강력한 인증기능을 제공하지는 못하고 있다.

2) 전송보안

인터넷이 공개키를 목적으로 개발되었기 때문에 인터넷의 전송 프로토콜인 TCP/IP는 보안에 취약하다. 따라서 이를 극복하기 위한 많은 프로토콜 들이 개발되어 사용되고 있다. 그러나 기존의 전송 보안 프로토콜들은 많은 연산을 요구하는 암호화 기술을 포함하고 있으므로 그대로 무선 환경에 적용하는 것은 어려움이 있으며 특히 암호연산에 많은 시간이 소요되기 때문에 사용자의 의지와는 상관없는 비정상적인 접속 종료가 발생할 수 있으므로 무선 인터넷을 위한 새로운 전송보안 프로토콜이 요구된다.

WAP Forum은 무선구간에서 기존 인터넷의 SSL(Secure Socket Layer)을 경량화한 WTLS를 채택하였다. 이 프로토콜은 이미 인터넷에서 보안 메커니즘으로 잘 알려진 TLS와 SSL에 기반하여 작성된 것으로 통신을 하는 두 응용프로그램간에 안전한 채널을 형성하여 통신 내용의 보안을 보장하는 방법이다. 그러나 WAP 방식에서는 WAP Gateway를 사용하기 때문에 WTLS SSL 변환 과정에서 암호화된 내용이 노출되는 문제가 해결되지 않고 있다. 이러한 문제를 극복하기 위해 secure WAP 게이트웨이 등을 이용한 방법이 등장하고 있다.

(4) 무선 지급결제(Mobile Payment)

m-commerce가 활성화되기 위해서는 몇 가지 선결되어야 할 과제
가 있는 그 중 가장 필수적인 조건이 빌링(billing) 시스템 및 결제
체계의 확립이다. 지금까지 이동통신사업자들은 주로 자체적으로
과금 시스템을 구축해왔으나 최근 무선 포탈과 컨텐츠 제공업체들
은 써드파티(3rd party) 제품을 도입해 사용하고 있다. 이들 무선 과
금 솔루션은 시간, 패킷, 기간, 다운로드, 일정액 등 다양한 과금방식
을 적용할 수 있으며 계좌이체, 신용카드 이체, 사이버 화폐 이체 등
다양한 결제수단을 제공한다. 이밖에도 소액결제 솔루션 업체들도
무선 인터넷 지불 서비스를 지원할 수 있도록 기능을 확장하고 있
어 시스템 측면에서 무선 컨텐츠 이용에 대한 과금 및 지불에는 큰
어려움이 없다.

무선 단말기를 이용한 지급결제 시스템은 기존 시스템에 비해 폭
넓은 이동성과 편재성을 확보활 수 있다는 측면에서 강점을 가진다.
현재 대부분의 무선 지급결제 시스템은 대부분 무선 인터넷에서만
사용가능한 구조로서 통신사업자가 지급결제 플랫폼을 제공하고 소
비자와 판매자를 동시에 인증하며 소비자에 대한 과금을 대신해주
는 회수대행 혹은 통신사업자 종속형 모델 위주로 되어있다. NTT
Docomo i-mode의 경우에는 서비스 개시 초기부터 자사의 포탈에
수용된 이른바 공식 사이트에 한해 컨텐츠 요금의 회수대행 서비스
를 실시함으로써 보다 다양하고 질 높은 컨텐츠가 생겨나는데 큰
역할을 하는 것으로 평가 받고 있다. i-mode에서 사용되는 종속계
판매자에 대한 과금처리방법은 다음 그림과 같다. 먼저 휴대폰 사용

자가 무선 인터넷에 접속하면 i-mode의 게이트웨이가 간단한 인증 절차를 거쳐 사용자 본인임을 확인하고 단말기 ID를 컨텐츠 판매업자에게 제공한다. 판매업자는 단말기 ID를 근거로 접속목록을 월별로 합산하여 이동통신사업자에게 통보하고 다시 이동통신사업자는 이를 전화요금고지서에 통합 고지한다. 물론 이동통신사업자는 요금회수 대행의 대가로 수수료를 판매업자에게 징수한다.

그러나 이러한 회수대행 서비스는 공식사이트에만 제한적으로 제공되며 월 300엔 이하의 정액제이기 때문에 상품판매나 고가의 정보제공에는 적합하지 않은 문제점이 있다. 이에 따라 일본에서는 이동통신사업자에 의존하지 않고도 해결할 수 있는 각종 지급결제 솔루션과 독립형 결제대행 사업자들이 등장하기 시작했다. 2000년 초 운용을 시작한 IP SQUARE나 온더엣지(On the Edge)사의 엔라쿠(Yenraku)가 그들이다. 아마존과 같이 신뢰성과 인지도가 높은 대형 판매업체의 경우에는 유선 인터넷의 SSL 방식과 같이 판매자가

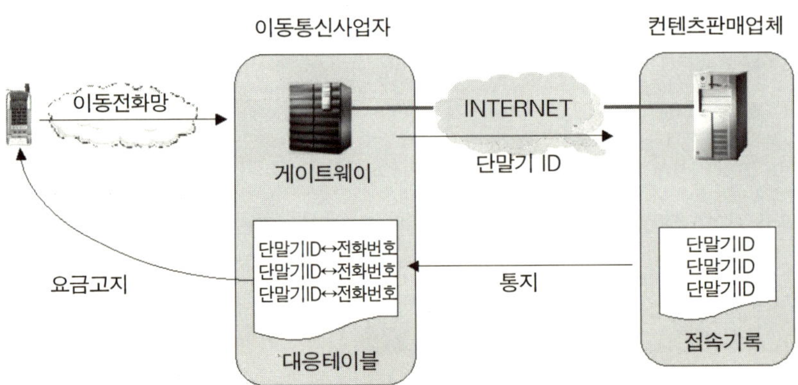

그림 3-25 i-mode의 회수대행 시스템 구조

결제대행사업자의 역할도 같이 수행할 수 있으나 대부분의 판매사
업자들은 이동통신사업자의 회수대행서비스나 다음 그림과 같은 결
제대행사업자를 이용하는 것이 유리하다. 여기서 결제대행 사업자
들은 음성회선을 이용해 인증 및 결제를 대행하는 서비스를 제공한
다. 컨텐츠 판매업자는 결제대행업체와의 계약을 통해 대행업자의
웹페이지에 회원등록을 위한 양식을 준비한 후 자사의 페이지에 이
양식을 연결시킨다. 서비스 이용자는 사이트를 보면서 요금을 지불
하고자 할 경우 신청 양식상에서 필요한 항목과 자신의 휴대전화번
호를 입력한다. 그 다음 송신버튼을 누르면 결제대행사업자의
CTI(Computer Telephony Integration: 음성안내장치)에 다시 전화를 걸게
되는데 이 때에는 현재 사용중인 휴대전화의 번호가 자동으로 통지
되기 때문에 허위주문을 방지할 수 있는 이점이 있다. 그리고 사용
자는 자신의 신용카드 번호나 유효기간을 숫자키로 입력하게 된다.
결제대행사업자는 이용자가 구입 신청시 입력한 전화번호와 발신자
의 번호통지로 받은 전화번호를 서로 대조해 신용카드의 신용확인
을 거친 후 과금이 이루어진다.

휴대전화를 이용해 오프라인(off-line)의 지급결제까지 수행할 수
있는 시스템도 현재 시험중에 있는데 이는 휴대전화가 직접적으로
신용카드 및 스마트카드를 대체할 수 있음을 시사하는 것이다. 유럽
의 경우 신용카드가 널리 보급되지 않은 대신 사용자의 카드내부에
칩을 내장시켜 보안기능을 강화한 스마트카드 확산을 적극 시도하
였다. 그러나 스마트카드의 경우도 기존 지급결제 인프라 대체비용
이 상당히 소요되고 표준이 확립되지 않아 확산에 어려움을 겪고
있다. 휴대전화를 이용한 휴대용 전자지갑(mobile digital wallet)은

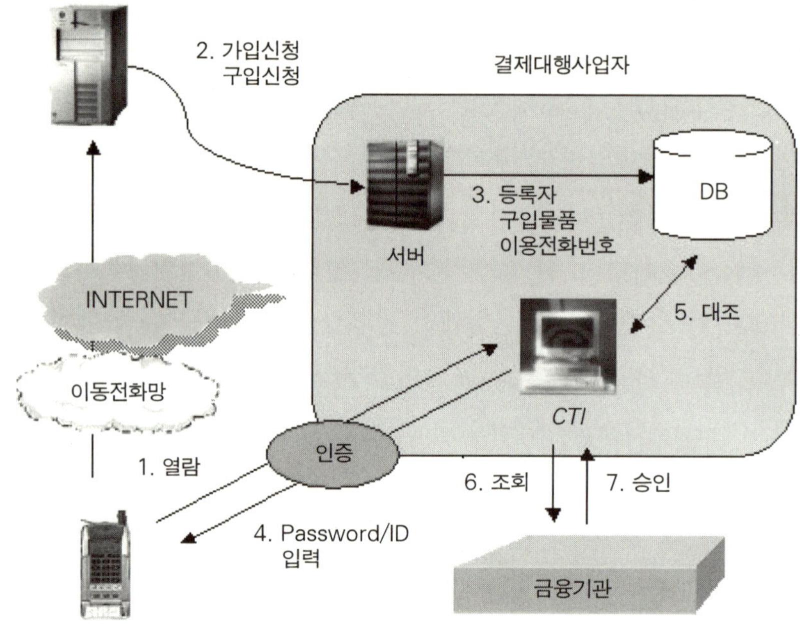

이러한 어려움을 극복하는 편리한 방법을 제공한다. 휴대전화는 이미 광범위하게 보급되어 있어 스마트카드에서의 인프라 대체비용을 상당히 절감할 수 있다. 또한 휴대전화의 통신기능을 통해 인증함으로써 신용카드에서의 보안문제도 해결할 수 있다.

이스라엘의 텔레벤드(TeleVend)가 개발한 솔루션은 이용자가 자판기에 표시된 전화번호에 전화를 걸어 간단한 인증절차를 거치면 자판기에서 해당 상품이 나온다. 비용은 이동전화요금 고지서, 신용카드 고지서에 첨부되거나 은행계좌에서 자동으로 인출된다. 한편 신용카드사인 비자캐시(Visa Cash) 또한 휴대전화를 이용한 전자지갑 방식을 영국의 리즈(Leeds)에서 시험서비스를 실시하였다. 이용자는 바클레이 은행에서 휴대전화에 내장할 수 있도록 칩 형태로 발급한 바클레이카드(Barclaycard)에 50파운드의 금액을 저장할 수 있다. 상거래 수행시 이용자가 휴대폰에 개인인식번호(Personal Identification Number)를 입력하면 BT Cellnet GSM 네트웍을 통해 금액이 이체된다. 비자 카드사는 또한 미국에 있는 Palm VII 사용자들이 120개국의 531,000개의 비자카드 현금인출기에 접속할 수 있도록 하기 위해 팜 컴퓨팅(Palm Computing)사와 제휴를 맺고 있다. 이 서비스는 현재 비자의 현금인출기에서 PalmVII로 전자화폐의 이동을 지원하고 있지는 않으나, 미국의 무선서비스 사용 비율이 증가함에 따라 곧 가능해질 것으로 보인다.

(5) 위치확인

최근 한 조사에서 응답자의 19.3%가 3세대 무선 서비스 중 상위 3개의 인기 서비스 중의 하나로 위치 기반 서비스를 꼽을 정도로 무선 인터넷에서는 위치확인 기술의 비중이 크다. 이동통신 환경에서 위치확인은 단말기나 위성을 통한 GPS 기반의 솔루션이나 신호 동기화나 삼각법을 이용한 이동통신망 기반의 솔루션을 이용해 이루어진다. 현재까지 이동통신 사업자들은 이동통신망을 이용한 위치확인 기술에 많은 투자를 하지 않았는데 이것은 위치확인기술을 이용한 어플리케이션에 대한 수요가 별로 없었기 때문이다. 그러나 무선 인터넷 활성화에 따라 위치확인기술에 대한 투자가 앞으로 보다 활발해질 전망이다. 위치기반 무선 인터넷 시스템은 다음과 같이 구

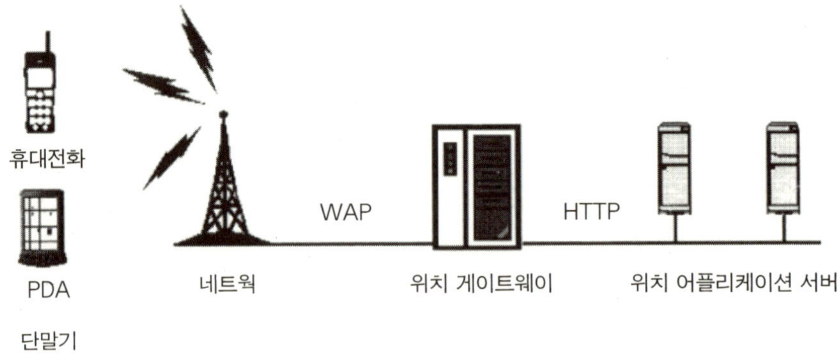

성되는데 일반 무선 인터넷 시스템과 다른 점은 WAP 게이트웨이와 함께 위치 게이트웨이(location gateway)가 있다는 점이다.

- 단말기 : GPS 칩셋이나 내부 알고리즘에 의해 위치를 계산하고 위치정보를 이동통신망에 전달한다.
- 위치 게이트웨이 : 이용자의 위치 계산, 위치 정보 제공 및 서비스 제공업자의 인증을 수행한다.
- 위치 어플리케이션 서버 : 디지털 지도 DB, 컨텐츠 DB, 사용자 DB와 실시간 정보를 이용하여 위치기반 서비스를 제공한다.

현재 이동통신기술을 이용하면 셀단위나 섹터단위로 위치를 파악할 수 있으나 정확도가 500~1000m 수준으로 정확성을 기하기 어렵다. 향후 위치확인 기술은 단말기에 내장된 GPS를 이용하거나 기존 통신망의 기지국 위치와 파일럿 신호로부터 이동중인 이용자의 위치를 알아내는 네트웍 기반 방식이 있다.

기술	기술기반	장점	약점
COO(Cell Of Origin)	네트웍기반	네트웍이나 단말기에 추가설비 필요없음	상대적으로 낮은 정확도
E-OTD(Enhanced Observed Time Difference)	네트웍기반		단말기 소프트웨어 수정 필요
TOA(Time Of Arrival)	네트웍기반	기존의 네트웍기능 활용	상대적으로 낮은 정확도
GPS(Global Positioning System)	단말기기반	GPS 데이터 사용료 무료	새로운 형태의 단말기 필요
AOA(Angle Of Arrival)	네트웍기반		정교한 안테나 필요
IN(Intelligent Network)	네트웍기반	독립적인 위치확인 시스템	

GPS(Global Positioning System)와 TDDA(Time-Distance Difference to Arrival)과 같이 몇 미터 이내로 무선 기기의 위치를 파악해내는 무선 위치기반 기술은 스트래티지스 그룹(Strategis Group)이 2004년에 39억 달러에 이를 것이라고 발표했듯이 빠른 속도로 시장을 넓혀 갈 것으로 보인다. 많은 전문가들이 위치기반 서비스를 전자상거래 성공을 위한 필수 조건으로 보고 있다. DGPS(Differential GPS)를 이용하게 되면 사용자의 위치를 10m 이내에서 정확히 알 수 있기 때문에 사용자의 위치에 따른 다양한 인터넷 서비스가 가능해진다. 사용자의 위치를 연속으로 결정하는 경우 사람과 차량에 대하여 추적(tracking)이 가능해지고 이를 이용한 영업망 관리 및 물류서비스에 적용이 가능하다.

구분	서비스 예
위치기반 정보 서비스	지도 서비스 지도 전화번호부 무선 지리정보 서비스(GIS) 교통정보 서비스 여행 가이드
항법/추적 서비스	최적 경로 계산 차량 항법 및 물류 관제 영업 배치 등 기업용 인터넷 개인항법
위치기반 상거래	모바일 전자상거래 사용자 위치를 기반으로 한 비교 쇼핑, 예약 등의 부가서비스 위치기반의 광고 서비스 위치 기반 CRM
공익 서비스	여행 가이드 구조요청, 범죄신고, 자동차 사고 대응 등의 공익 서비스 기상예보
기타	게임 위치에 따른 이동통신 요금의 차등화

(6) 모바일 CRM(mCRM)

무선 기술과 CRM 소프트웨어의 발전은 일부 기업들에게 새로운 가능성에 주목하게 만들었는데 이것은 고객들과 영업 사원들에게 각 종 서비스, 트랜잭션 정보, BI(Business Intelligence)를 더 쉽게 제공할 수 있는 모바일 CRM이다. m-commerce 서비스를 제공받는 고객들은 시간이 지남에 따라 더 높은 수준의 서비스를 요구하게 되며 서비스 제공기업들은 기업에 이익이 되는 고객을 파악하고 고정 고객화하여 새로운 가치를 창출하기 위해서 CRM 기술이 요구된다. CRM을 적용하기 위해서는 우선 고객 데이터베이스를 구축하고 고객을 세분화하여 분류된 고객에 따라 적절한 서비스만을 제공하는 전략을 세운다. 또한 구축된 고객 데이터베이스를 토대로 데이터웨어하우스와 데이터 마이닝을 거쳐 고객정보를 객관화하고 인지하지 못했던 정보를 추출하여 새로운 전략을 수립하기 위한 기본자료로 활용한다.

이미 웹 기반의 CRM은 어플리케이션 시장에서 연평균 50%이상 늘어나는 폭발적인 증가세를 보이고 있으며 앞으로 다양한 모바일 CRM 제품들이 등장할 것으로 보인다. 전자우편 마케팅 캠페인을 개인화하는 CRM 툴들을 개발하는 세비스타(Sevista)는 팜 디바이스, 휴대전화, 호출기를 이용해 무선 CRM을 가능하게 해주는 버전을 개발하기 시작했는데 최근에는 마케터들이 고객들의 휴대전화와 핸드헬드 컴퓨터에 각종 영업정보를 전송할 수 있게 해주는 서버 소프트웨어를 발표했다. 프론트레인지솔루션(FrontRange Solutions)은 자사의 영업자동화(Sales Force Automation) 소프트웨어에 무선 고객지원 능력들을 보강하고 있다. 프론트레인지(FrontRange)가 업그레이드 한 영업자동화 소프트웨어(GoldMine Everywhere Server)는 사용자들이 고객 접촉 정보를 원격 관리할 수 있게 해주므로 팜 VII 같은 디바이스들을 이용해 고객 정보를 기업 데이터 리포지토리에 푸시/풀링할 수 있다.

그러나 무선 통신 표준의 부재, 데이터보다 음성에 더 적합한 무선 네트워크, 대규모 선행 프로젝트와 성공사례의 부재가 모바일 CRM의 확산을 가로막고 있다. 무선 통신 표준들의 대립은 벤더들과 사용자들이 몇 가지 상이한 포맷으로 고객에게 커뮤니케이션을 보내야 한다는 의미이다. 여러 개의 표준을 유지하는 것은 결국 비용 문제로 귀결된다. 상이한 시스템에서 표시할 수 있는 포맷으로 컨텐츠를 준비하고, 상이한 통신 프로토콜용으로 컨텐츠를 변환하는 게이트웨이를 설치하며, 수많은 내부 영업 사원들과 고객들이 무선 시스템을 갖추도록 해야 하는 데서 추가 비용이 발생하게 된다. 게다가 컨텐츠 서버 소프트웨어를 구입, 구현하는 비용이 있고, 고객 데이터를 이 신규 시스템들과 통합하는 비용도 있다.

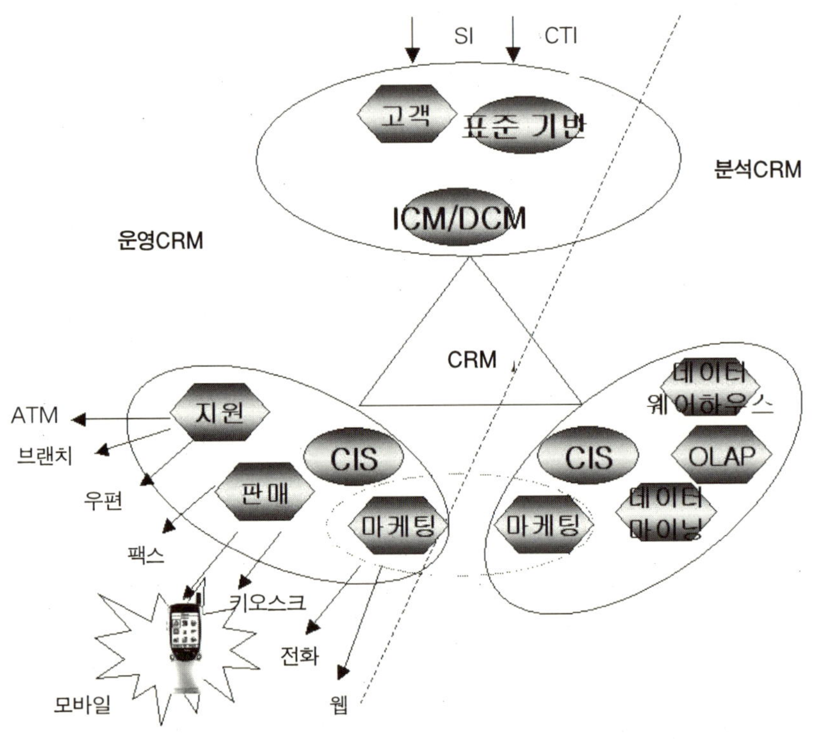

그림 3-28 모바일 CRM 개념도

(7) 시스템/어플리케이션 통합

m-commerce 서비스 제공을 위해서는 단말기로부터 관련 백오피스(Back Office) 및 기업간 거래에 이르기까지 수많은 비즈니스 프로세스가 존재하며 이러한 비즈니스 프로세스들의 조합이 기업의 인프라스트럭처이다. 따라서 이용자에게 적절한 m-commerce 서비스를 제공하기 위해서는 기업 내외부의 비즈니스 프로세스 통합 기술이 필요하다.

인터넷, 무선 기술과 웹 기반 어플리케이션의 조합은 언제 어디서든지 커뮤니케이션 할 수 있는 방법을 제공한다. 기업 입장에서는 기존 어플리케이션(CRM, 마케팅, 영업자동화)의 기능을 확대해 직원들이 이동중에도 접속할 수 있도록 지원하는 것이 생산성 제고에 도움을 준다. m-commerce 도구들이 팜 휴대용 시스템과 같은 PDA에서부터, 스마트 폰, 페이저 노트북 컴퓨터, 심지어 공항 터미널의 키오스크 장비에 이르기까지 다양하게 출현하고 있는데 이러한 장비들은 시간이 지나면서 단순히 서류철을 대신하는 것에서부터 무선 웹 접속을 위한 정교한 어플리케이션으로 발전하고 있다. IBM은 이러한 기능을 지원하기 위해 웹스피어 트랜스코딩 퍼블리셔(Web-Sphere Transcoding Publisher)라는 미들웨어를 내놓았다. 이 솔루션은 e-비즈니스 어플리케이션을 무선 단말기와 연결시키기 위해 만들어졌다. 스프린트의 경우는 시벨(Siebel Systems)과 협력해 무선 영업자동화(Sales Force Automation) 어플리케이션들을 WAP 지원 휴대전화와 핸드 헬드 디바이스용으로 개발하고 구현할 수 있도록 지원하고 있다.

이와 같은 발전은 WAP과 블루투스와 같은 커뮤니케이션 표준의 출현으로 가능해졌다. 그러나 m-commerce는 웹 기반의 고객 중심적 컴퓨팅이 직면했던 모든 어플리케이션 통합에 관한 도전에 또다시 직면하고 있으며 무선 환경에서는 이러한 도전이 더욱 어려워졌다. 각각의 새로운 프론트-엔드가 실시간 거래가 가능하게 하는 백-엔드 시스템 및 어플리케이션과 연결되어야 하며 더 나아가서 이러한 연결은 각 채널들간의 통합을 보장하는 기업 프레임워크를 통하여 이루어져야 한다. 이러한 종류의 실시간 거래와 통합된 서비스를 제공하기 위해서는, 모바일의 프론트-엔드는 레가시 시스템과 패키지화된 어플리케이션 등과 같은 이질적인 기업내의 백-엔드 환경과 통합된 고객 중심의 어플리케이션을 제공해야 한다. 따라서 무

그림 3-29 　모바일 컴퓨팅 패러다임에서 요구되는 계층과 솔루션

프레젠테이션 계층	네트웍 계층	포탈 어플리케이션 계층	통합 미들웨어 계층	처리계층
데스크탑	인터넷	웹서버	메시지위주 미들웨어	메인프레임
PDA	무선망	어플리케이션 서버	분산객체기술	데이터베이스
통신망	통신망	커머스 서버	거래처리 모니터	패키지 어플리케이션
		포탈서버	서비스 : 디렉토리 보안 워크플로우 어플리케이션 관리	기타 엔터프라이즈 어플리케이션

웹 솔루션 및 서비스

웹 솔루션 및 서비스

웹 솔루션 및 서비스

선 시스템 통합에도 EAI(Enterprise Application Integration) 기술이
필요해졌으며 EAI는 임시적인 인터페이스 개발에서부터 기업차원
의 아키텍처 접근에 이르기까지 다양한 형태를 취한다. 이러한 자원
들은 서로 다른 네트워크 프로토콜, 다른 프로그래밍 언어을 사용하
는 서로 다른 컴퓨팅 플랫폼에 걸쳐 퍼져있다. 점차 이러한 것들은
단일 기업의 범위를 넘어 파트너쉽과 전략적 제휴 관계를 필요로
하게되며 시스템적 유연성에 대한 요구가 더욱 커지게 될 것이다.

　m-commerce 시스템 및 어플리케이션 통합환경을 살펴보면 단기
적으로 무선 프론트 엔드와 기업내부의 레가시 시스템과의 통합을
지원하는 다양한 응용프로그램 인터페이스(API)와 운영체제(OS)가
출헌히게 된다. 초기 단계의 새로운 기술들은 하드웨어 의존적이므

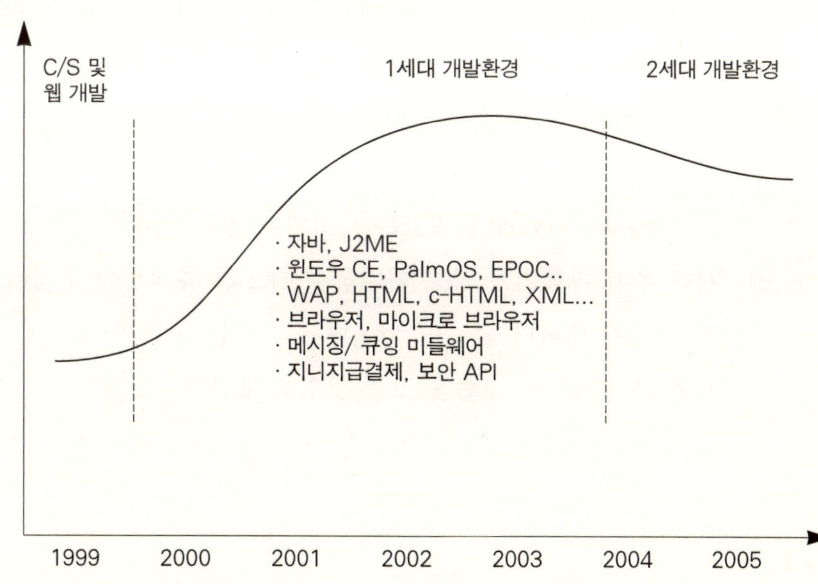

그림 3-30 시스템/어플리케이션 통합환경의 진화

로 자바와 웹브라우저 같은 보다 일반적인 응용프로그램 인터페이스(API)의 확산을 가로 막는다. 또한 Windows CE 대 심비안 대 팜 OS, WAP 대 HTML 간에 표준화를 둘러싼 치열한 생존경쟁이 벌어지게 된다. 이러한 과도기적인 과정을 거쳐 2005년이 되면 기술표준이 어느 정도 정착되고 휴대전화나 PDA의 하드웨어 종류에 상관없이 이식 가능한 응용프로그램 인터페이스(API)를 사용할 수 있게 될 것으로 전망된다.

5 단말기 기술

무선 인터넷은 전송속도, 기술수준, 표준의 정립 측면에서 아직 이용자들의 욕구를 충분히 만족시키지 못하고 있지만 이용자 수는 멀지 않은 장래에 유선 인터넷 이용자 수를 추월할 것으로 예측된다. 이러한 이용성향의 변화를 반영해 무선 인터넷 환경에 초점을 맞춘 스마트폰, PDA, 웹패드와 같은 포스트 PC 제품 판매는 급증하는 반면 기존 PC의 판매고는 둔화되고 있다. 음성위주의 1세대와 2세대 무선 단말기가 작고 가벼움을 강조한 휴대성에 초점이 맞추어져 있다면 데이터 위주의 차세대 단말기는 고객의 욕구에 따라 다음과 같이 다양한 모습을 갖출 것으로 보인다.

(1) 단말기 형태

　무선 인터넷 서비스를 제공하는데 있어서 가장 시급한 과제중의 하나는 휴대전화와 PDA에서 유선 인터넷환경과 같이 다양한 멀티 미디어 서비스를 수용할 수 있는 기능을 갖추는 것이다. 2000년에 보스톤 컨설팅 그룹이 6개국 1,850명의 사용자를 대상으로 조사한 바에 따르면 단 두세 차례 시도만에 m-commerce의 꿈을 접은 사람이 25%에 이르는 것으로 나타날 정도로 무선 단말기의 이용성과 가독성은 아직까지 해결되지 않고 있는 심각한 문제이다. 사업자가 컨텐츠 인프라를 구축하고 있다고 하더라도 무선 인터넷 단말기가 적정 수준까지 성능이 향상되지 않으면 인터넷 서비스를 제대로 사용할 수 없다는 점에서 무선 인터넷 단말기의 확산은 무선 인터넷 시

그림 3-31　　**다양한 형태의 단말기 모습**

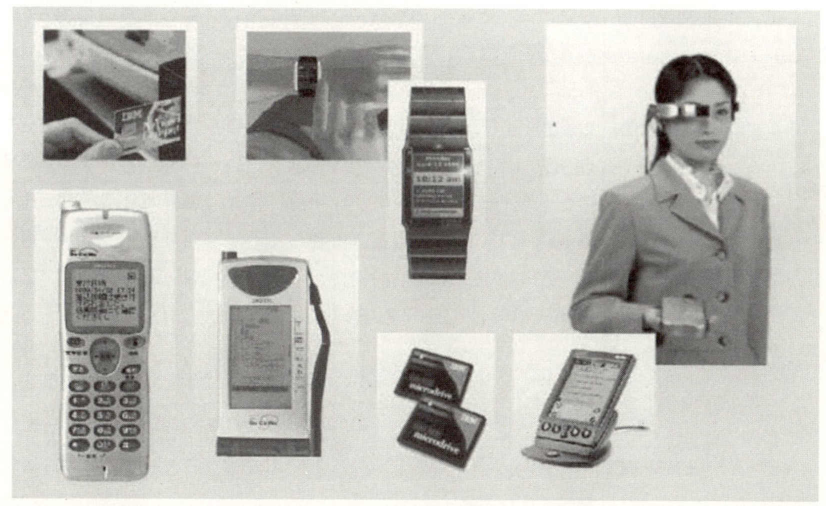

Source : IBM

장확산을 결정하는 주요 변수이다. 현재 휴대전화를 이용하여 무선 인터넷을 사용하는데 있어서 요구조건은 크게 4가지 정도로 구분할 수 있는데 고속전송 및 대용량 데이터 처리, 보다 큰 화면의 컬러 디스플레이, 사용하기 편한 인터페이스, 다양한 응용프로그램 개발 등이다. 이러한 요구조건을 충족시키기 위해 다양한 단말기가 나타나게 될 것이며 고객들의 선택의 폭이 넓어질 것이다.

14.4kbps의 전송속도를 갖는 현재 IS-95A방식의 이동통신단말기는 조만간 2001년부터 서비스를 시작하는 144kbps 급의 cdma 20000-1X로 대체될 것이다. 또한 퀄검과 모토롤라는 향후 고속데이터 전송시장을 겨냥하여 2.4Mbps의 전송속도를 갖는 HDR(High Data Rate)과 5Mbps급의 1X Plus라는 기술을 선보이고 있다. 퀄컴

표 3-11 무선 인터넷 단말기 종류

분류	크기	디스플레이	인터페이스	기능/성능	업체/제품
이동전화	한손으로 들고 사용할수 있는 정도	1.5~2인치	키패드, 음성	음성통화기능외에 간단한 정보관리 및 정보송수신	국내외 단말기 제조사/PCS, 셀룰러
스마트폰	이동전화와 PDA 중간정도	3~4인치	키패드, 펜, 음성	통화기능, 무선 데이터 송수신	노키아, 퀄컴, 삼성전자
PDA	디스플레이 크기는 5~10인치로 매우 다양하고 모양도 다양. 편의상 키보드의 유무에 따라 PDA와 HPC로 구분가능	버튼, 음성, 펜	범용에서 특수목적까지 다양하며 성능도 다양	HP, 팜, 제이텔, 애플, 카시오, 컴팩, 필립스, 삼성전자
Handheld PC			소형키보드, 펜		HP, Psion, 샤프, NEC, 삼성전자, LG
노트북 PC	휴대하기 어려움		12인치 이상	고성능, 범용	다양한 컴퓨터 생산업체

 성공적인 M 커머스 비즈니스 전략

에서는 국내에 곧 공급할 예정인 MSM(Mobile Station Modem) 시리즈 칩에 MP3 음악을 연주할 수 있는 기능, GPS(Global Positioning System) 소프트웨어, 그리고 대용량 멀티미디어 카드의 제어기능을 가지고 있다. 그러나 휴대전화를 이용해 웹을 이용하는 경우 아직까지 디스플레이와 사용자 인터페이스에 아직까지 문제가 있기 때문에 PDA와 통신이 결합된 무선 단말기의 개발이 활발히 이루어지고 있다. 미국의 팜사의 Palm 파일럿은 무선 인터넷 접속기능이 내장된 모델을 출시하고 있으며 NTT Docomo의 컬러 휴대전화 F502i, 에릭슨의 WAP 폰 R380, 노키아의 PDA폰인 9210, 모토롤라의 양방향 무선호출기 Accompli, GPS를 내장한 엡손의 PDA, 큐빗

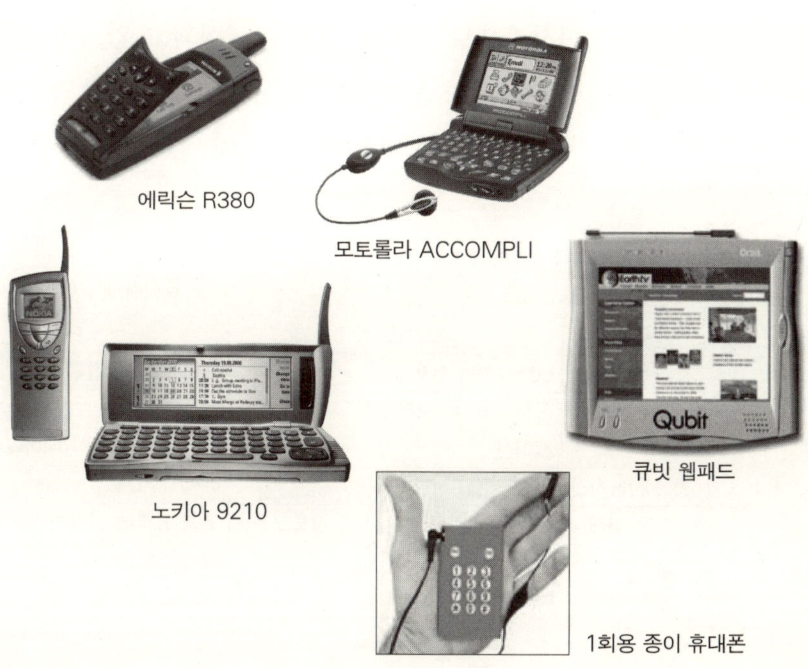

그림 3-32 다양한 형태의 단말기 모습

(Qubit)의 웹패드 제품에 이어 최근에는 1회용 휴대전화까지 다양한 형태의 단말기가 상용화되어 출시되고 있다.

오범은 최근 보고서에서 2004년까지 세계 무선 단말기 시장 규모를 현재의 2배 수준인 약 670억 달러로 성장하고 이중 스마트 폰이 28%, PDA 및 웹패드와 데이터 중심의 단말기가 전체 시장의 39%를 차지할 것으로 전망하고 있다. 앞으로 무선 인터넷의 보급확산과 함께 스마트 폰과 PDA의 점유율은 지속적인 증가세를 이어나가 기능, 가격, 휴대 편의성 측면에서 차세대 무선 단말기의 주류를 형성할 것으로 보인다.

무선 인터넷 시장의 저변확대와 IMT-2000 서비스에 대한 기대에 힘입어 PDA 시장은 급성장을 지속할 것이다. 한 리서치 회사의 예측자료에 따르면 세계 PDA 시장은 2002년 1,550만대, 2003년 3,500만대의 거대시장으로 성장할 것으로 예상되고 있으며 성장 잠재력 면에서 가장 주목받는 무선 단말기 시장으로 평가받고 있다. 1999년 130만대 판매에 4억 3,650만 달러의 매출액을 기록한 미국 PDA 시

<table>
<tr><td>표 3-12</td><td colspan="3">스마트 폰과 PDA의 특성 비교</td></tr>
</table>

구분	스마트 폰	PDA
무게	60~120g 전후	120~200g 전후
이용범위	전자우편, 웹 브라우징, 자바 어플리케이션	전자우편, 웹 브라우징,자바 어플리케이션, 그룹웨어/데이터베이스
연속 사용시간	200~400 시간	7~20 시간
사용 실례	금융/증권과 같은 실시간 정보교환	고객과 함께 원격지에서 자사의 데이터베이스 검색
입력 방식	다이얼 버튼	키보드, 터치펜

Source: Nikkei Communications

장은 2000년 상반기에 전년도 매출액을 초과하는 4억 6,900만 달러
의 매출액을 기록하며 100%를 상회하는 성장률을 기록했다. 지금까
지는 팜사의 Palm 파일럿 시리즈가 독주해 왔으나 최근 핸드스피링
(Handspring)에서 Palm OS를 탑재한 바이저(Visor) 시리즈를 출시
하여 눈길을 끌고 있다.

　국내에서도 제이텔, 세스컴, 사이버 뱅크 등의 벤처기업들이 틈새
시장 공략 및 특화된 제품을 통하여 꾸준한 성장을 계속하고 있다.
특히 완벽한 한글지원이 장점인 셀빅 OS를 탑재한 제이텔의 PDA
제품들은 저렴한 가격과 한글이용의 편의성 때문에 국내시장에서
높은 시장점유율을 보이고 있다.

(2) 운영체제

　현재까지 무선 단말기 운영체제에 대한 표준화는 이루어지지 않
은 상태이다. 표준 관련 사업자들은 각자 자신들의 운영체제(OS)를
표준으로 삼기위해 세를 규합하고 있다. 현재 마이크로소프트와 심
비안(Symbian)을 중심으로 운영체제 시장 경쟁이 치열하게 전개되
고 있는 가운데 쓰리콤(3Com)의 Palm OS가 새로이 등장하여 각광
을 받고 있다.

　마이크로소프트는 휴대용 컴퓨터와 기타 단말기를 위한 운영체
제로 Windows CE를 개발하였다. HP, 카시오, 필립스, 컴팩 등이 자
사의 휴대용 컴퓨터와 PDA의 운영체제로 Windows CE를 채택하고
있다. 그러나 Windows CE는 사용의 간편성, 견고성, 동기화 그리고

저장용량의 한계라는 문제에 봉착해 있다. 마이크로소프트는 자사의 운영체제인 Windows CE 확산을 위해 공격적인 사업전략을 전개하고 있다. 경쟁상대인 심비안(Symbian)의 경쟁력을 와해시키기 위해 심비안(Symbian)의 마이크로 브라우저 공급업체인 영국의 STNC를 1999년 인수했으며 인터넷 셀룰러 스마트 액세스(Internet Cellular Smart Access) 서버와 관련 이동통신 프로토콜 기술을 보유하고 있던 스웨덴의 Sendit AB도 인수하였다. 마이크로소프트의 인수합병(M&A) 전략은 심비안(Symbian)을 구성하는 업체들간의 경쟁 특히 미래시장에서의 경쟁사업자의 시장확대를 방어하고자 하는 심비안(Symbian) 구성업체간의 내부 역관계를 이용하고 있다.

마이크로소프트는 최근 스팅거(Stinger)라고 명명된 스마트 폰 플랫폼을 발표했는데 이 운영체제는 Windows CE 3.0을 기반으로 휴

<table>
<tr><td colspan="2">표 3-13</td><td colspan="3">주요 운영체제 비교</td></tr>
</table>

구분	WindowsCE	Palm	EPOC
개발업체	마이크로소프트	팜	Psion
라이센스	LG, HP, NEC, 컴팩, 카시오	소니, 삼성, 핸드스프링, 교세라	에릭슨, 노키아
특징	-Windows기반 PC와의 완벽한 호환성 -인터넷 익스프롤러 내장, 웹 검색 기능	-간편한 사용자 인터페이스로 개인 일정관리 기능이 뛰어남 -통신기능, 전자우편, 인터넷 검색 보완	-모듈 설계방식으로 플랫폼 변경이 자유로움 -무선 데이터 단말기용 운영체제로 개발중
자바지원	지원	지원	개발중
TCP/IP지원	지원	지원	지원
HTML지원	지원	지원	지원

Source: 한국전자통신연구원

 성공적인 M 커머스 비즈니스 전략

대전화의 배터리 수명을 늘리고 소비하는 메모리 용량을 줄인 것이다. 스팅거 플랫폼을 탑재하는 단말기에는 마이크로소프트 아웃룩, 모바일 인터넷 익스프롤러, 이메일 클라이언트 등의 어플리케이션이 포함되어 이용자들이 단문메시지, 음성메일과 여러 계정의 전자우편을 한 곳에서 관리할 수 있는 것으로 알려졌다.

심비안(Symbian)은 노키아가 무선 단말기와 관련된 모든 솔루션들을 개발하기 위하여 에릭슨, 모토롤라, 영국의 PDA 제조업체인 Psion, 파나소닉 을 중심으로 구성된 컨소시엄으로서 EPOC이라는 32비트 운영체제(OS)를 이용하여 무선 단말기 및 응용프로그램을 개발하고 있다.

팜(Palm)은 전세계 PDA 시장의 대부분을 차지하고 있으며 운영체제로 자사의 OS를 사용하고 있다. 무선단말기 OS 시장경쟁 측면에서 Palm OS는 미국에서 폭넓게 사용되고 있으며 Palm VII는 무선 인터넷 연결과 웹클리핑(Web Clipping)기술로 최근 미국 시장에

표 3-14   PDA 운영체제별 제품과 생산업체

구 분	운영체제	생산업체와 제품	프로토콜
Palm	Palm OS	팜, Palm VII	HTTP, WAP, 웹 클리핑
		IBM WorkPad PC	HTTP, WAP, 웹 클리핑
		핸드스프링 바이저(Visor)	HTTP, WAP, 웹 클리핑
PocketPC	Windows CE	컴팩 iPac	HTTP, WAP
		HP Jornada	HTTP,WAP
		카시오 E-125	HTTP, WAP
심비안	EPOC32	에릭슨 R380	WAP
		노키아 9210 커뮤니케이터	WAP
		PSION 시리즈 5mx, 시리즈 7,REVO,REVO Plus	WAP

서 큰 호응을 얻음에 따라 마이크로소프트와 심비안에게 큰 위협이 되고 있다. 개방형 운영체제를 지향하고 있는 Palm OS는 10,000여 종의 Palm 기반 소프트웨어와 다양한 응용서비스 및 컨텐츠를 확보함으로써 시장지배력을 강화시켜 나갈 것으로 전망된다. 한편 Windows CE는 마이크로소프트 계열 소프트웨어 및 컨텐츠와의 완벽한 호환성을 기반으로 범용성을 강조한 수평시장보다는 특화된 수직시장 운영체제(OS)로 살아남을 가능성이 커 보인다.

(3) 차세대 단말기

IMT-2000의 차세대 단말기 개발은 이동전화기 생산업체와 PDA 업계의 두 측면에서 이루어지고 있다. 에릭슨은 사용자의 나이, 성별, 직업에 따라 다른 기능, 다른 형태의 단말기가 필요할 것으로 예상하고 다양한 모델과 기능을 담은 IMT-2000 단말기 개념을 제시하고 있다. 노키아도 사용자의 개인적인 특성에 따라 다르게 사용될 수 있는 단말기를 개발하고 있다. 노키아의 단말기 개념은 단순한 통신기기의 역할뿐 아니라 새로운 액세서리의 개념을 단말기의 발전방향으로 정립하고 있는 것이 특징이다.

PDA 업체의 동향을 살펴보면 이동전화기 업체가 IMT-2000 단말기의 개념을 제시하고 있는 가운데 미국의 핸드스프링사는 PDA에 이동전화기의 기능을 갖춘 단말기를 출시하고 있다. 핸드스프링의 바이저폰(Visor Phone)은 MP3 플레이어, 디지털 카메라, GPS 기능이 있으며 이동전화로 사용하기 위해 마이크를 PDA에 내장하고 카

그림 3-33 NTT Docomo의 차세대 단말기 모델

3GNewsroom.com

그림 3-34 바이저 폰

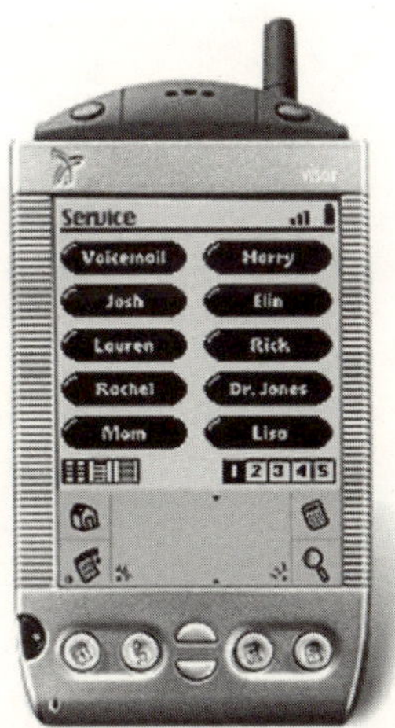
Service
Voicemail   Harry
Josh   Elin
Lauren   Rick
Rachel   Dr. Jones
Mom   Lisa

트리지에는 주소록, 전화번호부 등을 담은 소프트웨어가 설치되어 있다. 또한 사용자가 전화를 하면서 다른 기능을 사용할 수 있도록 멀티태스킹 기능을 포함하고 있다.

앞으로의 단말기는 휴대전화기, PDA, 노트북 각각의 장점과 기능을 하나의 단말기에서 구현함에 따라 제품간의 구분이 모호해지는 복합단말기(Convergence Device)의 방향으로 나아갈 것으로 보인다. 최근 제품을 출시한 싸이버 뱅크의 PC-Ephone은 이러한 개인 이동 복합 단말기로서 PDA와 이동통신의 결합을 넘어서 데스크탑 PC와 동일한 환경을 구현하는 포스트 PC를 지향하고 있다.

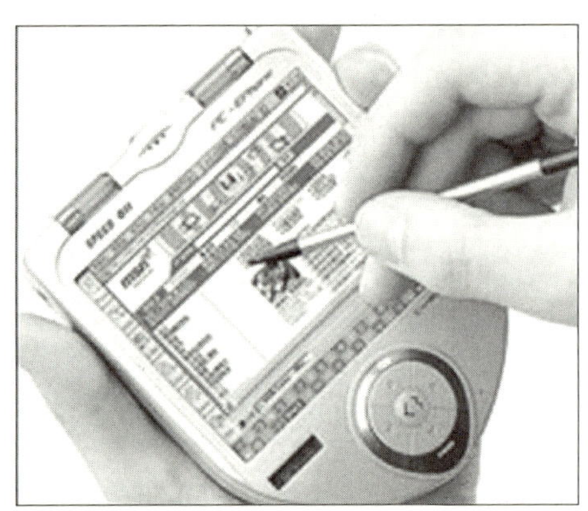

그림 3-35 싸이버뱅크의 PC-EPhone

제 4 장

m-commerce 시장구조와 어플리케이션

m-commerce 어플리케이션은 기존의 유선 인터넷 서비스를 무선 환경으로 확장시킴과 동시에 무선 환경의 독특한 장점(mobile benefits)을 이용한 것이다. m-commerce 어플리케이션은 시공간을 초월한 정보접근의 가능성을 제시하지만 단말기 자체의 제한과 무선망의 성능상의 제약으로 인해 기존 유선 인터넷에서와 같이 멀티미디어를 포함한 다양한 형태의 서비스 제공이 어렵다. 3세대 서비스를 필두로 곧 무선 단말기상에서 멀티미디어 컨텐츠 시장이 형성될 것으로 예상해왔지만 현실적으로 아직은 요원해 보인다. 따라서 유선 인터넷에서 제공받을 수 있는 멀티미디어 등의 고속 대용량 데이터 전송을 기반으로 한 서비스보다는 단기적으로 수요가 있으면서 실현가능성이 있는 서비스에 초점을 맞추는 것이 보다 바람직해 보인다.

1 시장구조

(1) 시장구조

m-commerce 시장에는 전자상거래 시장과 같이 통신망사업자, 장비공급업체, 컨텐츠 사업자, 금융서비스 사업자 등 다양한 이해관계자들이 참여하고 있다. 그러나 어떠한 사업자도 단독으로 고객에게 엔드투엔드 서비스를 제공할 수 있는 솔루션을 모두 가지고 있지 못하므로 사업자간 제휴와 다양한 솔루션들의 조합이 요구된다. 각

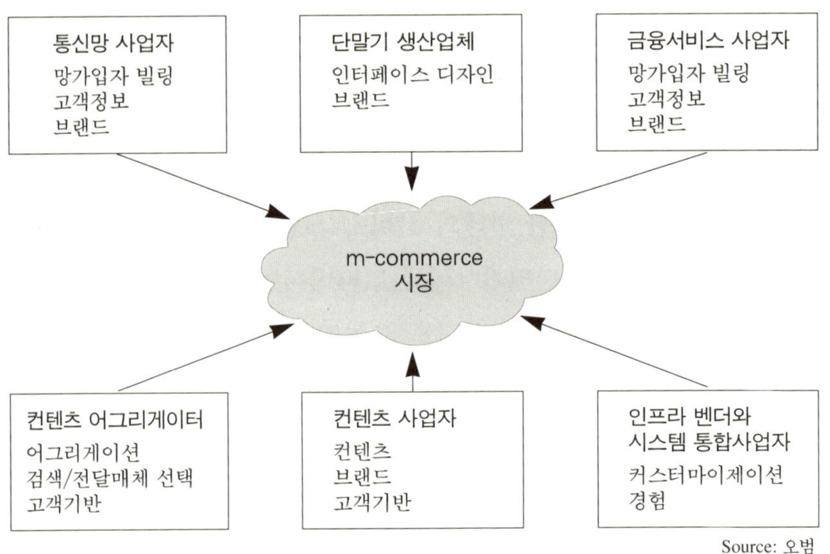

Source: 오범

사업자들이 모두 나름대로의 동기와 경험을 가지고 있기 때문에 다양한 사업자들을 하나로 묶는 것이 시너지 효과를 가져올 수도 있지만 갈등의 소지가 되기도 한다. 따라서 서로 다른 시각과 동기를 가진 다양한 사업자들을 통합하여 이용자를 만족시킬 수 있는 서비스를 제공하는 것이 m-commerce의 핵심과제중의 하나이다.

• 통신망사업자

통신망사업자는 011, 016, 017, 018, 019 등과 같은 이동통신사업자들로서 무선 인터넷 시장에서 가장 강력한 영향력을 행사하고 있다. 현재까지의 이동통신사업은 음성통신에 기반하고 있지만 음성서비스는 갈수록 수익성이 떨어지는 추세이다. 2.5G나 3G 서비스와 네

트웍에 투자하기 위해서도 새로운 수익원이 필요한데 m-commerce
가 가장 유력한 잠재 수익원이다. 그러나 m-commerce가 잠재력이
가장 큰 차세대 서비스라는 것은 명백하지만 또 다른 대안- 기존 음
성통신서비스의 고부가가치화나 기존 망자원에 기반한 부가서비스
의 개발 등-이 존재하고 있고 새로운 서비스의 개발에 투자할 수 있
는 자원도 제한적이라는 고민을 안고 있다.

• 단말기 생산업체

단말기 생산업체는 삼성전자, LG전자, 현대전자 등과 같이 무선
단말기를 제조, 유통, 판매하는 업체를 말한다. 이들 업체는 m-
commerce 서비스가 활성화되면 가장 빠른 성장을 보일 것으로 예
상된다.

• 인프라 장비업체와 시스템 통합사업자

통신망사업자가 음성통신의 수익성 저하라는 어려움을 겪고 있
는 것과 마찬가지로 통신장비 업체들도 기존의 사업추진에 위기를
맞고 있다. 인프라 장비에 대한 투자가 어느 정도 마무리됨에 따라
2.5세대와 3세대 서비스에서 새로운 사업기회를 찾아야 한다. 이것
은 무선 데이터와 컨텐츠 서비스에 초점을 맞추어야 한다는 것을
의미하지만 이러한 서비스를 지원하는 장비들은 표준 인터넷 장비
와 갈수록 유사해지고 있다. 에릭슨과 노키아 같은 세계적인 장비제
조업체들은 2세대에서는 두각을 나타내지 못했던 장비업체와 인터
넷 장비업체로부터 도전을 받고 있다.

시스템통합 사업자에는 무선 어플리케이션 플랫폼 개발업체와

이를 기반으로한 어플리케이션 개발업체가 있다. 무선 어플리케이션 플랫폼 업체는 무선 인터넷 서비스가 가능하도록 게이트웨이를 제공하는 업체로서 무선 데이터의 표준을 정하고 WAP 구현이 가능하도록 게이트웨이를 개발한다. 어플리케이션 개발업체는 인프라 및 플랫폼 업체가 제공하는 솔루션 외에 다양한 솔루션들을 개발하는 업체를 말한다. 이들 업체가 실질적인 m-commerce 솔루션 시장에서 핵심적인 역할을 담당한다. 앞으로 하드웨어보다는 소프트웨어와 시스템 통합에서 대부분의 수익이 창출될 것이다. 그러나 이들 시스템통합 사업자들은 통신사업의 본질에 대해 통신사업자와 아직까지 시각차이가 존재하고 있고 사업기회에 대한 시각도 다르다는 데 문제가 있다.

• 컨텐츠 사업자

컨텐츠 제공업자와 포탈업체들은 PC나 TV같은 유선기기의 한계를 뛰어넘어 서비스영역을 무선까지 확장하고자 한다. 컨텐츠 제공업체(CP)는 무선 단말기를 통해 다양한 컨텐츠를 제공하는 업체를 가리킨다. 컨텐츠 어그리게이터는 컨텐츠 제공업체와 마찬가지로 컨텐츠를 제공하지만 다양한 소스로부터 컨텐츠를 수집, 재가공하여 자체 컨텐츠 유통채널을 통하여 제공한다. 무선 포탈업체는 다양한 컨텐츠를 한 곳에서 쉽게 접근할 수 있도록 유선 인터넷 포탈과 유사한 서비스를 제공하는 업체로 데이터 양에 제한이 많은 무선 인터넷 분야에서 개인취향에 맞는 컨텐츠를 종합하여 제공하는 장점이 있다. 이미 MSN Mobile, Yahoo Mobile 등 유선 인터넷 포탈의 무선 포탈 버전이 출범했지만 아직은 초기단계에 머물고 있다. 무선 인터

   성공적인 *M* 커머스 비즈니스 전략

넷 잠재고객의 규모가 매력적이긴 하지만 단말기가 바뀌면 컨텐츠를 재가공하거나 처음부터 다시 제작해야 할 경우도 있으므로 컨텐츠 제작자와 어그리게이터의 비용과 관리부담이 커질 수 밖에 없다.

• 금융서비스 사업자

대부분의 국가에서 은행과 금융서비스 산업은 이미 성숙단계에 접어들어 경쟁이 치열하고 네트웍으로 연결된 리얼타임 정보가 가져다 주는 기회와 위험에 항상 노출되어 있다. 이들 금융서비스 사업자에게 고객에 대한 접근을 확장하고 실시간 서비스를 제공하는 것은 경쟁우위를 확보하고 고객서비스와 만족도를 향상시키며 서비스 제공 및 처리비용을 절감시킴으로써 아주 매력적인 서비스라고 볼 수 있다. 그러나 m-commerce 서비스는 단지 금융서비스 사업자가 가지고 있는 많은 채널중의 하나로서 복잡한 기술적 문제가 개입될 뿐 아니라 금융서비스 사업자 핵심역량과는 무관한 능력을 요구한다는 문제가 있다.

(2) 시장의 변화와 제휴모델

이미 언급했듯이 m-commerce 서비스의 특징중의 하나는 어떠한 사업자도 고객에게 서비스하기 위한 엔드투엔드 솔루션을 모두 가지고 있지 못하는데 있다. 따라서 m-commerce 서비스 시장에 참여하고 있는 어떠한 사업자도 독자적으로 모든 서비스를 제공할 수 없기 때문에 관련업체와 파트너쉽을 맺어야 한다. 지금까지 음성통

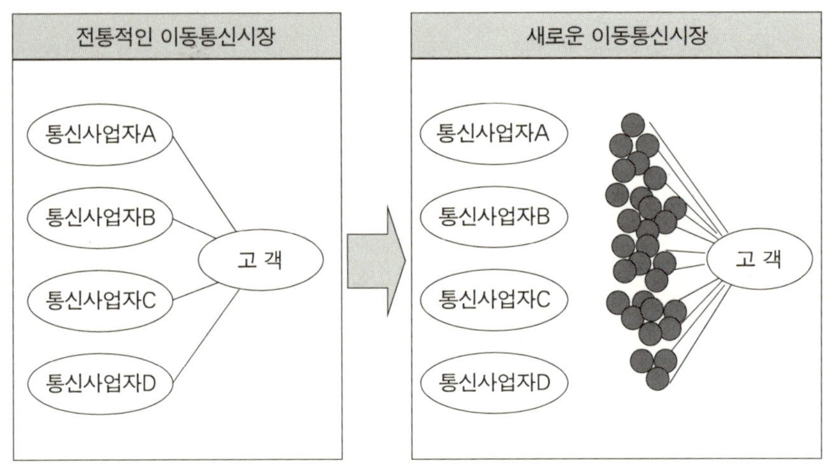

Source: 부즈 알렌 해밀톤(Booz Allen & Hamilton)

화 위주의 사업을 영위하던 통신망 사업자는 지역적으로 3~4개의 업체가 제한적으로 경쟁하면서 시장을 과점하는 형태를 취했다. 경쟁의 초점은 서비스 카버리지, 요금 그리고 마케팅이 전부였다. 그러나 무선 인터넷이 도입되면서 자체 인프라가 없는 컨텐츠 및 인터넷 업체를 비롯한 다양한 사업자들의 역할이 필요해졌다. 경쟁구도가 이전과는 달리 보다 많은 사업자들의 참여로 복잡한 형태로 변화되고 있으며 이들의 이해관계를 잘 조정하여 통합된 서비스를 제공하는 것이 통신망사업자의 새로운 핵심역량이 되었다.

통신시장의 변화에 따라 통신망사업자는 전통적인 음성통신 서비스에 있어서는 어느 정도 독자적으로 서비스가 가능했지만 m-commerce 서비스를 위해서는 새로운 비즈니스 파트너쉽을 개발해야 한다. 즉 새로운 환경에서 성공하기 위해서는 이전의 독점적인

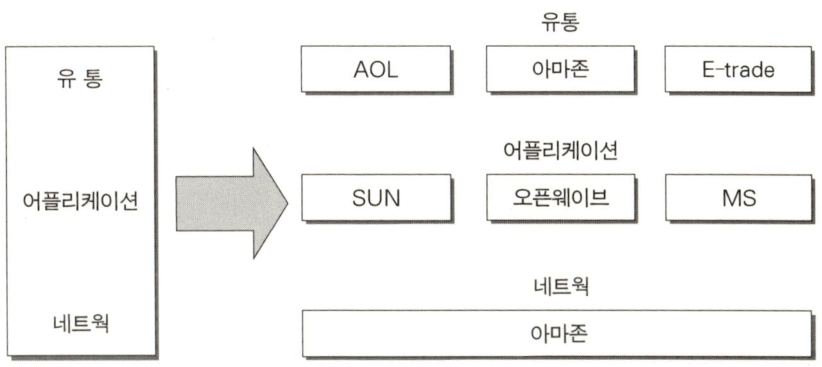

폐쇄적인 사업모델로부터 탈피하여 관련 사업자와 계층적이고 협력적인 사업 모델을 채택하여야 한다.

이전과 같이 절대적인 위치에 있지는 못하지만 초기에는 통신망 사업자가 여전히 주도적인 영향력을 행사하면서 시장을 지배한다. 그러나 시간이 지남에 따라 고객의 요구가 다양화되고 통신망 접속이 폐쇄적인 독점에서 개방화 추세로 가면서 통신망 사업자의 지배구도가 무너지고 다양한 사업자들이 역할에 따라 서로 협조하는 구도로 진화해 나가게 된다. 이러한 추세속에서 사업자간의 역관계에 따라 다양하게 나타나는 사업자간 제휴모델을 다음과 같이 분류할 수 있다.

• 통신망 사업자 주도 모델

사업자간 제휴모델은 통신사업자 주도형이 대부분이다. 통신망 사업자는 이미 고객과 빌링관계를 유지하고 있고 자체 무선 포탈을 통해 고객의 무선 인터넷 이용경험을 통제하고 있으므로 타 사업자에 비해 절대적으로 유리한 위치에 있다. 정책부서와 컨텐츠 사업자의 망 개방 요구, 그리고 고객요구의 다양화에 따라 영향력은 지속적으로 줄어들 것으로 전망되지만 위치정보나 고객정보를 보유하고 있다는 점에서 계속 중요한 역할을 맡을 것이라는 것은 분명하다.

• 컨텐츠 혹은 포탈 주도 모델

컨텐츠 사업자나 포탈 사업자 주도형 모델은 시장이 어느 정도 형성된 후에 나타난다. 기존의 유선 인터넷에서 브랜드 인지도를 가지고 있는 포탈업체는 통신망사업자에게 가장 강력한 경쟁상대가 될 수 있다. 최근 Yahoo!와 AOL 모두 무선 버전 서비스를 개시했는데 포탈 서비스 속성상 통신망사업자중 어떤 파트너와도 독점적인 제휴관계를 맺지 않고 있다. 포탈 주도형 모델을 가장 잘 보여주는 사례는 1999년 영국의 5번째 이동통신사업자로서 버진 그룹(Virgin Group)과 One2One 합작으로 출범시킨 버진 모바일(Virgin Mobile)을 들 수 있다. 이 경우 이동통신사업자인 One2One의 역할은 미미한 반면 브랜드 인지도를 가지고 있는 버진 그룹이 사실상 주도권을 행사하고 있다.

• 협력 모델

협력모델은 통신망 사업자, 컨텐츠 사업자 모두가 동등한 위치에서 공동의 이익을 도모할 수 있을 때 형성된다. 궁극적으로 통신망이 개방되어 관련 사업자의 공정 접속이 보장되고 고객은 보다 자유롭게 자신이 원하는 m-commerce 서비스를 선택할 수 있게 된다. 통신망 사업자는 요금 회수대행 서비스, 통합 마케팅 등 관련 사업자의 서비스를 지원하고 이해관계를 조정하는 데서 그 역할을 찾는다.

　m-commerce 시장이 협력 모델로 진화하더라도 사업자간에는 고객을 누가 소유할 것인가, 서비스의 브랜딩을 누구로 할 것인가 그리고 닫힌 정원(walled garden) 대 열린 정원(open garden)을 둘러싸고 항상 갈등이 존재한다. 무선 인터넷을 통해 고객과 직접 연결되는 채널을 확보하는 것은 고객을 계속 확보할 수 있는 확률을 높이기 때문에 시장 초기에 고객을 소유하고 고객정보를 확보하는 것은 어떤 사업자나 포기할수 없는 기회이다. 진정한 전략적 협력은 모든 관련 사업자에게 이익을 가져다 주는 협력모델을 찾는 것이다. 서비스의 브랜딩을 둘러싼 갈등도 간과할 수 없다. 한정된 단말기 화면이라는 제약조건하에서 여러 사업자가 공동으로 제공하는 서비스의 브랜드를 어떤 것으로 할 것인가 하는 것은 고객 충성도와 직접 연결되기 때문에 쉽게 결정짓기 힘든 사안이다. m-commerce 시장 형성 초기의 사업자간 제휴는 통신망 사업자가 절대적인 권위를 갖고 시장을 지배하는 닫힌 정원(walled garden) 모델로 특징 지워진다. 그러나 고객이 어떤 서비스를 어떤 네트웍을 통해서도 접속하여 이용할 수 있게 됨에 따라 컨텐츠 사업자는 되도록 많은 통신망 사업자와 제휴하려 하고 통신망 사업자 입장에서는 고객에게 다양한 서비스를 제공하기 위해 되도록 많은 컨텐츠 사업자와 제휴하려 할 것이다. 역설적으로 시장구조가 열린 정원(open garden)으로 진화함에 따라 사업자간 제휴의 의미가 퇴색되고 누가 확고한 브랜드를 구축하여 고객의 충성도를 끌어내는 가가 보다 중요해질 것이다.

② m-commerce 어플리케이션

(1) 성공조건

현재 IMT-2000 서비스로 거론되고 있는 것들은 크게 정보검색, m-commerce 등의 무선 인터넷 서비스와 MOD, VOD같은 컨텐츠 서비스와 화상통화, 화상회의 같은 화상서비스 등이 있다. 그런데 많은 통신사업자들이 3세대 사업에서 새롭고 다양한 사업기회를 기대하고 있지만 이 사업에 투입되는 막대한 투자비용에 걸맞는 수익성있는 서비스를 개발하고 어떻게 가격을 책정하고 요금을 청구할 것인가에 대해 명확한 모델이 없는 것이 현실이다. 현재 이동통신사업자들은 미래의 성장과 수익을 보장해주는 어플리케이션과 비즈니

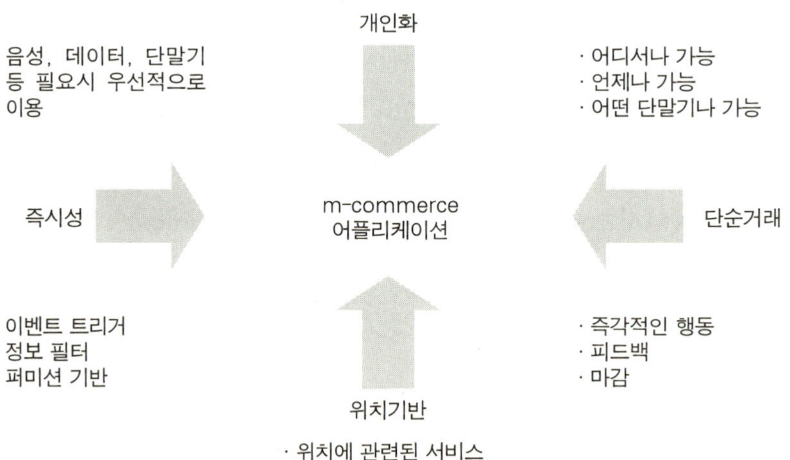

그림 4-4 m-commerce 성공조건

스 모델이 무엇인지도 모른 채 3세대 사업권 확보와 인프라 구축에
많은 투자를 하고 있다. 이것이 바로 최근 전세계적으로 3세대 회의
론이 나오고 우리나라에서도 서비스 연기론이 등장하는 이유이다.
단기적으로 비디오나 멀티미디어 같이 무거운 어플리케이션은 가볍
고 이용하기 쉬운 어플리케이션과의 경쟁에서 질 가능성이 크다. 다
음과 같이 무선 환경의 특성을 누가 가장 잘 이용할 수 있는가가 승
자와 패자를 결정할 것이다.

• 개인화된(Personalized) 서비스

휴대전화 이용자는 언제 어디서나 휴대전화를 가지고 다니고 단
말기에 고유번호가 있으므로 이동통신사업자는 이용자의 신원을 파
악할 수 있다. 이용자 자신도 자신의 요구에 맞게 걸러진 맞춤서비
스를 원한다. 유선 인터넷에서는 이미 개인화 서비스가 일반화되고
있다. Yahoo!, 아마존, AOL과 같은 기존 유선 인터넷 포탈의 개인화
서비스 엔진에 무선통지서비스를 추가하면 기존의 개인화된 온라인
관계가 무선 환경으로도 확장된다. 예를 들어 어떤 이용자가 PC를
통해 인터넷에 접속해 컨텐츠를 자신의 요구에 맞게 구성하고 언제
어떻게 무선으로 통지를 받을지 설정한다. 그 이용자의 신용카드와
구매이력 분석을 통해 특정 가수의 팬이라면 그 가수가 그 도시에
도착했을 경우 즉시 통지를 받고 즉시 휴대전화를 이용해 티켓을
구매할 수 있다.

• 즉시성(Time Critical) 서비스

이용자들은 시간에 민감한 즉시성 있는 정보를 개인의 요구에 맞

게 전달하는 것을 원한다. 한가하게 무선 단말기를 통해 인터넷 검색을 즐기는 이용자는 별로 없다. 무선 인터넷 환경에서는 이동중에도 인터넷 접속을 통해 능동적인 정보접근도 가능하고 자신에게 꼭 필요한 속보는 퍼미션기반의 푸시(push)방식으로 제공받을 수 있어야 한다. 주식투자의 경우 자신이 관심을 갖고 있는 주식의 주가와 관련된 뉴스속보가 있다면 시간과 장소에 구애 받지 않고 가능한 빨리 이러한 정보를 얻기를 희망할 것이다. 뉴스 속보에 대한 접근은 이용자가 원하는 무선 인터넷 사이트에 능동적으로 할 수도 있고 특정 뉴스에 대한 푸시기능을 이용해서도 가능하다.

• 단순거래(simple transation) 서비스

무선 인터넷 서비스 이용자는 무선 단말기의 단순한 유저 인터페이스(UI)로 불편함을 감수하면서 시간도 오래 걸리고 복잡한 과정을 요구하는 서비스를 이용하려고 하지 않는다. 그보다는 온라인 경매에 참여했을 경우 갱신되는 정보를 무선 단말기로 수신한 후 아이콘을 한번 누르면 입찰금액이 올라가는 식으로 쉽고 간단하게 이용되는 서비스를 선택하려 한다.

• 위치정보(location) 서비스

무선 인터넷은 무선 단말기를 휴대하고 이동중인 이용자를 대상으로 서비스가 이루어지므로 이용자의 위치정보와 연관된 서비스가 중요한 비중을 차지한다. 이에 따라 많은 이동통신 사업자들이 무선 위치확인 서비스(Wireless Location Service)에 큰 관심을 가지고 있다. 네트웍 기반의 TDOA나 EOTD 혹은 내장 GPS 장치와 같은 무선 위치확인 서비스를 통해 무선으로 이용자의 위치를 파악함으로써 이와 관련된 컨텐츠를 제공할 수 있다. 이용자가 이동 중에 있으므로 요청하는 정보가 위치와 관련되는 경우가 많은데 예를 들어 익숙하지 않은 지역의 상점정보, 현재 위치에 따른 목적지까지의 최단경로 탐색 등의 정보들이 무선 단말기를 통해 제공될 수 있다. 이것은 이용자가 어디에 위치하고 있는가에 따라 정보를 통합하기 때문에 개인화 서비스를 고도화하고 무선 포탈의 유용성도 높일 수 있다. B2B의 관점에서도 이러한 위치기반 정보를 활용하여 물류서비스의 효율과 정확도를 높일 수 있다.

(2) 어플리케이션 형태

여러 가지 기준에 따라 다양한 형태의 m-commerce 어플리케이션 형태가 도출되는데 이용자관점에서 커뮤니케이션(communication), 정보(information), 거래(transaction) 그리고 엔터테인먼트(entertainment)로 분류할 수 있다.(그림 4-5 참조)

현 단계에서 기존 전자상거래 분류모델을 적용하여 거래형태와 거래되는 상품의 종류별로 보면 기존의 전자상거래 시장처럼 일반고객을 대상으로 한 B2C 시장과 기업 고객을 대상으로 한 B2B 시장으로 구분할 수 있다. 기존의 인터넷 시장과 달리 m-commerce 시장에서는 B2C 보다 기업고객을 대상으로 한 B2B 시장이 더 빨리 커질 것이라는 전망도 있다.(그림 4-6 참조)

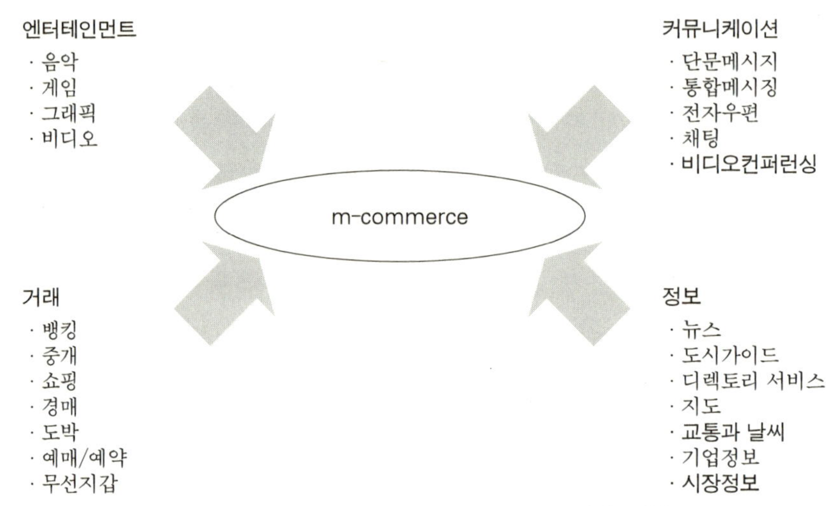

Source: 리만 브러더스(Lehman Brothers)

구분	상품	서비스	정보
B2C	쇼핑 벤딩 거래	게임과 도박	유료정보 광고
B2B	조달 거래	예매 전자화폐 뱅킹 할인과 로얄티	

Source: 오범

1) B2C 어플리케이션

  기존 유선 인터넷 환경에서 다양한 **B2C** 서비스를 제공하던 기업들이 무선 환경에서도 동일한 서비스를 제공하려고 한다. 국내의 경우 대부분의 **B2C** 어플리케이션은 이동통신사업자의 무선 포탈을 통해 이루어진다. **B2C** 어플리케이션은 독립적인 서비스로서 혹은 기존 유선 서비스의 약점을 보완하는 방식으로 다양하게 나타날 수 있다. B2C 어플리케이션의 핵심은 정교한 무선 이용자 프로파일 (WUPs: Wireless User Profiles)을 구축하여 특정 시점에 특정 장소

그림 4-7 **B2C 어플리케이션의 수익성과 매력도 분포**

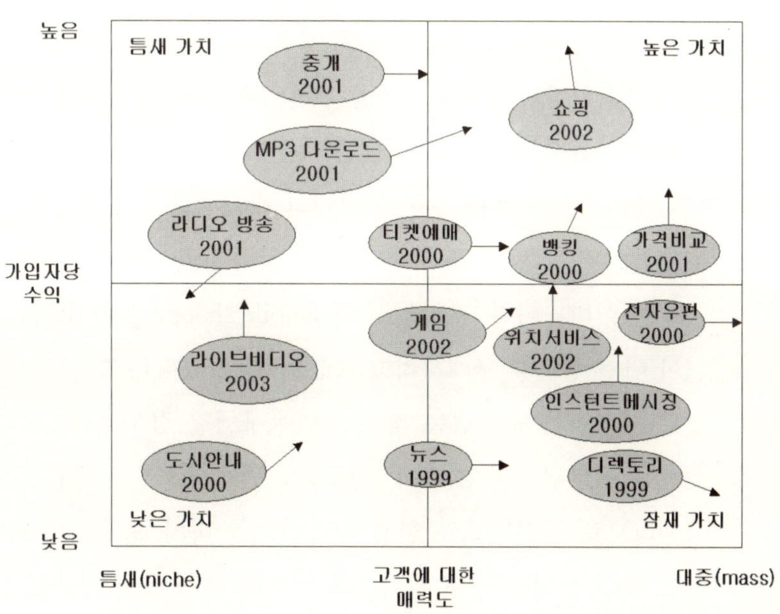

Source: 데이터모니터

에 위치 특정 고객의 특정 제품을 마케팅할 수 있는 정확성과 이용
자의 퍼미션이다.

모바일 특성에 적합한 어플리케이션들을 수익성과 고객에 대한
매력도 측면에서 상대적 위치를 살펴보면 그림 4-7과 같다.

B2C 어플리케이션 중에서는 NTT Docomo의 i-mode 사례에서 보
듯이 모바일 금융서비스가 핵심 서비스이다. 특히 고객에게 실시간
으로 주식시세 정보와 포트폴리오 정보를 전달해주는 모바일 중개
(mobile broking) 서비스가 킬러 앱이다. 무선 단말기를 이용한 온라
인 쇼핑도 각광을 받을 것으로 보이는데 이 경우에는 판매자가 푸
시하는 것이 아니라 고객이 풀하는 형태를 취한다.

• 상품구매/경매

무선 인터넷을 기반으로한 상품 구매/경매 어플리케이션은 유선
인터넷 환경의 전자상거래를 무선 환경까지 연장시킨 것이다. 잠재적
인 시장규모는 유선 인터넷과 마찬가지로 상당히 크며 언제 어디서
나 접속할 수 있는 무선 인터넷의 장점때문에 충동구매에 적합하다.
모바일 경매는 특히 무선 인터넷의 특징인 즉시성과 편리성에 부합
되는 서비스이다. 모바일 쇼핑(mobile shopping)은 고객 스스로 자신
이 어떤 상품을 구매하려고 하는지 알고 있다는 것을 전제로 한다. 새
로운 상품을 구매하는 것보다 반복구매일 경우 모바일 쇼핑을 이용
하면 편리해진다. 고객이 인터넷에 접속할 때 고객의 신원파악이 가
능하므로 개인정보와 신용카드 정보를 다시 보낼 필요가 없는 이점
이 있다. 모바일 경매 서비스를 이용할 경우 특히 편리한 점은 이용자
에게 수시로 통보를 해서 경매 참여 가격을 올리거나 내리게 할 수

있는 것이다. 이 서비스의 활성화에는 보안문제와 함께 무선 단말기의 제한된 디스플레이와 텍스트 위주의 정보로 유선 인터넷기반의 전자상거래와 경쟁해야 한다는 부담이 있다. 따라서 인터넷을 통해 구입하려는 물품을 정한 후 무선 단말기로 구입하고 대금을 지불하는 방식으로 서비스하는 경우가 많다. 또한 위치정보와 결합되면 가까운 곳에 있는 피자가게에 주문을 낼 수도 있다. 일본의 대표적인 온라인 컴퓨터 판매업체인 카카쿠(Kakaku)에서는 i-mode를 통해 컴퓨터 종류와 가격을 검색하고 바로 구매할 수 있는 서비스를 제공하고 있다. PC, 주변기기, 가전 제품, 음악 CD를 경매하는 조신전기(Joshin)는 정기 경매에 i-mode 사용자의 입찰 접수를 받고 있다. 앞으로 무선 단말기 자체가 개인신분 확인과 전자화폐 기능을 하게 됨에 따라 모바일 쇼핑과 경매의 시장 잠재력은 커질 수 밖에 없을 것이다.

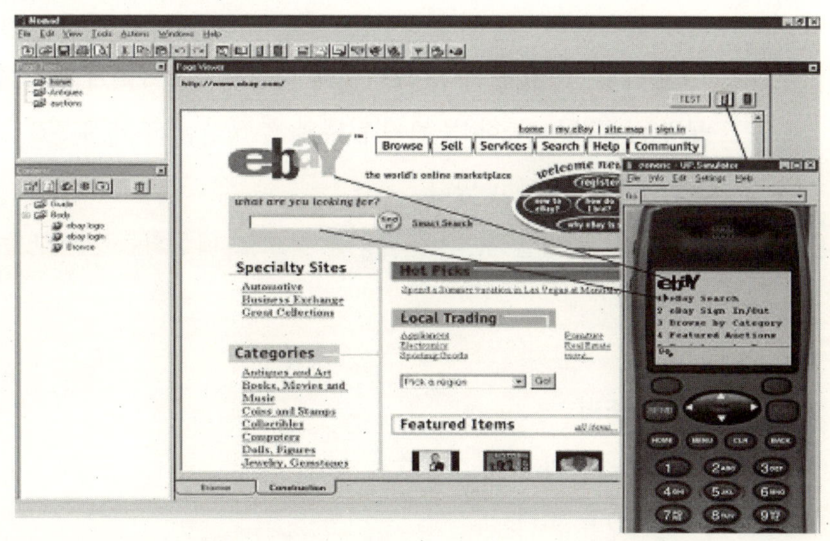

그림 4-8 EBay의 모바일 경매 서비스

• 모바일 뱅킹(Mobile Banking)

모바일 뱅킹은 이동통신 사업자들이 m-commerce 어플리케이션을 고려할 때 가장 우선적으로 고려하는 서비스중의 하나이다. 현재의 온라인 뱅킹 백오피스 시스템 기반을 이용하면 쉽게 모바일 뱅킹을 구현할 수 있다. 모바일 뱅킹은 온라인 뱅킹의 일부분으로서, 유럽 지역에서는 일반화되어 있다. 최초의 모바일 뱅킹 서비스는 메리타(Merita)에 의해 시작되었는데 1992년에 GSM을 통하여 고객들이 지불할 수 있도록 하였으며 1997년에는 단문서비스(SMS)를 이용하여 계좌 잔액 조회와 거래 내역 조회 서비스를 제공하였다. 이후 많은 은행들이 단문서비스(SMS) 기반의 뱅킹 서비스를 도입함으로써 서비스가 본격화 되었다. 바클레이(Barclay)와 BT Cellnet은 1997년부터 바클레이카드(Barclaycard)의 영국 내 사용자들에게 모바일 뱅킹 서비스를 제공하였다. 은행으로 직접 연결해주는 바클레이 버튼(Barclay Button) 이 있는 휴대 전화기를 이용하여 사용자들이 약식 계산서, 신용카드 한도 조회, 계좌 잔액과 차기 지불일자 등을 받아볼 수 있게 해주었다. 현재 일본에서는 450개 이상의 은행이 NTT Docomo에서 제공하는 i-mode를 이용하여 계좌조회, 계좌이체 서비스를 제공하고 있다.

모바일 뱅킹을 통하여 제공될 것으로 예상되는 서비스는 다음과 같다.

정보조회
• 환율 조회
• 이자율 조회

개인정보

- 계좌나 신용카드 잔액 조회

- 크레딧 라인(Credit Line) 관리

- 예금에 의한 이자 조회

- 거래 내역 조회

거래처리

- 통화 전송

- 송장 지불

- 크레딧 라인(Credit Line) 신청

다른 은행으로부터의 경쟁압력에 시달리고 있는 은행들은 모바일 뱅킹을 광범위한 멀티채널 전략의 일환으로 보고 추진하고 있다.

| 그림 4-9 | 무선 단말기를 이용한 잔고 조회 |

은행 입장에서는 모바일 뱅킹 서비스를 도입한 결과 고객서비스 개
선과 비용절감 효과가 나타나고 있으나 보안문제가 아직까지 해결
되지 않고 있는 것이 걸림돌이다. 국내에서도 대부분의 은행들이 모
바일 뱅킹 서비스를 시행하거나 준비중이다. 2000년 3월부터 SK 텔
레콤이 WAP 방식으로 서비스하고 있다.

• 주식정보와 거래(Stock Information and Trading)

인터넷은 주식시장에 참여하는 브로커 메커니즘의 일부로서 자
리잡고 있으며 인터넷을 통한 주식거래는 폭발적인 성장을 보이고
있다. 우리나라를 포함해 세계 각국에서 주식정보를 얻고 거래하는
핵심수단으로 무선 단말기를 이용하고 있다. 피델리티 투자(Fidelity
Investments)사는 주식거래 고객들이 계정잔액, 실시간 주식 정보 등
의 개인화된 투자 정보를 받아볼 수 있게 하는 인스턴트 브로커(Ins-
tant Broker) 서비스를 제공하고 있다. 또한 벨사우스 무선 데이터 네
트웍(BellSouth Wireless Data Network)사가 제공하는 인터액티브
페이저 950(Inter@ctive Pager 950)를 사용하는 고객들은 회사를 대
표하는 약식 코드를 입력함으로써 실시간 주식 및 옵션 정보를 받
을 수 있다. 일본의 한 증권회사는 전체 거래액의 10% 이상이 i-
mode를 통하여 이루어지는 것으로 알려져 있다.

모바일 주식거래는 다음의 주요한 기능들을 제공한다.

• 가격 변동에 대한 경보 제공
• 주문 수행시 메시지 수신
• 시세 조회

- 포트폴리오 관리
- 주식, 옵션, 뮤추얼 펀드, 기타 금융 상품의 매매
- 현재 주문의 조회 및 삭제

주식정보는 정형화된 정보로서 상대적으로 단순하므로 제한된 디스플레이 화면을 가진 무선 단말기상에서 활용하는데 가장 적합한 어플리케이션의 하나이다. 따라서 많은 전문가들이 앞으로 앞으로 사람들이 PC 보다는 무선 단말기를 더 많이 소유하게 됨에 따라 모바일 주식 거래가 일반적인 주식 거래 방법이 될 것이라고 예상한다.

- 유료정보 서비스(Paid-for information delivery)

유료로 정보를 전달하는 것은 m-commerce의 핵심 어플리케이션 영역이지만 단말기의 한계로 이용자가 접속할 수 있는 정보의 종류에 한계가 있고 수익분배 모델을 확정하는데 있어서의 이슈가 아직 해결되지 않고 있는 것이 다양한 정보서비스의 개발을 지연시키고 있다. 통신망사업자는 기존의 대형 매체로부터의 견제를 피하기 위

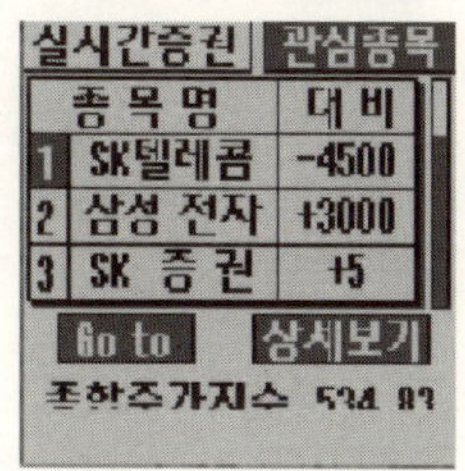

그림 4-10 실시간 증권 에뮬레이터

해 에어터치(AirTouch)와 BBC간의 전략적 제휴와 같이 파트너쉽을 맺기도 한다.

　현재까지 m-commerce와 WAP 서비스에서 이루어진 작업들의 대부분이 유료정보 전달영역에 속한다. 가능성이 있는 유료 정보 분야는 점을 치는 것에서부터 주식시세 변동 통지와 축구경기 점수 통지까지 다양하게 나타난다. 일본 i-mode 서비스중 가장 성공한 컨텐츠 업체로 꼽히는 반다이는 대기화면의 캐릭터 전달 서비스 등 오락분야 컨텐츠를 제공하고 있는 업체이다. 일본에는 이밖에도 사이버드, 닷모비 등 다양한 컨텐츠를 발굴하여 i-mode뿐 아니라 다른 이동통신사업자에게 제공하는 컨텐츠 어그리게이터가 활성화되어

표 4-1　사이버드에서 이동통신사업자에게 제공하는 컨텐츠 종류

	i-mode	DDI-Pocket	EZ-Web	J-Phone	기타
커뮤니케이션 서비스					
정보서비스		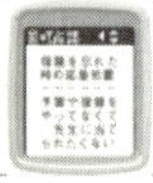			
맞춤/유틸리티 서비스					
오락서비스					
전자상거래					

Source: 사이버드

있으며 최근에는 국내에도 합작회사 설립 형식으로 진출하고 있다, 일본 i-mode의 사례에서 볼 수 있듯이 m-commerce를 활성화시키기 위해서는 다양하고 풍부한 컨텐츠 공급이 활성화되어야 하고 이를 위해 컨텐츠 제공업체의 건전한 성장이 요구된다. 그러나 국내의 경우 이동통신사업자와 컨텐츠 제공업체간의 종속적인 관계 때문에 컨텐츠 서비스의 활성화가 이루어지지 않고 있다.

• 요금결제(Bill payment)

거의 모든 기업들이 고객에게 청구서를 보내는데 특히 공공서비스 사업자는 막대한 비용을 들여서 정기적으로 수많은 청구서를 고객에게 보낸다. 많은 사업자들이 전자 청구와 결제를 비용 절감하는 동시에 고객과의 관계를 강화하는 수단으로 보고 있다. 빌링(billing)은 고객을 교육시키면서 다른 제품과 서비스를 판매할 수 있는 기회도 제공한다. 무선 단말기를 요금청구 및 결제에 이용함으로써 기존의 종이 청구서 발송비용과 결제 비용을 절감할 수 있으며 즉각적인 고객서비스를 제공함으로써 경쟁우위를 확보할 수 있는 이점이 있다.

그러나 보안, 빌링 시스템과의 통합, 그리고 무선 단말기의 제한된 이용성(usability) 등이 모바일 빌링의 활성화를 가로막고 있는 문제들이다. 요금청구서에 표시되어야 하는 정보의 양이 많기 때문에 무선 단말기를 통한 요금청구는 앞으로 차세대 어플리케이션이나 보다 큰 디스플레이 화면을 갖춘 단말기의 보급이 확산되면 일반화될 것으로 보인다.

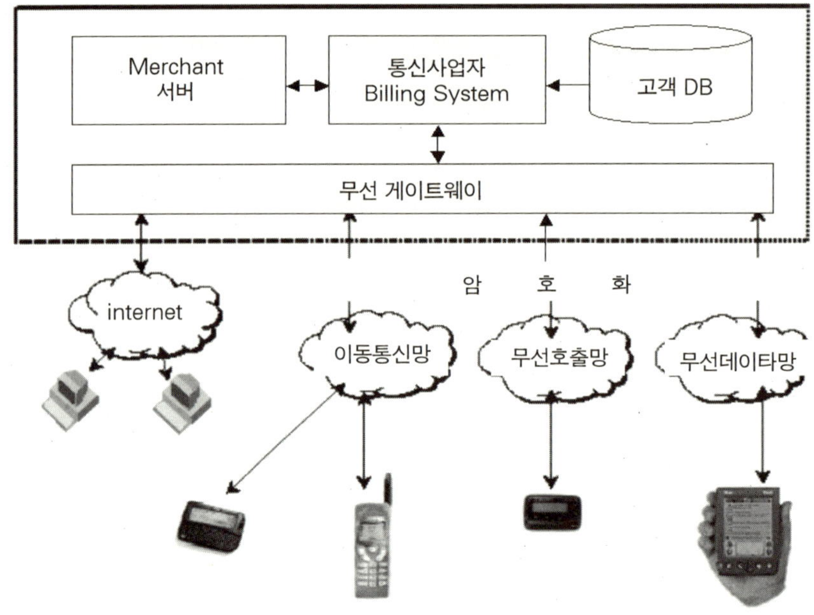

- 모바일 전자화폐 (m-cash)

전자화폐는 거래 가치에 대한 전자 데이터로서 많은 형태로 나타
난다. 스마트 카드, 신용 및 현금 카드 거래 등은 현금을 전자적으로
움직이는 새로운 수단으로서 유선상의 전달과 결합된다. 전자화폐
는 제품이나 서비스의 구매를 위해 또는 계좌간의 현금 이동을 위
해 사용되며 다음의 두 가지 기본적인 형태로 분류된다.

- 현금 대용(Cash Alternatives)
- 거래 처리(Transaction Processing)

현금 대용(cash alternate)은 오늘날 스마트카드, 신용 및 현금카드로 모든 형태의 현금 지급을 위해 사용되는 것을 가리킨다. 기차와 전철, 버스, 자동판매기 등은 이러한 형태의 지불 방식을 채택하고 있다. 상품이나 서비스에 대해 돈을 교환하기 위한 기능은 일반적으로 거래 처리(transaction processing)로 본다. 신용카드 단말기, 자동응답기, 인터넷 사이트 모두가 거래를 처리하는 서비스에 연결됨으로써 제품이나 서비스를 위한 지불을 가능하게 한다.

특히 이동전화 가입자가 2,700만명을 헤아리는 국내에서는 컨텐츠의 유료화와 함께 이동전화를 이용한 소액 결제 서비스가 각광을 받고 있다. 이 서비스를 이용하기 위해서는 우선 고객들이 제휴 사이트에서 컨텐츠나 상품을 고르고 결제방식에서 모바일 전자화폐를 선택해야 한다. 그리고 주민등록번호와 이동통신 번호를 입력하거나, 회원에 가입한 경우는 주민등록번호 대신에 개별적으로 부여된 고객번호와 이동전화 번호를 입력한다. 이후 과정에는 두 가지 다른 방식이 적용될 수 있는데, 하나는 문자메시지 방식이고 다른 하나는 ARS 방식이다. 문자메시지 방식은 모바일 전자화폐 업체와 이동통신업체 사이의 인증과정을 거쳐 고객에게 거래 승인번호를 문자 메시지로 알려주는 방식이다. 문자메시지를 받은 고객이 승인번호를 해당 사이트에 입력하면 모든 거래가 끝나게 되고, 해당 금액은 고객의 이동통신 요금에 포함되어 청구된다. 이 방식은 모빌리안스와 다날이 서비스하고 있다. 반면, ARS 방식은 문자메시지 대신에 고객으로 하여금 모바일 전자화폐 업체가 지정한 전화번호로 전화를 걸게 한다. 그러면, 모바일 전자화폐 업체는 ARS를 통해 전화를 건 고객이 컨텐츠 사용고객이나 상품 구매자임을 확인하고 자동적으로 결제를 마무리 지어주는 방식이다.

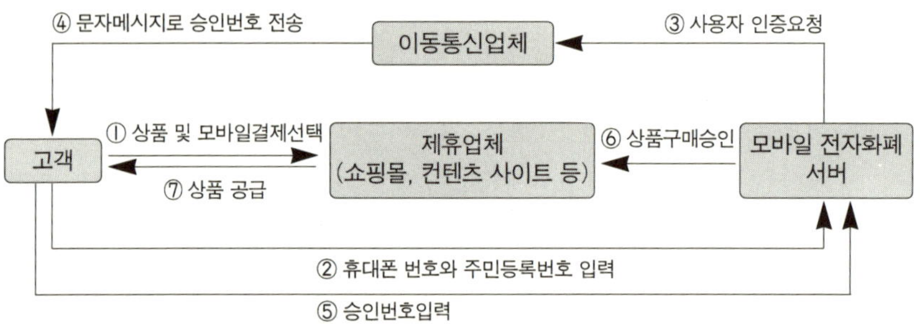

• 티켓팅과 예매(Ticketing and reservations)

티켓팅은 무선을 통한 서비스에 적합한 단순하고 정형화된 거래의 일종이며 여행사업자들은 이미 전자 티켓팅을 도입하고 있다. 무선을 통하여 교통과 엔터테인먼트 관련 티켓팅 서비스를 제공함으로써 이용자에게 편리하고 사업자에게는 비용을 절감시켜주는 장점이 있다. 이 어플리케이션은 장소와 시간 의존적이고 따라서 m-commerce에 적합한데 레가시 시스템과의 통합문제와 표준화의 미비가 활성화를 가로막는 요인이다.

세계적인 컴퓨터 예약시스템을 운영하고 있는 갈릴레오(Galieleo Inernational)사는 2000년 6월 출장을 떠나는 비즈니스 맨들이 무선 인터넷 접속이 가능한 무선 단말기를 이용하여 항공기 예약을 변경하고 항공기 연착이나 운항취소 등에 대한 정보를 얻을 수 있는 갈릴레오 와이어리스(Galieleo Wireless) 서비스를 발표하였다. 갈릴레오의 자회사인 트립닷컴(Trip.com)도 여행사들에게 이 서비스를 제공, 여행사들이 고객들에게 부가 서비스로 제공하도록 하고 있는데 초기에는 무료 서비스로 제공하다가 2001년부터 1인당 월 5달러의

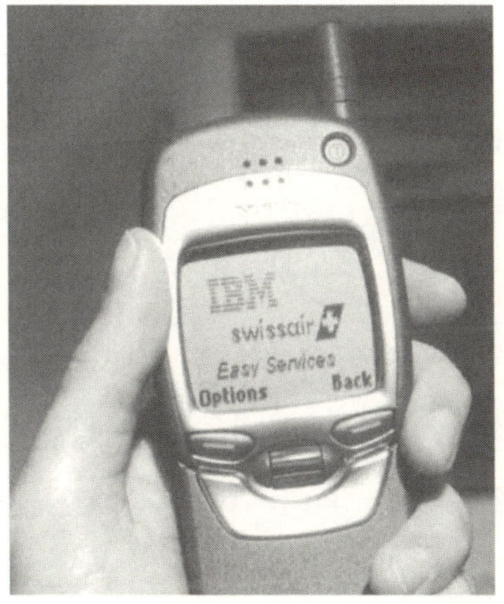

Source: IBM

요금을 징수하고 있다. 델타항공도 Palm VII와 인터넷 지원 무선 단말기를 통해 항공기 도착 및 출발정보를 고객들이 무선으로 확인할 수 있는 서비스를 제공하고 있는데 조만간 계좌잔고와 마일리지 서비스에 대한 무선 접속 서비스도 제공할 계획으로 있다. IBM이 최근 스위스에어(Swissair)에 공급한 체크인 시스템은 이용자가 WAP 휴대전화를 이용하여 공항에서 체크인하고 전자 탑승권을 받을 수 있도록 지원하고 있다.

• 엔터테인먼트

엔터테인먼트에는 캐릭터 서비스, 착신 멜로디, 운세코너, 음악 등이 있다. 캐릭터 서비스는 판권화되어 있는 정식 유료 캐릭터와 개인적인 홈페이지나 자사의 광고를 목적으로 하는 무료 캐릭터 서비스가 있다. 일본 반다이사의 캐릭터 서비스로서 월 100엔의 요금으

로 매일 가장 유행하는 캐릭터 화상을 전송해주는 서비스는 월 1억
엔 이상의 매출을 올릴 정도로 인기있는 서비스이다. 멜로디 서비스
는 착신 멜로디용 컨텐츠가 주류를 형성하고 있다. 핀란드의 아쿠미
티(Akumiitti)사가 개발한 무선 엔터테인먼트 플랫폼은 이동통신 사
업자가 착신 멜로디와 아이콘을 가입자에게 제공할 수 있게 지원한
다. 음악 서비스의 경우에는 무선 단말기에 MP3 음악파일을 다운로
드 받아 들을 수 있게 해준다. 핸드스프링의 바이저 폰은 확장 슬롯
을 부착하면 MP3 재생기능을 지원한다. 에릭슨과 진저(Ginger) 미
디어 그룹은 최근 휴대전화에 라디오 시험방송을 실시했는데 GPRS
기술을 이용하면 넓은 지역에 컨텐츠를 전송할 수 있다.

NTT Docomo는 다양한 형태의 이동전화와 카메라가 결합된 단
말기를 출시하고 있는데 사진을 찍어서 화면을 장식하거나 비슷한
단말기를 가진 친구에게 사진을 전송할 수도 있는 서비스를 제공하
고 있다.

 카메라가 부착된 이동전화 단말기

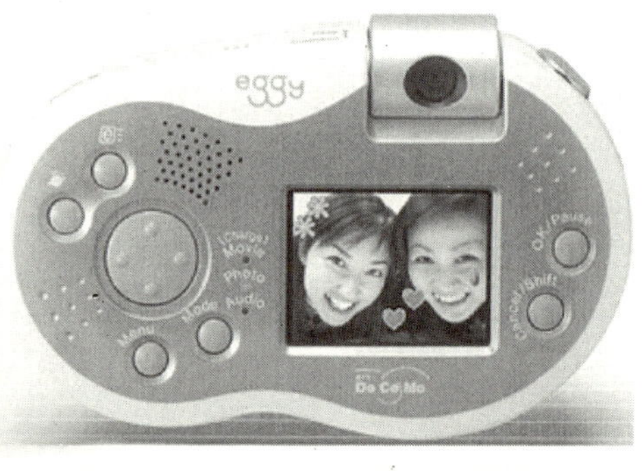

• 모바일 게임

유선 인터넷에서 게임이 고객의 충성도를 높이는데 기여했듯이
무선 인터넷에서도 가입자를 통한 수익뿐 아니라 이용시간의 증가
에 따른 수익증대를 기대할 수 있다. 모바일 게임은 트래픽 유발여
부와 동시 게임자 수에 의해 임베디드 게임, 단독형 게임, 멀티플레
이형 게임으로 구분할 수 있다. 임베디드형 게임은 모바일 게임의
초기 형태로 단말기에 특정 게임 프로그램이 내장되어 있고 사용자
는 네트워크 게임이 아닌 폐쇄형 게임(standalone)의 형태를 가졌다.
이러한 게임은 단말기 제조업체의 단말기 차별화 측면에서 제공되
는 것이다. 단독형 게임이란 한 사람만이 이용하는 게임으로 블랙잭
이 단독형 게임의 전형적인 예라 할 수 있다. 멀티플레이 게임은 로
컬 혹은 네트워크 게임으로서 여러 사용자가 서로 대전하며 게임을
즐기는 형태를 의미한다. 이런 게임은 현재 대부분 비동기식
(asynchronous)으로 진행되는데 비동기식 게임은 타 방식에 비해 시
간을 매우 절약하기 때문에 시간에 따라 과금되는 현 모바일 게임
환경에 매우 적합한 유형이라 할 수 있다.

<table>
<tr><td>그림 4-15</td><td>i-Mode의 롤플레잉 게임 사무라이 로마네스크</td></tr>
</table>

Source: 아틀라스 리서치

i-mode의 경우 게임은 가장 인기 있는 서비스중의 하나이다. 일본의 대형 게임기 업체인 남코는 1999년 10월부터 이동전화를 게임을 즐길 수 있는 서비스를 시작하였다. i-mode용으로 게임센터에서 히트한 인기 소프트웨어를 제공하는데 게임 이용료는 월 정액제로 아일랜드가 300엔, 라버즈는 100엔을 받고 있다. 통신료는 표준적인 게임의 경우 1회당 십수엔 정도로서 이용료와 통화료는 모두 전화요금에 가산된다. 국내에서도 단순한 게임에서 출발하여 대화형 실시간 게임 형태인 머드형 게임으로 발전하는 추세에 있으며 장르도 점차 다양해지고 있다. 국내 모바일 게임업체는 현재 넥슨, 컴투스, 마리텔레콤 등이 시장을 선도하고 있는 가운데 30여개 이상 있는 것으로 파악된다. 현재는 대역폭과 단말기의 한계로 보드게임이 주류를 이루고 있으나 자바의 등장에 힘입어 장르의 다양화와 함께 보다 역동적인 게임이 본격적으로 서비스될 것이다.

<table>
<tr><td>그림 4-16</td><td>i-mode의 카지노 게임</td></tr>
</table>

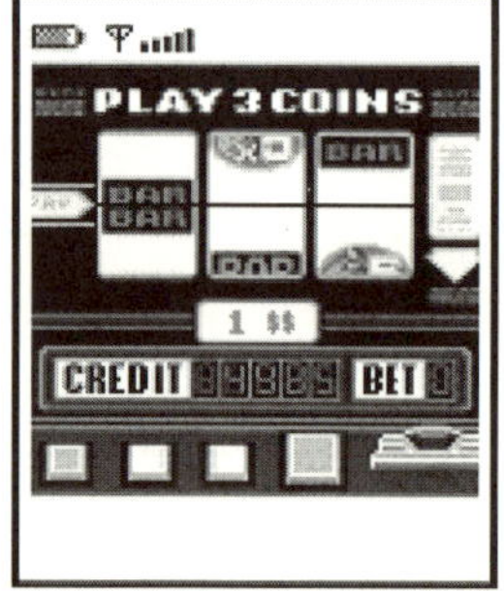

Source: 아틀라스 리서치

• 도박(Gambling)

온라인 도박은 매력적이고 잠재적 가능성이 있는 무선 어플리케이션이다. 경마와 같은 도박은 시간적 요소가 중요하며 복권처럼 많은 돈이 걸려 있기 때문이다. 독일 최초의 온라인 복권회사인 플럭스(Flux)사는 무선 인터넷을 통한 서비스를 추진하고 있다. 온라인 도박의 활성화 여부는 전적으로 정책 당국의 규제에 달려 있다.

• 자동 판매기(Vending machine)

자동판매기 시장은 표면상 무선 단말기를 통한 거래에 적합해 보인다. 핀란드에서는 드링크류를 사거나 세차기를 작동시키는 등 무

Source: 소네라

선 단말기를 통한 자동판매 사례가 유명하다. 그러나 과연 이동통신 사업자가 이 정도 규모의 시장을 위해 거래에 따른 위험과 번거로움을 감수할지는 의문이다. 장기적으로 볼 때 자동판매는 블루투스를 이용하는 것이 보다 현실성 있어 보인다.

• 무선 전화번호 안내(Mobile yellow page)
위치정보 기반의 서비스로서 이용자의 위치에서 가장 근거리에 있는 관공서, 병원, 주유소, 백화점 등의 위치와 전화번호를 알려주는 무선 전화번호부라고 할 수 있다. 이동중 응급상황이 발생했을 때 가장 가까운 병원이나 경찰서를 찾고자 할 때 유용한 서비스이다.

그림 4-18 i-mode 교통정보 서비스

Source: 사이버드

• 지리/교통 안내

이동중인 이용자에게 특정장소로 이동하는 경로에 대한 정보를 제공하는 위치정보 기반의 서비스이다. 현재의 이동통신망에서 기지국 단위로 밖에 위치파악을 할 수 없지만 GPS가 내장되는 2001년부터는 정확한 위치정보를 가지고 서비스할 수 있게 된다. 최근 진행되고 있는 지능형 교통 시스템(ITS)은 도로 상황을 운전자에게 실시간으로 알려줌으로써 교통 혼잡을 막고 경제적인 차량운행을 도와주는 시스템으로서 무선 단말기의 위치확인 기능을 이용하여 지역화되고 개인화된 교통정보를 제공할 수 있다.

• 텔레매틱스(Telematics)

텔레매틱스는 무선 통신과 위치정보 파악 기술이 결합되어 운행 중인 차량에서 전자우편, 인터넷, 무선 전화 등 각종 서비스를 받을 수 있는 기술을 말한다. 조난차량 구조, 절도차량 추적, 원격 엔진 진단, 네비게이션 등에 이용할 수 있다. 가장 대표적인 예가 제너럴모터스(GM)의 온스타(OnStar)인데 2004년까지 약 400만대의 차량이 온스타를 장착할 것이라는 전망도 있다. 온스타는 음성인식기술을 채용하여 차량 내 버튼을 누르면 전자우편 확인, 뉴스나 날씨 등의 정보를 얻을 수 있는 시스템이다. 에어백이 터졌을 때 자동으로 경찰에 알려줄 뿐 아니라 1년에 200달러를 지불하는 프리미엄 서비스의 경우에는 저녁 식사 예약을 도와주는 교환원까지 제공된다. 온스타가 올해 출시할 새로운 서비스에는 타이어 공기압 체크, 엔진 공기공급 상황 점검과 같은 원격진단 프로그램 뿐만 아니라 위치정보에 기반한 특정 광고 서비스 등이 있다. 현재 제너럴모터스는 고급

차종을 중심으로 자사가 생산하는 전 차량중 1/5에 온스타를 장착
할 계획으로 있다.

　보험업계에서도 텔레매틱스 기술을 도입하고 있는데 프로그레시
브(Progressive)사는 텍사스에서 30개월 동안 오토그래프라는 서비
스의 테스트를 성공리에 끝냈다. 이 서비스에서는 보험가입자의 자
동차에 부착된 컴퓨터가 차량이 언제 어디로 얼마나 이동하는지에
대한 정보를 체크해 전송한다. 차량 이용이 상대적으로 적은 고객들
은 보험료 절감 혜택을 받을 수 있으며 실제로 테스트 지원자중
25%이상이 보험료를 절약할 수 있었던 것으로 나타났다. 자동차 도
난 방지 분야에서도 텔레매틱스를 도입하고 있다. 인터트랙(Inter-
Trak)사가 개발한 제품은 실시간으로 도난 차량의 위치를 파악하고

그림 4-19 원격진단 텔레매틱스 서비스

원격으로 엔진을 정지시킬 수 있는 기능을 갖추고 있다.

국내에서도 현대, 기아자동차, 대우자동차 등 자동차회사와 정유 회사인 SK 등이 텔레매틱스 서비스를 준비중에 있다. 이들은 이동 통신 사업자와 제휴해 무선접속을 통해 전자우편, 인터넷 접속 서비스, 실시간 교통상황 정보 등을 서비스할 계획이다.

• 원격검침(Telemetry)

대부분의 가정에는 전기, 수도, 가스 등 몇 가지 이상의 공공 서비스를 사용하고 있다. 이러한 서비스의 미터기에 이동통신 기기를 내장하여 집을 방문하지 않고 원격으로 검침하면 사업자 입장에서는 관련 비용을 크게 줄일 수 있다. 네덜란드의 리버텔(Libertel)은 최근 소네라의 기술을 이용하여 주차 미터기에 이러한 서비스를 도입했다.

• 광고

모바일 광고는 이용자들이 컨텐츠 서비스나 거래처리 서비스에 관심이 없는 경우 훌륭한 수익원이 될 수 있다. 무선 채널이 이용자에게 개인화된 정보를 효과적으로 전달할 수 있다면 모바일 광고 시장규모는 상당히 커질 것이다. 이용자 조사분석 결과 효과적인 광고를 위해서는 정확한 타겟팅과 적합성이 필요한 것으로 나타났는데 무선망의 위치확인 기술이 바로 이러한 타겟팅을 가능하게 해준다. 예를 들어 이용자가 특정 쇼핑몰에 있을 때 휴대 전화기에 할인 판매 광고를 직접 전송할 수도 있다. 애드버타이징닷컴(Advertising .com)은 새로운 접근 방식을 시도하고 있다. 이 회사는 사용자들이

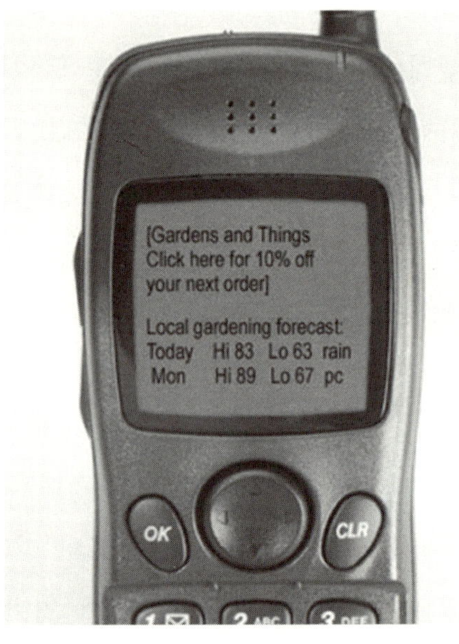

무선 단말기를 통하여 광고를 보는 데 대해 1센트에서 50센트까지 지불할 계획이다. 이러한 금액은 이용자의 통화요금을 줄이는데 사용된다. 모바일 커뮤니티 사이트인 Quios는 50만 명에 이르는 등록된 사용자 기반을 구축하기 위하여 모바일 광고를 사용했다. 이 무료 서비스는 유선 웹 사용자들이 휴대폰 사용자들에게 문자 메시지를 보낼 수 있게 하는데 각각의 메시지는 수신자들에게 Quios 커뮤니티 가입을 권유하는 광고를 포함한다.

제한된 하드웨어 제약이 사용자들에게는 불편할 것처럼 보이지만 모바일 광고에서는 실제로 이러한 제한된 하드웨어가 오히려 유리할 수도 있다. 즉 작은 화면, 제한된 대역폭, 멀티미디어 지원의 한계는 마케터들로 하여금 메시지를 전달하는데 있어서 더욱 상상력이 풍부하도록 요구한다. 광고는 한정된 시간과 내용으로 빠르고 명확하게 이해될 수 있는 메시지를 전달해야 하기 때문이다. 이것은 사용자들이 광고가 자신에게 흥미로운 것인지에 대한 즉각적인 결정을 내릴 수 있도록 하는 것을 의미한다. 특히 휴대 전화기 상에 나타나는 광고는 화면을 가득 채우는 형태를 취할 것이기 때문에 유선 웹상의 배너 광고처럼 무시당할 가능성은 상대적으로 적다.

• m-Learning

m-Learning은 모바일 컴퓨팅 기술과 e-Learning이 결합된 형태로 현 단계에서 유선 인터넷을 통한 온라인 교육보다 효과적이라고 보기는 어렵지만 잠재적 발전 가능성이 크다. m-Learning은 어디서나 자료에 접근할 수 있고 필요한 내용을 신속하게 검색하고 원활한 인터액션이 가능한 기술적 뒷받침과 효과적인 학습을 지원하고 성과에 근거한 평가가 가능하도록 하는 e-Learning이 접목되어 모바일 교육환경을 제공한다. 글로벌 날리지(Global Knowledge)는 최초로 m-Learning 가이드 내에서 모바일을 통한 IT 코스웨어를 제공하고 있다. 이 가이드는 다음과 같은 모드로 구성되어 있다.

- Fact Mode : 사용자가 내용을 읽고 검토할 수 있음
- Search Mode : 특정 데이터를 검색할 수 있음
- Q&A and Challenge Mode : 사용자가 자신의 진도를 측정할 수 있음

이 회사는 현재 통신 전반에 대한 m-Learning 가이드를 제공하고

있으며 MCSE(Microsoft Certified Systems Engineer) 2000 시험, CCNA(Cisco Certified Network Associate) 학습 안내와 시험, TCP/IP, 유닉스, 자바스크립트에 관한 과정을 추가할 계획으로 있다.

• 멀티미디어

유선 인터넷에서는 대용량의 저장공간과 처리능력을 갖춘 PC를 사용하므로 다양한 멀티미디어 서비스가 가능하지만 무선 단말기는 PC와는 비교가 안될 정도로 저장공간이 작고 처리능력도 한계가 있다. 이러한 제한된 조건하에서 멀티미디어 컨텐츠를 사용할 수 있게 하려는 시도가 국내외적으로 다양하게 시도되고 있다. 스트리밍 서비스는 현재 초당 5프레임정도만을 전송할 수 있어 실질적인 서비스가 어렵지만 2.5세대나 3세대 서비스가 시작되면 자연스럽게 동영상을 볼 수 있는 서비스가 본격화될 것으로 보인다. 일본의 NTT Docomo는 컬러액정 단말기를 통한 무선 인터넷 서비스가 이미 보편화되어 있다.

무선 멀티미디어 서비스를 위해서는 ME 혹은 WAP 브라우저가 갖는 텍스트 브라우저의 한계를 극복할 수 있는 별도의 어플리케이션들이 요구된다. 최근 어플리케이션을 자유롭게 다운로드 할 수 있는 BREW, 자바 등의 최신 미들웨어 솔루션들이 개발되고 있으며 이들 솔루션의 개발로 무선 멀티미디어 서비스 시장의 성장을 가속화할 것으로 기대된다. 무선을 통한 비디오 스트리밍 기능을 제공하는 회사중 하나는 패킷비디오(PacketVideo)사로서 소비자와 기업에게 부가적인 서비스를 제공하기 위해 무선 서비스업체, 무선 단말기 제조업체, 컨텐츠 사업자에게 그 기술을 판매하고 있다. 패킷비디오

Source: 아틀라스 리서치

(PacketVideo)의 기술은 산업 표준인 MPEG3에 기반을 두고 있으며 인코딩 및 디코딩 소프트웨어와 서버 기술로 구성되어 있다. 이 소프트웨어는 TDMA, CDMA, GSM 등 어떠한 모바일 플랫폼에서도 작동된다. 또 다른 어플리케이션은 온 디맨드(On Demand) 방식으로 서비스 제공자가 오디오와 비디오를 무선 단말기를 통하여 게시하고 저장할 수 있게 한다. 서비스 제공자는 뉴스, 날씨, 스포츠 관련 기사를 게시할 수 있으며 사용자들은 무선 단말기를 통하여 스포츠의 재생화면 등을 볼 수 있다. 현재 국내에서도 여러 단말기 생산업체들이 컬러액정 단말기의 공급을 준비중이며 컬러액정 단말기의 시장공급이 2001년 하반기에 집중적으로 이루어질 것으로 보인다. 2001년 하반기에는 이동통신 사업자들간의 컬러액정 단말기와 cdma2000 네트웍을 통한 무선 멀티미디어 서비스의 본격적인 시장경쟁이 예상된다.

• 무선 포탈(Mobile Portal)

포탈의 주요 기능은 정보탐색 비용을 절감시킴으로써 이용자에게 유용성을 제공하는 것이다. 유선 인터넷과 같이 무선 포탈의 주기능은 정보탐색의 비용을 절감시켜 주는 것이다. 무선 포탈에서는 시간과 비용 그리고 불편한 인터페이스 문제로 인해 단순한 서핑보다는 이용자의 요구에 따라 개인화된 맞춤메뉴를 이용하게 될 것이며 이 경우 고객장악 능력은 기존 유선 인터넷에 비해 훨씬 커진다. 국내 시장의 경우 무선 포탈의 주도권 장악을 위해 이동통신 사업자들이 모두 자사의 무선 포탈을 구축하여 배타적으로 운영하고 있다.

• 음성 포탈(Voice Portal)

최근 이동통신사업자들은 VXML의 음성인식 및 음성합성기술을 이용하여 음성으로 인터넷 컨텐츠를 검색, 선택해 원하는 정보를 합성음성을 통해 전달받는 음성 포탈(voice portal) 서비스 제공을 추진하고 있다. 상업적인 목적으로 음성인식 기술을 도입하여 음성 포탈 서비스를 시작한 선두주자는 영국의 오렌지(Orange)로서 1999년 8월에 와일드화이어(Wildfire) 서비스를 도입하였다. 이동통신 사업자들은 자체적으로 음성 포탈을 구축하지 않고 비보컬(BeVocal)이나 텔미(Tell me)와 같은 전문적인 음성포탈업체와 제휴할 수도 있다. 국내에서는 신세기통신이 보이스 포탈 서비스인 '아이터치톡'을 처음으로 선보인데 이어 한국통신프리텔도 원넘버와 자사의 무선 인터넷인 '매직앤'을 통해 보이스 포탈서비스를 하고 있다. SK텔레콤도 '엔탑 보이스' 상용서비스를 실시할 예정이다. 음성인식 기술의 공통적인 문제는 기계에서 자신의 음성을 인식시키고 이해시키기 위해서는 사용자들이 오랜 기간동안 디바이스를 학습시켜야 한다는 것이다.

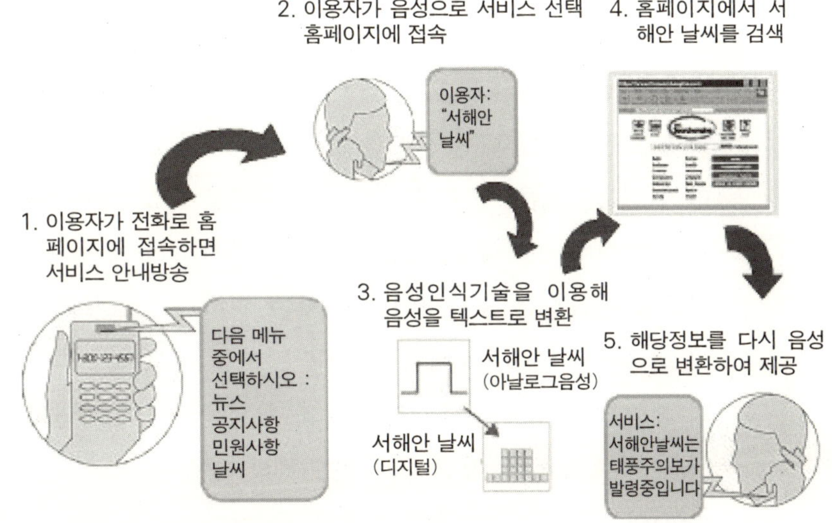

2) B2B 어플리케이션

기업의 생산성 제고 측면에서 이동성 개념을 적용하여 리엔지니 어링할 수 있는 비즈니스 프로세스가 많이 존재하고 있다. 무선 단 말기를 통한 인터페이스를 제공하면 온라인 정보검색과 데이터 입 력이 용이해지고 핵심 인물이 보다 동적이고 실시간으로 의사결정 을 내릴 수 있도록 지원할 수 있다.

B2B 어플리케이션 중에서는 특히 무선 단말기를 통해 이동하는 차량이나 고정된 물품으로부터 데이터를 수집하는 운송관리 및 물 류서비스, 이동중에 실시간으로 개인화 서비스를 제공하는 영업 자 동화(SFA : Sales Force Automation)와 CRM, B2B와 공급망 통합, 인트라넷과 DB 접속 등이 각광받을 것으로 보인다.

• 모바일 오피스(Mobile Office)

최근 그룹웨어나 워크플로우와 같은 어플리케이션을 무선 단말기로 이용할 수 있는 솔루션들이 등장하고 있다. 무선 단말기를 이용하여 영업사원들은 외부에서 새로운 업무에 대한 지시를 받기도 하고 고장제품에 대한 신고를 접수한 콜센터에서 고객과 가장 근거리에 있는 기술자에게 수리임무를 할당할 수도 있다. 이러한 무선 인터넷 서비스를 물류, 공공서비스, 현장관리 등에 응용할 수 있다. 일본의 선물상품 도매상인 기후코는 자사의 엑스트라넷을 i-mode에 적용시켜 영업사원에 i-mode 단말기를 배포하고 영업사원이 사내 메일을 i-mode 단말기에 전송하여 외출지에서 확인하도록 하였다. 스포츠용품을 취급하는 골드윈의 경우에는 파견판매원이 i-mode의 메일에서 고객의 크레임 등 매장정보를 본사로 송신하여 본사의 영업사원이 개선조치를 내리도록 하는데 사용하고 있다. 도쿄가스에서는 가스관 부설지도와 고객정보를 연계시킨 지리정보시스템을 무선 인트라넷에 활용할 수 있도록 추진하고 있다. 국내에서는 키스톤테크놀로지가 LG 텔레콤과 제휴하여 기업전용 B2B 서비스를 선보인 바 있다. 이 서비스에서는 외부 영업현장에서 019 PCS 단말기를 통하여 사내 그룹웨어뿐 아니라 ERP/SCM 등에도 접속이 가능하다. 버츄엘텍도 자체 개발한 무선 그룹웨어 솔루션을 HP의 무선통신용 WAP 서버에 내장하여 LG 텔레콤의 무선 인터넷 서비스에서 구현하고 있다. LG전자는 컴팩의 iPAQ과 무선 모뎀, 그리고 019 이동통신망을 이용하여 콜센터에 접수된 애프터서비스 요구사항을 현장요원에게 전달하여 처리하도록 하는 디지털 서비스를 제공하고 있다.

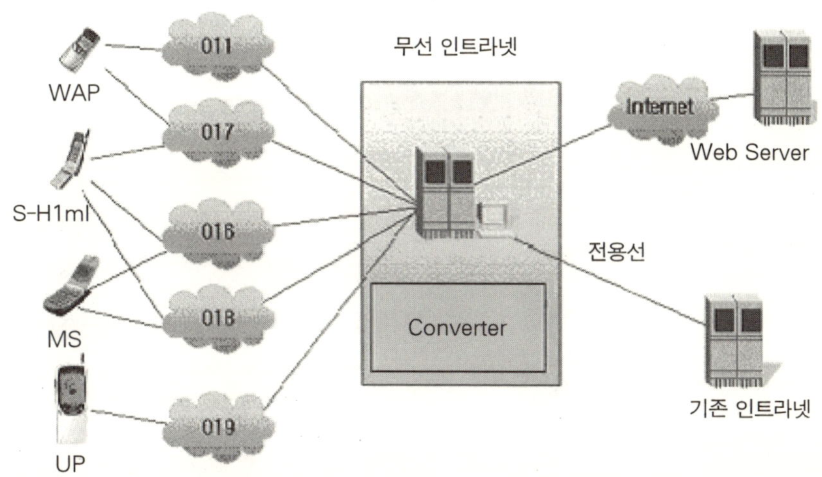

• 물류서비스

물류 서비스는 m-commerce 도입 속도가 가장 빠른 분야중의 하나이다. 현재 각 물류 회사들은 독자적인 물류시스템을 구축하여 전체 물류서비스를 관리하고 있다. 기존 물류시스템의 한계는 수배송과 화물관리에 관련된 부분으로서 현재 물류시스템에서는 운송차량의 위치 및 그 차량의 실제 운송정보의 실시간 관리에 한계가 있어 수송관리에 많은 문제점이 있었다. 그러나 무선 인터넷의 위치기반 서비스를 이용하면 차량추적 서비스나 화물추적 서비스를 제공할 수 있다. 이와 관련하여 에릭슨은 스카니아와 함께 수송관리(Fleet Management) 솔루션을 개발하였고 아스피로(Aspiro)는 WAP 기반의 수송관리 시스템을 개발하였다. 세계적인 택배 전문업체인 페덱스(Federal Express)는 이미 1986년부터 수하물의 위치, 선적 상황, 기타 배송관련 정보를 고개과 회사에 실시간으로 전송할 수 있는

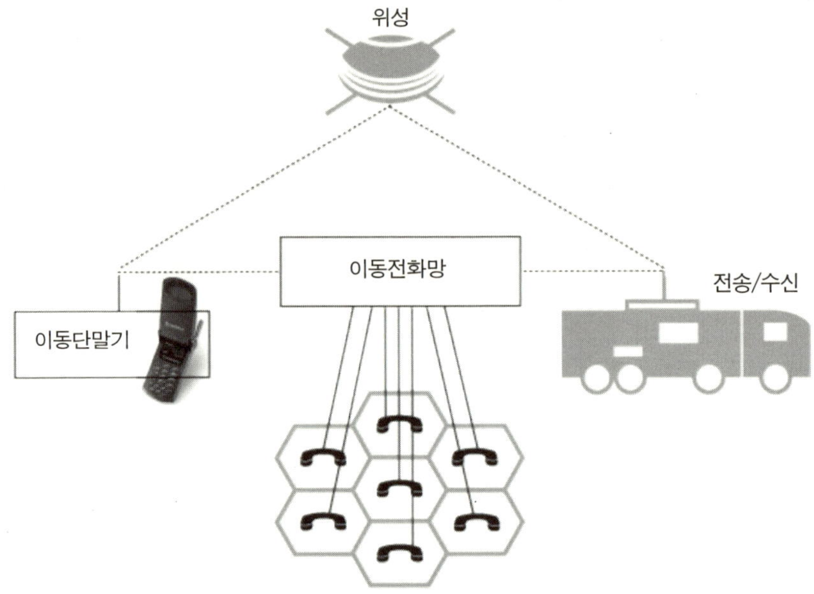

슈퍼 트랙커 라는 초소형 컴퓨터를 직원들에게 지급해 왔다. 국내 택배업체들도 실시간 화물추적을 위해 무선 시스템을 활용하고 있다. 한진택배가 최초로 PDA 기반 화물추적 시스템을 도입하였으며 뒤이어 삼성HTH가 스마트폰을 이용한 시스템을 구축하였다. 한진택배는 LG텔레콤과 제휴하여 택배차량에 PCS와 PDA를 탑재하여 고객의 수하물 방문 접수 즉시 현장에서 운송내역을 본사로 송출하는 서비스를 제공중이다. 배송직원이 고객의 수하물을 접수하거나 배송을 완료한 즉시 스캐너가 장착된 PDA로 운송장 번호를 읽어 저장한 후 차량안에 있는 전송 장비와 연결하면 해당 정보가 019망을 거쳐 회사의 중앙전산 시스템으로 전송된다. 기존에는 고객이 의뢰한 수하물의 운송장 기록내용을 직원이 회사로 돌아와서 입력해야만 온라인으로 검색할 수 있었지만 지금은 고객이 실시간으로 화물의 배송상태를 확인할 수 있고 운송과정에서 발생하는 오류에 대한 대처능력도 크게 향상된 것으로 나타나고 있다.

• 재고관리

모바일 재고관리 시스템은 화물, 서비스 그리고 사람의 위치까지도 파악하여 배달시점을 정확하게 알려줌으로써 고객서비스를 개선하고 경쟁우위를 확보할 수 있게 도와준다. 무선 기술을 활용한 기업들은 재고관리의 신뢰성 제고, 주문 처리 능력의 향상, 배송중 분실방지, 제품 배달경로의 정확한 추적 등을 통해 막대한 비용을 절약할 수 있는 것으로 나타나고 있다. 공급망 관리(supply chain management)를 창고 안에서부터 완벽히 통합할 수 있게 된 것이다. 미국 최대 의약품 도매업체인 맥케슨 HBOC(McKesson HBOC)는 창고직원들에게 손목에 착용하는 심볼 테크놀로지사의 모바일 컴퓨

그림 4-25 심볼 테크놀로지의 손목에 차는 컴퓨터

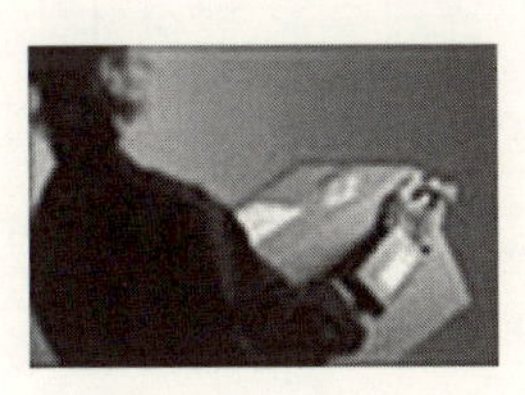
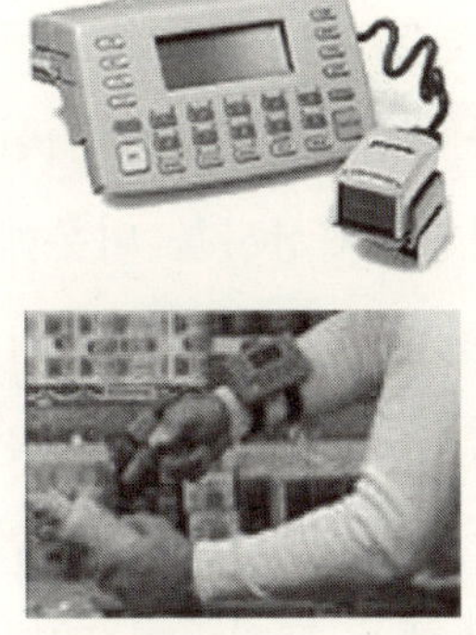

Source: 심볼 테크놀로지

터를 지급해 무선으로 데이터를 수신, 상세한 주문 목록을 보여주고 아울러 최단 경로까지 표시해준다. 창고직원들이 선반에서 약품을 집어 들어 손가락에 끼고 있는 반지형태의 스캐너에 바코드를 읽게 하면 컴퓨터가 제대로 약품을 골랐는지 확인해 주면서 재고 갱신 데이터를 무선으로 전송하게 된다. 이러한 시스템의 도입으로 생산성이 8% 향상되었고 부정확한 제품 선적이 80%나 감소되었으며 재고부족 현상도 50% 줄어든 것으로 나타났다.

• 영업자동화와 CRM

현재 많은 영업자동화(Sales Force Automation) 및 CRM 어플리케이션들이 이동성 기능(mobility functionality)을 추가하고 있다. 이동성 기능이 보강된 영업자동화 솔루션을 이용하면 이동중인 영업사원이 고객의 정보와 재고상황을 검색하고 생산일정을 조회해서 고객대신 주문을 낼 수 있다. 바안(Baan)과 인텐티카(Intentica)같은 회사들이 이러한 어플리케이션들을 개발하고 있다. 오라클은 Oracle 9i 어플리케이션 서버와 E-Business Suite에서 무선 기능을 제공하는데 이 Suite에 있는 모듈 중의 하나는 모바일 필드 서비스(Mobile Field Service)로서 현장 근무자들을 관리하기위해 사용된다. 예를 들어 관리자는 이동 중인 현장 근무자들의 스케줄을 변경시킬 수 있다. 국내에서도 경인담배상사를 비롯해 농심, 동양제과, 롯데제과, 한국코카콜라보틀링 등 식음료 관련 기업들이 영업현장에서 PDA를 이용해 생산계획, 재고파악 및 유통전략 수립의 효율성을 높이고 있다. 국내 첫 민간 담배회사인 경인담배상사의 경우 유통영업용 모바일 오피스 시스템을 도입하여 10개 지점의 영업직원 150명이 전국

6만군데의 소매점과 거래하면서 방문 소매점 리스트 관리, 지점의 재고현황 파악, 소매점으로부터의 주문처리 등에 활용하고 있다. 경인상사와 마찬가지로 농심의 영업사원들도 PDA를 이용해 재고나 출고상황을 조회하고 영업정보를 검색할 뿐만 아니라 제품주문도 직접 처리하고 있다. 특히 영업사원을 현장 조사요원으로 활용해 어떤 제품이 어디서 얼마나 팔리는지를 정확히 파악할 수 있을 것으로 기대하고 있다.

　　m-commerce 서비스를 제공받는 고객들은 시간이 지남에 따라 더 수준 높은 서비스를 요구하게 되며 서비스 제공 기업들도 고객의 구매성향을 파악하여 새로운 가치를 창출하기 위해서 CRM 기술이 요구된다. 특히 고객들은 무선 단말기를 항상 휴대하는 경우가 많고 1:1 관계가 형성되며 기본적인 고객정보를 파악할 필요가 없다는 점에서 무선 인터넷과 CRM은 가장 잘 결합될 수 있는 조건을 이미 갖추고 있다. 아울러 고객들의 물리적인 위치를 정확히 가려낼 수

그림 4-26　mCRM 구조

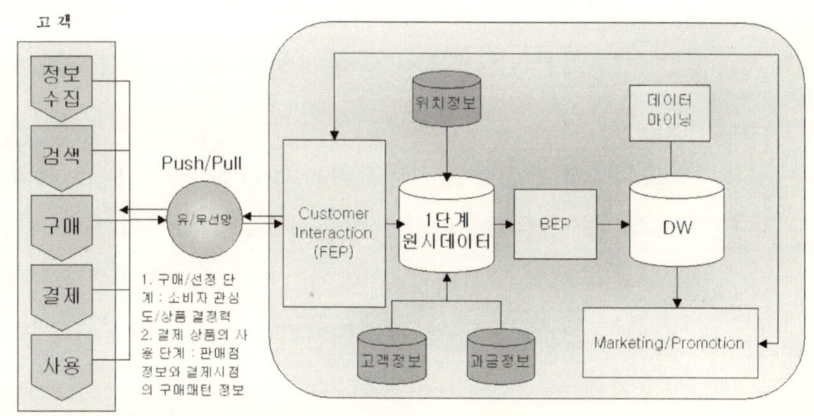

있는 디바이스들이 가세하게 되면 CRM의 효과가 극대화된다. 위치 정보를 상호 연계하면 실물 매장에서의 충동 구매를 자극할 수 있다. 뉴욕주 웨스트 니악(West Nyack)에 있는 300만 평방 피트 규모의 쇼핑몰 팔리사드 센터(Palisades Center)의 상인들은 GeePS사의 소프트웨어와 서비스를 이용해 행인들에게 즉석에서 구매상품을 제시하는 서비스를 시작했다. 무선 통지는 판매활동 후에도 사용할 수 있다. 고객이 구입한 상품이 언제 배송 될지 고객에게 알려주는 것이 그 한 예다. 그러한 경보를 보낼 때 관련 제품들에 대한 제안도 함께 전할 수 있어서 상인들로서는 상품을 교차 판매(cross selling)하는 기회를 얻을 수도 있다. 현재 GeePS사에서 서비스하는 타겟 마케팅 프로세스를 보면 다음과 같다.

① 오프라인 상점에서 GeePS사에서 제공하는 마법사(Wireless Web Wizard)를 활용하여 자신의 프로모션 내용을 등록해놓는다. 이 작업은 GeePS사의 웹사이트상에서 이루어진다.

② GeePS사 고객이 특정지역 정보가 필요한 경우 사용자는 WAP 휴대전화나 Palm 단말기를 통해 GeePS사에 전화를 건다.

③ 사용자는 GeePS사에서 제공하는 카테고리중 필요한 것을 선택한다.

④ 사용자가 선택한 카테고리는 GeePS사의 서버에 전달되면서 동시에 사용자의 위치를 자동적으로 파악한다. 이렇게 파악된 사용자 위치를 근거로 하여 광고등록된 오프라인 상점의 할인 및 쿠폰정보를 사용자의 휴대전화나 휴대용 컴퓨터에 전송한다.

• B2B와 공급망 솔루션

 B2B 포탈에도 무선 인터넷 기능을 활용할 수 있다. 예를 들어 건설공사현장에서 필요한 자재와 서비스를 검색하고 주문할 수 있다. 과잉공급을 막기위해 다른 거래처의 휴대전화에 메시지를 남길 수도 있으며 조달책임자가 실시간으로 제품과 서비스의 입찰에 참여할 수도 있다. 또한 무선 단말기를 통해 B2B 포탈에서 호스팅하는 협업적인 프로젝트 관리 어플리케이션에 접속할 수도 있다. 관심있는 업체들은 무선 전화나 PDA를 이용해 제안에 참여할 수 있다. MH2 테크놀로지가 개발한 MH2Build 시스템은 2001년에만 10만호 이상의 주택건설에 사용될 계획이다. 이 시스템은 건설 전체 과정에

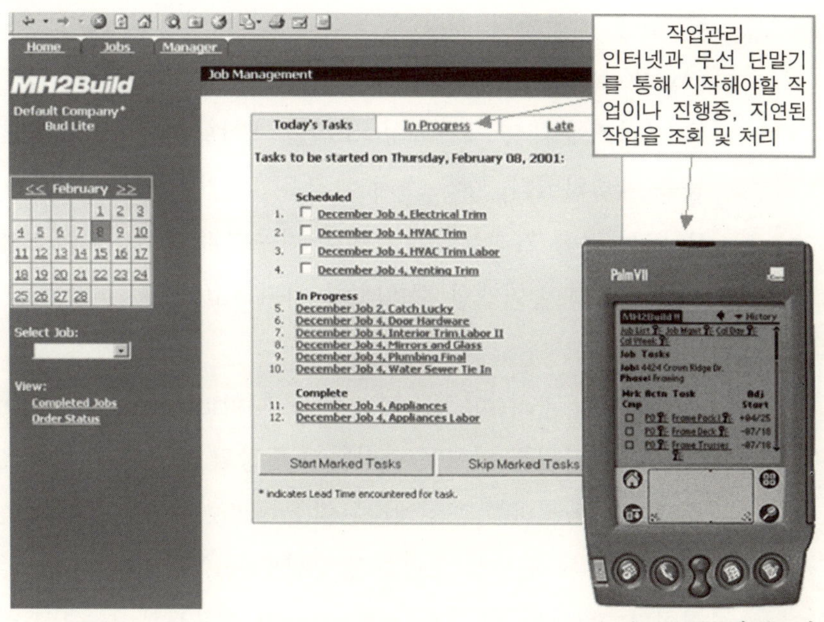

그림 4-27　MH2Build의 작업관리

Source: MH2 테크놀로지

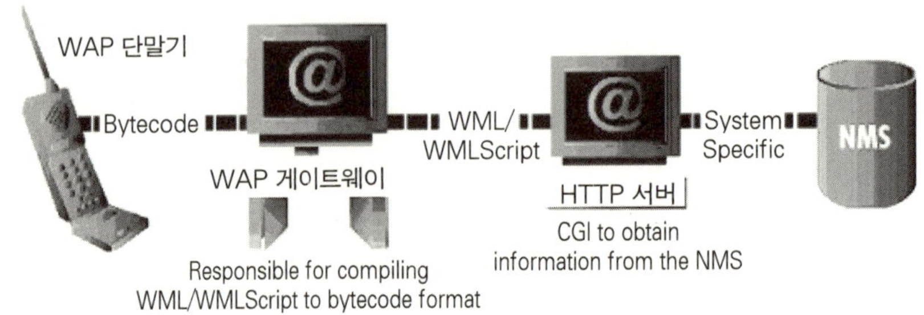

대한 이전의 복잡하고 낭비적인 감리작업과 건설자재 구매과정을 간소화하고 개선시키기 위해 고안된 것이다. 이 시스템은 건축업체가 작업 스케줄 작성, 자재의 주문 및 추적 배달, 하청업체와의 커뮤니케이션, 언제 어디서나 리드타임과 프로젝트 소요시간을 계산할 수 있게 지원한다. 상용 부동산 허브 사이트인 어비드익스체인지(AvidXchange)는 부동산 관리자들이 지붕 보수, 난방, 잔디관리 같은 서비스에 대해 제안요청(RFP)을 게시할 수 있도록 무선 접속 기능을 개발하였다. 뉴욕 소재의 정유업체인 아메라다 헤스(Amerada Hess)는 정유 거래상들이 무선 전자우편과 데이터베이스 접속 서비스를 이용하여 거래할 수 있도록 지원하고 있다.

• 네트웍 관리(NMS: Network Management System)

무선 인터넷은 네트웍 관리까지 확장되고 있다. 네트웍 감시 소프트웨어를 공급하는 프로액티브넷(ProactiveNet)은 경보와 성능 데이터 수집을 위해 무선 모뎀을 장착한 Palm VII를 패키지로 공급할 계획이다. 프로액티브넷(ProactiveNet)의 소프트웨어는 네트웍 관리자자 자신의 웹 서버에 대한 가동 및 고장 시간 뿐만 아니라 응답 시간까지도 감시할 수 있게 한다. 무선 단말기를 통한 네트웍 감시 기능은 비용을 줄여줄 뿐만 아니라 원거리에서 실시간으로 시스템 조작을 가능하게 한다.

• WASP(Wireless Application Service Provider)

전세계적인 ASP와 무선 인터넷의 확산은 무선 ASP(Wireless Application Service Provider)라는 새로운 사업모델을 창출할 것으로 보인다. 카너스 인-스탯 그룹 (Cahners In-Stat Group)은 2004년까지 무선 인터넷 사용자는 7억 명 이상이 될 것으로 예상하면서, 이런 엄청난 수요를 맞추기 위해선 무선 ASP 도입이 필수적이라고 주장하고 있다. 카너스 인-스탯 그룹(Cahners In-Stat Group)의 조사에 따르면 현재 무선 인터넷을 업무에 활용하는 직장인은 4%에 지나지 않으나 무선 ASP가 도입되면 무선 기기에서 어플리케이션 활용이 훨씬 쉬워지기 때문에 무선 인터넷 사용자의 비율은 더 늘어날 것이다. 무선 ASP는 웹 컨텐츠를 무선 네트웍용으로 바꿔주는 포팅

그림 4-29 **무선 ASP 서비스**

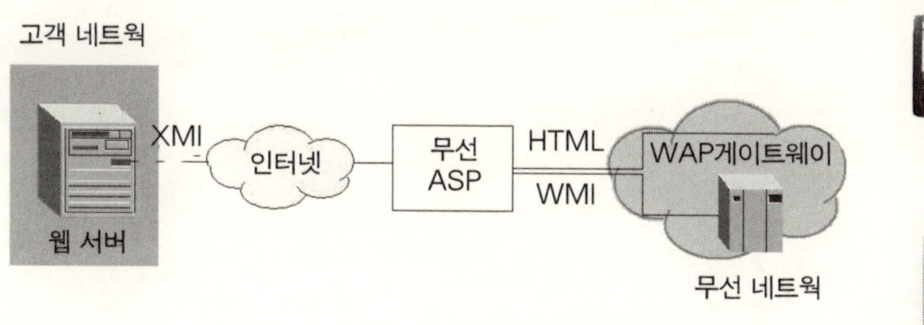

서비스 외에도, 데이터 어플리케이션, 소프트웨어와 주문형 어플리케이션 제공 서비스도 제공할 수 있다. 이때 제공되는 어플리케이션에는 현장 근무 스케줄과 업무 관리와 고객 관리를 위한 프로그램, 그리고 기업 내 데이터베이스와 연결시켜주는 프로그램 등이 포함된다. HP의 경우는 Mobile E-Service Tap이라는 서비스를 무선 인터넷 솔루션업체에 제공하는 WASP 사업모델을 채택하였고 국내에서도 버추얼텍이 ASP용 무선 솔루션을 미국에서 마케팅하고 있다.

제 5 장

가치사슬과 비즈니스 모델

앞으로 무선 포탈 비즈니스에서
통신망사업자와 인터넷 포탈은 잠재적으로
가장 강력한 경쟁자이면서 동시에
서로 보완할 수 있는 가능성도 가장 크다.
즉 서로 시너지 효과를 얻기 위해
지분참여나 인수합병을 통해 협력할 가능성이
가장 많다는 점을 시사해준다.

m-commerce 서비스가 최종 이용자에게 전달되기 위해서는 다양한 사업자들의 역할이 필요한데 크게 컨텐츠 및 어플리케이션 영역, 시스템과 소프트웨어 영역, 네트웍 및 단말기 영역, 무선 포탈 등으로 구분할 수 있다.

1 m-commerce 가치사슬

m-commerce 시장형성 초기에는 이동통신사업자가 네트웍 사업자로서뿐 아니라 무선 포탈과 컨텐츠 어그리게이터로시 주도적인 역할을 수행한다. 그러나 서비스와 시장이 성숙됨에 따라 각 영역의 사업자들이 고유의 역할과 강점이 있는 분야에서 나름대로 고객을 장악하고 수익을 확보하고자 한다. m-commerce 가치사슬상에서 이러한 갈등이 발생할 수 있는 분야는 컨텐츠 개발, 컨텐츠 어그리게이션 그리고 인터페이스 디바이스 등이다. 이러한 분야는 갈등이 발생할 원인도 되지만 또한 사업자간 협력할 기회도 제공한다. 시장형성 초기에 이동통신사업자가 주도권을 행사하는 배타적인 울타리 안의 정원(walled garden) 모델이 우세한 단계에서는 컨텐츠 개발과 어그리게이션이 고객을 장악하는데 가장 중요하다. 그러나 시장이 성숙됨에 따라 개방화된 열린 정원(open garden) 형태로 발전하면 고객과 부가가치가 높고 브랜드가 있는 관계를 맺기가 어려워지므로 마이크로 브라우저와 함께 무선 단말기 자체가 브랜드를 확보하고 타겟 고객에게 맞는 서비스를 제공하기 위한 사업자간의 싸움터가 되어 버릴 것이다.

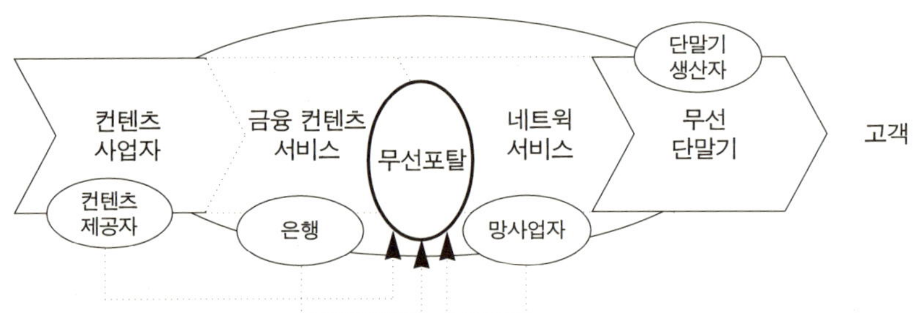

Source: 오범

• 컨텐츠 사업자

컨텐츠 사업자는 CNN, 로이터(Reuter)와 같은 전통적인 컨텐츠 보유 업체로서 오프라인상의 매체 활용, 독자적인 웹사이트 구축, 인터넷 포탈과의 제휴 등을 병행함으로써 궁극적으로 자사의 컨텐츠를 다양한 유통채널을 통해 이용자에게 판매하는 것을 목적으로 한다. 무선 인터넷은 유선 인터넷과는 달리 이동전화 가입자들이 부가서비스에 대한 비용지불에 익숙해져 있고 이동통신사업자와 빌링 관계가 명확하므로 회수대행도 용이한 이점이 있다. 컨텐츠의 판매뿐 아니라 통화 트래픽을 증가시킴으로써 이동통신사업자로부터 통화 유발금을 분배받을 수 있는 가능성도 있지만 점차적으로 컨텐츠의 질을 높임으로써 가입비, 광고, 스폰서 등 다양한 고유 수익원을 개발하는 것이 바람직하다.

• 무선 포탈

무선 포탈은 무선 어플리케이션과 무선 컨텐츠를 패키징하여 제공하는 사업자로서 기존 인터넷과 마찬가지로 무선 인터넷 환경에서 이용자들에게 관문서비스를 제공하는 것을 목표로 하고 있다. 무선 포탈은 유선환경의 웹 포탈보다 철저한 개인화와 지역화가 요구된다. 현재 MSN, Yahoo 등이 무선 포탈 서비스를 제공하고 있으며 순수한 무선 포탈 사업자들도 등장하고 있다.

• 시스템/소프트웨어 통합사업자

이 영역에는 네트웍 인프라 장비업체에서부터 단말기 운영체제와 마이크로 브라우저 개발업체, WAP 게이트웨이나 미들웨어 소프트웨어를 제공하는 어플리케이션 플랫폼업체까지 포함된다. 시스템 장비업체가 안고있는 문제는 네트웍 통신장비나 단말기를 막론하고 모두 수익성이 저하되고 있다는 데 있다. 따라서 m-commerce는 하드웨어뿐 아니라 서비스와 어플리케이션 관리 측면에서 새로운 수익원이 될 수 있다. 소프트웨어 플랫폼 제공업체는 무선 단말기 운영체제인 Windows CE, EPOC, Palm OS 등을 공급하는 업체들과 WAP 마이크로 브라우저와 게이트웨이 서버를 공급하는 오픈웨이브 등이 대표적이다. 이들에게도 m-commerce에 관련된 산업표준 개발에 참여하는 것이 잠재력이 큰 수익원을 개발하는 것이 된다.

• 네트웍 서비스 사업자

이동통신망을 보유한 통신망사업자는 지금까지 가치사슬상에서 지배적인 역할을 수행해왔다. m-commerce 가치사슬상에서 이동통신사업자가 추구하는 것은 단순한 네트웍 서비스 제공을 넘어서 자체 무선 포탈의 독점적 위치를 계속 강화하고 관련 서비스 산업의 진출을 통해 m-commerce 전체 가치사슬에 대한 지배력을 유지하는 것이다. 이는 이동통신 사업자들이 m-commerce 서비스의 잠재수익이 음성통화 수익보다 커질 것이라는 점과 네트웍의 발전에 따라 이동통신망이 IP 기반으로 전환되어 개방되면 자신들의 역할이 단순 ISP 역할로 축소될 위험성을 인식하고 있기 때문이다. 통신망사업자의 경쟁우위는 이미 가입자와 빌링관계를 확보하고 있으며 타 사업자에 비해 투자여력이 풍부하다는 것이다.

그러나 이러한 단선적이고 정적인 기술기반의 m-commerce 가치사슬도 앞으로 급격한 변화를 겪을 것으로 보인다. 관련 서비스가 고객중심으로 통합되고 상호연결된 유통채널을 통한 브로드캐스트가 이루어짐에 따라 가치사슬(value chain)로 보는 것은 더 이상 통용되지 않을 전망이다. 새로운 모델은 가치가 서비스 제공자로부터 최종 이용자에게 여러 개의 전달점을 통하여 여러 방향으로 흐르는 네트웍(Net)으로 보는 것이다. 이러한 가치의 흐름은 가치 네트웍에 유용한 가치를 제공하는 모든 사업자간에서 이루어진다. 이용자는 여러 종류의 접속 단말기를 통해 통합 플랫폼으로부터 전달되는 컨텐츠와 서비스를 퍼스널네트웍(personal network)을 통해 제공받게 된다. 양키그룹은 미래의 인터넷접속이 바로 유무선이 통합된 퍼스널네트웍으로 대표되는 엔드유저 환경이 될 것으로 본다. 퍼스널네트웍에서는 무선 단말기가 언제 어디서나 인터넷에 접속할 수 있게 해주는 가장 이상적인 거래처리 어플라이언스가 된다.

이러한 무선 가치네트웍(Mobile.Net) 개념에 따르면 전통적인 무선 인터넷 가치사슬과 유선 인터넷 가치사슬을 구성하는 다양한 사업자들이 계속 시장에 참여하지만 각 사업자는 새로운 환경 아래서 각자의 역할과 전략에 대해 근본적인 검토를 하도록 요구받는다. 통

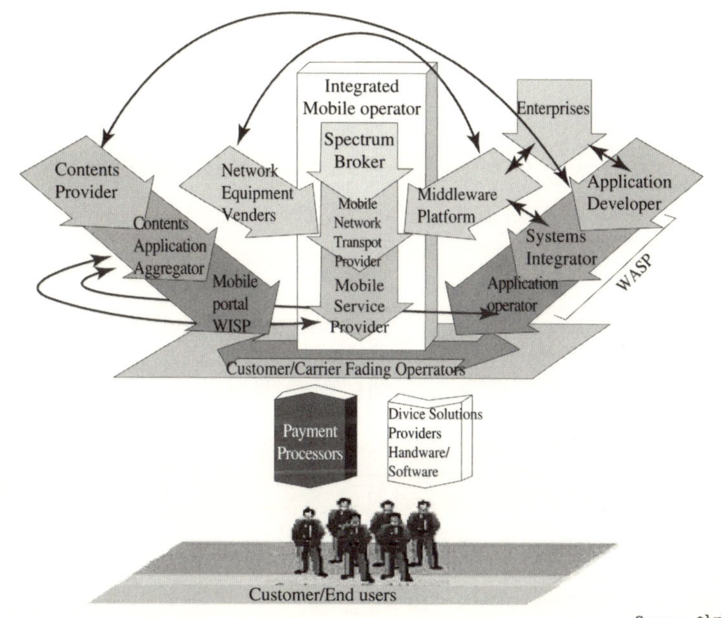

Source: 양키그룹

신망사업자는 시장점유율과 수익원을 계속 확보하기 위하여 m-commerce의 전략적인 위치를 확보하려고 한다. 이동통신사업자는 음성통신중심의 이동통신시장에서는 가치사슬에서 지배적인 역할을 수행해왔지만 앞으로 네트웍자체가 개방되고 보편적인 접속(universal access)이 보장되면서 대형 포탈과 컨텐츠 사업자들이 무선 인터넷 사업에 뛰어들어 고객과 직접 관계를 형성하려고 함에 따라 이들과 치열한 경쟁을 겪어야 할 것이다. 이러한 상황에서 이동통신사업자는 일반적인 이동통신서비스 제공자로 남을 것인가 아니면 컨텐츠/어플리케이션 솔루션 제공자로 변신해야 할 것인가 선택의 기로에 놓이게 된다. 이동통신사업자의 선택은 궁극적으로 원가를 줄이고 순이익을 극대화하기 위해 고객솔루션과 상황에 따라 이 두 가지를 적절히 혼합하는 전략을 채택할 것으로 보인다. 모든 네트웍 접속이 개방되고 표준화되기에는 시간이 소요되고 기존의 무선 인터넷과 어플리케이션 가치사슬의 핵심역할 때문에 이동통신 사업자는 앞으로 상당기간 동안 지배적인 역할을 할 수 있는 고유의 장점을 가지고 있다.

- 고객과 장기간 빌링/고객관리 관계를 유지하고 있으며 이미 검증된 방대한 고객데이터를 보유하고 있다.
- 제한된 주파수자원, 사업 라이센스를 이미 보유하고 있다.
- 즉시 이용자의 위치를 확인할 수 있는 장점을 이용하여 유용한 서비스를 제공할 수 있다.

이동통신 사업자들은 이용자에 대한 정보와 커뮤니케이션 전달을 통제하는 이용자 인터페이스를 장악하기 위해 앞 다투어 무선 인터넷 서비스 관리를 위한 포탈구축에 투자하고 있다. 유선 포탈은 복잡한 컨텐츠와 서비스의 전달점으로 사용되는데 반해 무선 포탈은 컨텍스트와 위치관련 타겟 서비스 전달에 주로 이용된다. 이동통신 사업자들은 이미 기존의 포탈과 컨텐츠 사업자와 제휴하여 무선 포탈을 구축하고 있다. 이들 무선 포탈을 통해 이동통신 사업자들은 컨텐츠 서비스를 자사의 영역으로 관리함으로써 고객을 장악하고 새로운 수익을 창출하고자 한다. 그러나 기존의 인터넷 포탈들도 독자적으로 무선 인터넷 전략을 수립하고 자사의 브랜드를 무선 인터넷 서비스까지 확장하기 위하여 노력하고 있다. 이들이 이동통신사

 성공적인 M 커머스 비즈니스 전략

업자와 제휴하는 이유는 무선 인터넷 사업의 경험을 축적하고 초기 시장에서 확고한 교두보를 확보하기 위한 것이다. 무선 컨텐츠 시장이 너무 빨리 변화하고 있기 때문에 이들 컨텐츠 사업자와 인터넷 업체들은 사업을 계속 영위하기 위해 무선 인터넷 전략을 필수적으로 고려하여야 한다. 그러나 이들이 꼭 이동통신사업자와만 제휴해야 하는 것은 아니다. 독자적인 무선 포탈을 구축할 수도 있으며 이동통신사업자 대신 소프트 플랫폼업체와 제휴할 수도 있다.

컨텐츠 사업자들도 광고수익을 늘리기 위해서라도 기존의 고객 기반을 유지하고 확장하여야 한다. 무선을 통해 인터넷에 접속한다는 것은 정보의 전달이 이전의 브로드캐스팅에서 1:1 마케팅으로 전환된다는 것을 의미한다. 이것은 컨텐츠 사업자에게 고도의 타겟 마케팅과 광고 사업기회를 준다. 즉 컨텐츠 사업자들은 고객이 원할 때 브랜드화된 정보를 이용할 수 있게 함으로써 고객의 충성도를 높이고자 한다. CNN과 로이터같은 선도적인 컨텐츠 사업자들은 이미 무선 인터넷 시장 진입을 위해 여러 가지 준비를 해오고 있다. 컨텐츠는 무선 단말기에 맞게 재포맷 되었고 Yahoo, Lycos, AOL과 과 같은 포탈업체뿐 아니라 에릭슨과 노키아같은 업체와도 제휴를 하였다. 또한 자체적인 무선 포탈도 구축하고 있다. 인포스페이스 (InfoSpace.com), 아방고(AvantGo), i3Mobile과 위즈덤(Wysdom) 같은 컨텐츠 어그리게이터들은 무선 단말기를 통해 유통시킬 데이터를 다시 패키지화하여 무선 단말기에 가장 적합한 포맷으로 변환시켜 정보를 전달함으로써 가치를 창출하고 다른 여러 컨텐츠 제공자와의 관계를 최대한 활용하고 있다. 무선 웹 브로커로 알려진 이들 컨텐츠 어그리게이터는 포트폴리오를 확장하여 플랫폼 벤더와 통합함으로써 단순히 컨텐츠 전달을 뛰어넘어 다양한 어플리케이션을 어그리게이션 할 수 있다. 이렇게 되면 컨텐츠/어플리케이션 어그리게이터가 비즈니스 모델을 확장해서 통신망사업자를 대상으로 커뮤니케이션, 상거래, 컨텐츠와 고객관리 솔루션까지 제공할 수 있다.

② 비즈니스 모델

m-commerce는 새롭고 다양한 사업기회를 제공하는 동시에 도전이 요구되는 서비스이다. 국내외를 막론하고 성공사례가 드물기 때문에 기술발전에 대한 통찰력과 상상력이 요구됨과 동시에 수익성 창출을 비즈니스 모델의 탐색과 정립이 필요하다. m-commerce는 서로 다른 시장 참여자에게 다양한 수익창출의 기회를 제공하므로 m-commerce 비즈니스 모델을 이해하기 위해서는 m-commerce 가치사슬을 구성하는 각 시장참여자의 역할과 이해관계를 분석하고 수익이 어떻게 배분되는지 이해할 필요가 있다.

m-commerce 가치사슬은 위 그림과 같이 컨텐츠사업자, 통신망사업자, 솔루션사업자, 고객으로 이루어진다. 고객은 망사업자가 지원하고 공급한 무선 인터넷 단말기를 통하여 여러 가지 컨텐츠와 서비스를 제공받고 이에 대한 사용요금을 지불한다. 망사업자는 컨텐츠 사업자에게 무선 인터넷 사용요금 회수대행 서비스를 제공한다. 솔루션 제공업체는 무선 인터넷 서버를 개발하여 실질적인 서비스를 제공하는 역할을 한다. 컨텐츠 사업자는 고객의 무선 인터넷 단

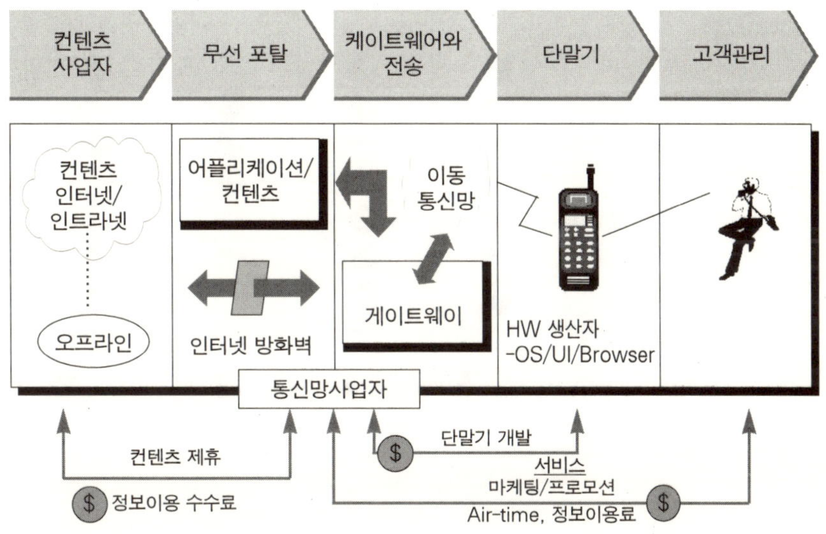

말기를 통해 다양한 컨텐츠와 서비스를 제공한다. 이들 사업자들은 각자 상대적 우위를 이용하여 사업을 확장하려는 추세에 있는데 위 그림은 m-commerce 가치사슬에서 이들의 상대적 강, 약점을 보여주고 있다.

그림 5-4와 같이 m-commerce 수익모델은 다양한 시장참여자간에 여러 방향과 방식으로 돈이 흐르는 복잡한 양상을 보인다. 각 사업자들이 나름대로 새로운 사업기회를 잡아 수익을 창출하려 하기 때문에 복잡성이 더해지고 역동성도 커진다. 통신망 사업자의 수익원은 고객들이 m-commerce 서비스를 이용하면서 발생한다. 통신망 사업자의 기본 수익원은 서비스 요금(traffic fee), 가입비, 정액요금 등이 있다. 경우에 따라서는 서비스 요금을 통화량 유발에 대한 대가로 포탈 및 컨텐츠 제공업체에 분배하기도 한다. 또한 통신망 사

구분	접속서비스	컨텐츠 패키징	상품과 서비스	결제처리	보안서비스
망사업자	Core strength	Verystrong	Very weak	Verystrong	strong
컨텐츠 사업자	weak	Verystrong	Core strength	weak	Very weak
금융기관	weak	weak	Verystrong	Core strength	Verystrong
판매자	weak	weak	Core strength	weak	weak
인터넷 포탈	weak	Core strength	weak	strong	Very weak
무선 포탈	weak	Core strength	weak	weak	Very weak
비츄얼 ISP	Verystrong	Core strength	weak	weak	Very weak
장비공급업체	Very weak	weak	Very weak	Very weak	Very weak

Key: ◯ Very weak　◔ weak　◑ strong　◕ Verystrong　● Core strength

Source: 어낼리시스(Analisis)

업자가 무선 포탈을 기반으로 회수대행 서비스를 제공하면 광고료나 회수대행 수수료 수입을 확보할 수도 있다. 사업자들간에 경쟁정도가 약한 초창기에는 컨텐츠 사업자들이 높은 서비스 요금을 요구하지만 경쟁이 치열해짐에 따라 일반적인 정보 서비스는 무료로 제공되기 쉽다. 그러나 게임이나 엔터테인먼트같이 나름대로 진입장벽이 있는 서비스는 유료로 제공되며 이동통신 사업자와의 협상력도 커진다.

이와 같은 수익모델은 다양한 수익원의 상대적 중요성에 따라 다음과 같이 크게 4가지 유형으로 분류될 수 있다.

• 유료 컨텐츠 및 광고 수익모델

기존의 전자상거래에서 볼 수 있는 수익모델로서 고객은 컨텐츠 사용요금을 지불하고 이를 포탈 사업자와 컨텐츠 사업자가 일정 비

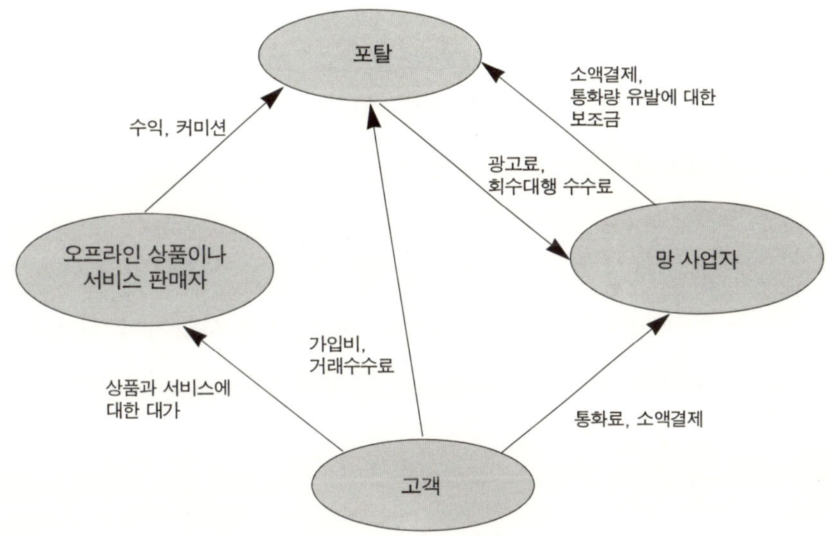

율로 분배하는 수익모델이다.

• 상거래 중심의 수익모델

상품판매를 통한 수익모델로서 상품판매 대가를 통신망 사업자나 신용카드 회사가 회수대행 후 수수료를 빼고 상품 판매자에게 주는 수익모델이다.

• 위치기반의 정보/광고 수익모델

유료 컨텐츠 및 광고중심의 수익모델과 유사하나 위치기반의 정보를 통해 예매가 가능하고 이에 따른 수수료 수익이 발생한다. 또한 위치정보를 이용한 푸시 광고가 가능함으로써 광고 잠재력이 큰 수익모델이다.

• 서비스요금 중심의 수익모델

고객이 무선 인터넷을 사용함으로써 발생하는 통신서비스 요금을 주 수익원으로 하는 무선 통신 사업자의 고유 수익모델이다. 경우에 따라서는 통신요금을 컨텐츠 사업자나 포탈업체와 분배하기도 하지만 일반적이지는 않다.

이러한 수익모델은 서로 배타적인 것이 아니라 사업자 특성과 상황에 따라 조합이 가능하다. 즉 통신망 사업자가 컨텐츠 사업자가 포탈에 지불해야 할 요금과 회수대행수수료를 줄이면 더 많은 컨텐츠를 유치해 많은 통화를 유발시킴으로써 통신요금수익 증대를 기할 수 있다.

3 m-commerce와 무선 포탈

(1) 무선 포탈의 정의

무선 포탈의 개념은 유선 인터넷의 포탈 개념에서 출발했다. 포탈은 정보를 수집하거나 상품과 서비스를 구매하거나 특정 주제에 대한 커뮤니티를 형성하는 온라인 게이트웨이로서의 역할을 수행한다. 무선 포탈의 요소기술, 어플리케이션과 수익모델은 분명히 유선 포탈과 틀리지만 궁극적인 목적은 같다. 즉 하나의 사이트에서 정보, 오락, 서비스나 상품을 이용자의 요구에 맞게 접속할 수 있게 해

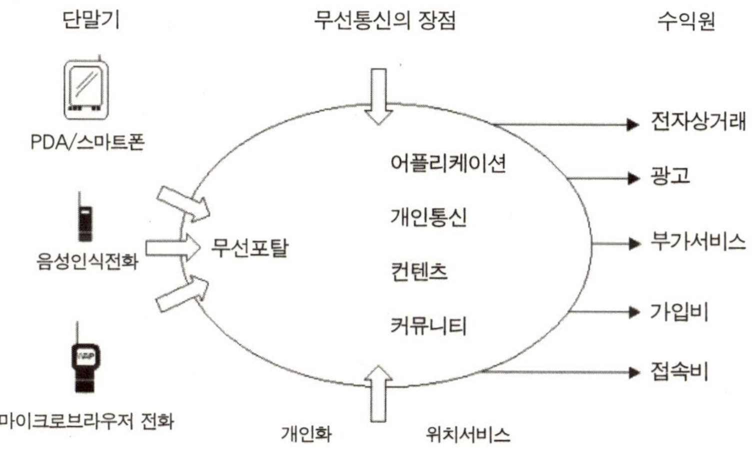

주는 것이다.

　무선 포탈은 단순히 유선 포탈을 무선 환경으로 확장한 것이라기보다는 무선 인터넷만의 독특한 특성 – 이동성, 편리성, 즉시성, 위치성, 개인성 – 들이 무선 포탈을 견인해간다. 유선 포탈과 무선 포탈의 중요한 차이는 단말기의 폼팩터와 위치성, 개인화 수준이다.

　• 단말기의 폼 팩터

　무선 포탈의 핵심기능은 무선 환경에서 정보탐색비용을 줄이는 것이지만 무선 단말기의 불편한 인터페이스가 제약요인으로 작용한다. 무선 포탈은 먼저 컨텐츠 및 어플리케이션 패키지를 스마트폰과 PDA의 협소한 디스플레이 및 인터페이스 환경에 맞게 변환시켜 주어야 한다. 이렇게 변환된 컨텐츠 및 어플리케이션을 이용자의 니즈에 맞춤서비스를 제공하며 원하는 정보에 대한 검색이 편리하게 맞춤 인터페이스를 제공한다.

• 개인화

컨텐츠와 디스플레이를 개인화시키는 능력은 무선 포탈의 가치를 높인다. 무선 포탈 서비스 제공자는 반드시 이용자의 컨텍스트에 맞게 맞춤 서비스를 제공하여야 부가가치를 높일 수 있다. 날씨와 뉴스 같은 일반정보로는 이용자의 기대를 충족시킬 수 없다. 개인화 서비스는 특히 고객과의 접촉이력, 일정을 관리하면서 수시로 전자우편에 접속하여야 하는 비즈니스 이용자에게 유용한 서비스이다.

• 위치성

무선 인터넷 이용자는 주로 이동중에 서비스를 이용하는 경우가 많으므로 필요한 정보가 위치와 관련된 정보가 많기 때문에 무선 위치확인 기술은 이용자에게 가장 적합한 정보를 필터링하기가 용이하다. 이것은 이용자가 어디에 위치하고 있는가에 따라서 정보를 통합하기 때문에 개인화 서비스를 심화시키고 무선 포탈의 유용성도 높일 수 있다.

무선 포탈의 형태는 크게 광범위한 정보를 전달하는 수평적 포탈(horizontal portal)과 수직적 포탈(vertical portal)로 구분할 수 있다. 인터넷 등장 초기에는 되도록 이용자수를 많이 확보하기 위해 수평적으로 확장하는 추세를 보였다. 이후 성숙단계에 들어감에 따라 특정 영역에 특화된 수직적 포탈이 등장하기 시작했다.

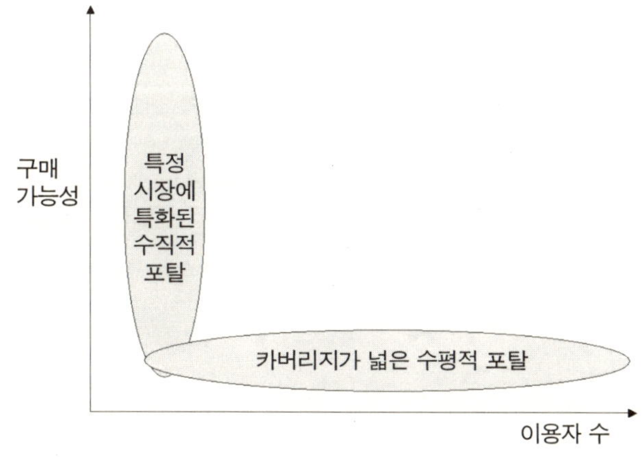

• 수평적 포탈

수평적 포탈은 다시 푸시 무선 포탈과 푸시/풀 무선 포탈로 나눌 수 있다. 푸시 포탈은 이용자에게 개인화된 정보를 푸시 방식으로 제공하는 반면 푸시/풀 포탈은 개인화된 정보 제공뿐 아니라 무선 단말기로 인터넷에서 컨텐츠를 검색할 수 있는 서비스도 같이 제공한다. 현재는 푸시/풀 포탈보다 푸시 무선 포탈이 더 많지만 향후에는 수익을 발생시키기에 더 유리한 푸시/풀 형태의 포탈이 더 각광을 받을 것으로 보인다.

• 수직적 포탈

수직적 포탈은 일반화된 제품으로 개인과 비즈니스를 포함한 광범위한 시장을 포괄하는 전통적인 포탈에 비해 특정 수직적 시장 세그먼트를 겨냥한다. 이미 비즈니스 이용자를 위한 수직적 포탈이 등장하고 있는 것을 볼 수 있다. 이틀 포탈에서는 푸시/풀 서비스를

| 표 5-1 | 푸시(push) 대 푸시(push)/풀(pull) 수평적 포탈 비교 |

푸시 무선 포탈	푸시/풀 무선 포탈
전자우편 접속 및 전달	전자우편 접속 및 전달
개인 컨텐츠와 스케줄 데이터 접속	개인 컨텐츠와 스케줄 데이터 접속
컨텐츠를 데스크탑에서 개인화시킨 후 무선 단말기로 푸시	개인화된 컨텐츠를 무선단말기로 푸시 및 풀 방식으로 모두 사용가능
지역 전자상거래에 대한 정보를 통지	지역 전자상거래 정보 통지 및 거래처리
인스턴트 메시징 구현중	무선 디바이스와 유선 디바이스간 인스턴트 메시징 가능

모두 제공해야 하는데 전자우편, 접촉이력, 스케줄링과 같은 일반적인 비즈니스 어플리케이션 이외에도 영업자동차(SFA), 작업 스케줄링, 일정계획과 비용계산, 과금, 재고 데이터 접속 등과 같은 맞춤 서비스를 제공할 계획이다.

(2) 무선 포탈 경쟁전략

대부분의 무선 인터넷 이용자는 인터페이스의 불편 때문에 일반적인 웹 서핑보다는 자신의 요구에 맞추어진 정보를 이용하고자 하므로 웹 포탈의 처음 메뉴 단계에 머무를 확률이 크며 그 정도는 유선 포탈보다 훨씬 심할 것으로 보인다. 따라서 무선 포탈의 중요성과 영향력은 유선 인터넷에 비해 훨씬 클 것으로 전망되며 수익성도 무선 인터넷의 정착에 따라 기하급수적으로 늘어날 것이다. 또한 대부분의 무선 인터넷 트래픽이 무선 포탈에 집중되면 고객장악능력이 유선 인터넷보다 훨씬 클 것이며, 무선 인터넷 비즈니스의 지

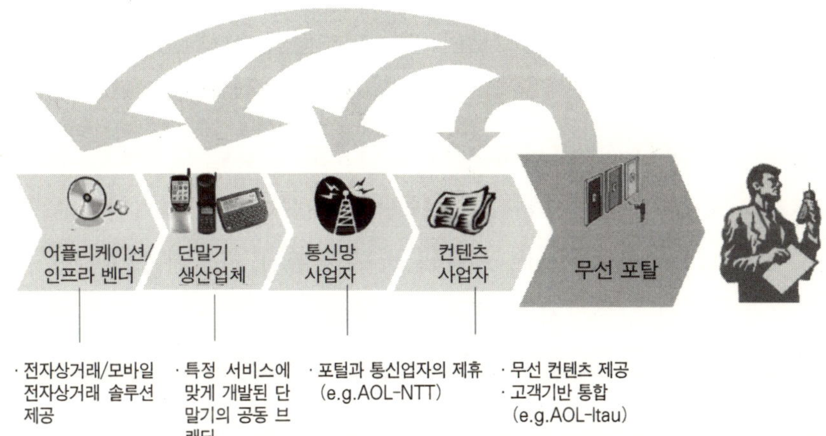

배력 강화에 핵심적 역할을 할 것이다. 이에 따라 기존 음성통신 서비스의 수익성저하와 가입자이탈에 시달리고 통신망사업자는 통화 트래픽 중심의 비즈니스 모델에서 벗어나 m-commerce 시장을 주도하기 위해 무선 포탈의 지배권을 유지하고자 노력하고 있다. 무선 포탈은 새로운 수익원일뿐 아니라 무선 맞춤 서비스(mobile personalized service)를 통해 이용자의 충성도를 높이는 고객확보 및 유지전략에도 큰 도움을 준다. 또한 장기적으로도 유선 인터넷과 같이 네트웍과 컨텐츠 서비스의 분리가 일어날 경우 컨텐츠 사업에 대한 지배력을 계속 유지하기 위해서 이동통신사업자에게 무선 포탈은 놓쳐서는 안될 핵심적인 서비스로 자리매김하고 있다.

무선 포탈의 비즈니스 모델은 다음과 같은 3가지 형태로 분류할 수 있다.

• 폐쇄형 모델

폐쇄형 모델에서는 통신망 사업자의 전략과 이해 관계에 따라서 포탈을 구성하는 서비스들이 선택되므로 통신망 사업자의 포탈에 서비스를 제공하기 위한 컨텐츠 사업자간에 치열한 경쟁이 존재하지만 일단 포탈의 울타리 안으로 진입한 이후에는 통신망 사업자 포탈의 브랜드하에서 서비스가 이루어지므로 여기에 포함되지 않는 다른 컨텐츠 사업자들에 비해 우월한 위치에 있게 된다. 현재 대부분의 이동통신 사업자들이 채택하고 있는 모델이다. 통신망 사업자는 유료 서비스에 대한 요금회수 대행, 사용자 프로파일링 정보, 서비스에 대한 마케팅 등을 제공하고 많은 트래픽을 발생시키는 인기 서비스의 경우에는 통화료 수익을 공유하는 정책을 취할 수도 있다. 국내의 경우 통화료 공유의 예는 아직 없는 것으로 알려져 있다.

• 개방형 모델

개방형 모델은 무선 포탈 사이트를 개방하여 여러 무선 사이트들에 대한 링크를 모아 놓은 형태의 포탈을 말한다. 개방형 모델은 임의의 무선 사이트에 대한 접근이 가능하므로 사용자에게 보다 많은 선택을 제공하고 통신망 사업자 입장에서는 포탈 운용과 관리에 필요한 부담이 작다는 이점이 존재한다. 개방형 모델의 경우 통신망사업자의 기본적인 수익 모델은 자사 무선 망을 통한 다양한 서비스 이용을 통한 트래픽의 증대이다. 폐쇄형 모델에 비해 컨텐츠 사업자들에게 제공되는 이동 통신사의 지원이 미약하므로 컨텐츠 자체의 경쟁력이 성공을 위한 핵심 요소가 된다.

• 플랫폼 모델

무선 포탈이 컨텐츠 사업자들에게 양질의 무선 인터넷 서비스 구현을 위한 플랫폼을 제공하는 모델을 말한다. 이러한 모델에서 통신망 사업자는 과금 대행, 보안 인증 서비스, 사용자 정보 등의 무선 서비스 운용을 위한 기본 인프라를 컨텐츠 사업자들에게 동등한 수준으로 제공하고 어떠한 서비스가 이루어질 지에 대한 제한을 두지 않는다. 모든 컨텐츠 사업자들에게 통신망 사업자의 인프라 이용을 공정한 기준에 따라 개방하는 방식이므로 폐쇄형 모델과 개방형 모델의 결합된 모델로 가장 이상적인 형태로 볼 수 있다.

유선 인터넷과 달리 무선 인터넷에서의 통신망사업자는 무선 인터넷 비즈니스를 전개하는데 필요한 여러 가지 인프라적인 요소들을 충분히 확보하고 있으므로 통신사업자, 인터넷 접속사업자, 컨텐츠 제공업자, 컨텐츠 이용요금 회수대행, 포탈 사이트 운영, 브라우저 및 단말기 공급자 등의 모든 역할을 수행할 수 있는 강력한 위치를 점하고 있다. 통신망사업자는 우선 기존의 음성통신서비스를 이용하는 충분한 가입자를 보유하고 있으며 방대한 고객정보와 트래픽 정보를 통해 도출될 수 있는 이용성향에 대한 정보를 확보할 수 있다. 또한 이용자위치를 계속 파악할 수 있다는 강점이 있다. 이러한 정보는 이용자의 요구에 맞는 맞춤서비스를 제공하는데 중요한 역할을 하며 타 사업자와 차별화할 수 있는 비교우위 요인이 된다. 그리고 고객과 빌링관계에 있기 때문에 요금청구에도 유리하다. 이러한 빌링관계는 타 사업자에게 요금회수대행 서비스를 제공함으로써 자체적으로 수익을 발생시킬 수 있다. 또한 이용자에게 브랜드

인지도가 높고 타 사업자에 비해 상대적으로 m-commerce에 투자여
력이 가장 크다는 강점이 있다.

통신망사업자의 대표적인 무선 포탈 서비스는 다음과 같다.

• BT Cellnet 지니(Genie)

영국의 이동통신사업자인 BT Cellnet은 650만 이동통신가입자를
확보하여 영국 이동전화시장에서 31%의 점유율을 차지하고 있다.
BT Cellnet은 GSM 단말기를 통하여 뉴스, 스포츠, 금융정보 등을 제
공하는 Gen지니(Genie) 서비스를 1999년에 개시하여 설립 1년여만
에 전세계에서 400만명의 회원을 확보하는 등 Cellnet의 매출증대에
많은 기여를 하고 있다. 뿐만 아니라 지니 이용자는 일반적인 BT
Cellnet 이용자에 비해 높은 이용성향과 낮은 이탈률을 보여 높은
충성도를 나타내고 있다. BT Cellnet은 정보제공 서비스인 Genie 서
비스를 확장하여 무선 인터넷 접속(Genie Internet) 서비스를 추가로
도입하였다. 지니 인터넷(Genie Internet)은 WAP과 마이크로 브라우
저를 채택하고 있으며 이용자가 무료로 가입하여 전자우편 계정과
20 메가의 공간을 할당받을 수 있다. 현재 BT Cellnet은 무선 포탈

표 5-2 **지니(Genie) 서비스 현황**

서비스	내용
Communication	이동전화 단말기간 전자우편과 SMS 전송
Lifestyle	오락 리스트와 게임 제공
Sport	뉴스 및 경기결과 자료 제공
Money	주식동향과 주문형 자료 제공
NewsNet	각종 뉴스 제공
Jobs	일자리 검색

   성공적인 M 커머스 비즈니스 전략

서비스 강화를 위해 전세계 30개 통신업체와 MTV, 익사이트 스포트, CNN, 블룸버그, 영국항공(BA), AOL, 야후 등 다양한 컨텐츠 업체들과 전략적 제휴를 추진중이다. 현재 홍콩, 일본, 네덜란드, 독일, 이탈리아, 스페인, 프랑스에서 유무선 포탈서비스를 운영중이며 말레이지아에서는 WAP포탈을 운영하고 있다. 국내에서도 자본제휴 관계에 있는 LG텔레콤과 협력하여 진출할 계획으로 있다.

• 소네라 제드(Sonera Zed)

세계에서 가장 높은 이동전화 보급률을 보이고 있는 핀란드 제1의 이동통신사업자인 소네라(Sonera)는 이동전화의 AOL을 표방하며 1999년 10월부터 WAP을 통한 무선 포탈 서비스인 소네라 제드(Sonera Zed)를 제공하기 시작했다. 소네라 제드는 실시간으로 비즈니스 정보, 날씨, 위치확인, 여행, 레저, 엔터테인먼트 등 다양한 컨텐츠뿐 아니라 무선 IP 기반 통신, 시간과 정보관리, 전자상거래 서비스 등을 제공한다.

<table>
<tr><td>그림 5-9</td><td>소네라 제드의 조리법(Ideakitchen) 서비스</td></tr>
</table>

Source: IconMediaLab

소네라 제드의 특징은 핀란드 시장 규모가 작고 포화상태에 있기 때문에 해외지향적인 소네라가 부분적인 컨텐츠는 자체적으로 제공하지만 나머지는 전세계 다양한 사업자와 제휴해 컨텐츠를 확보하고 있다는 점이다. 현재 미국의 파워텔, 독일의 허치슨 텔레콤, 네덜란드의 KPN Mobile, 싱가포르의 모바일 원, 필리핀의 스마트컴 등과 국제적인 제휴 네트웍을 형성하고 있다. 소네라는 유럽뿐 아니라 아시아, 미국 등지의 이러한 사업자와의 제휴를 통해 전송, 요금

표 5-3 분야별 제휴업체와 협력분야

구분	제휴업체	협력분야
컨텐츠 제공업체	Airflash.com	최단거리 상품정보
	WSF	날씨정보 제공
	Sandstone Ltd	다양한 언어 제공
	Switchboard.com	미국 상업지역 네트웍 이용 무선 서비스
	vicinity	운전정보 및 위치정보 제공
	Zagat.com	식당정보 제공
	Fodors.com	미국 전역 호텔정보 제공
	1-800-TAXICAB	신속한 택시 네트웍 접속 정보
무선 솔류션 업체	24/7 Europe	국제적 무선 솔루션 개발
	IconMedialab	〃
	Unilever	무선 요금 징수
	HP	무선 화상 서비스
	Nokia	무선 플랫폼 개발
이동통신 사업자	미국 Powertel	가입자에게 제드 서비스 제공
	독일 Hutchson Telecom	〃
	네덜란드 KPN Mobile	〃
	터키 Turkcell	〃
	싱가포르 Mobile One	제드의 다양한 서비스 제공 및 WAP 방식 공동연구
	필리핀 Smart communications	가입자에게 제드 서비스 제공

청구, 유료 컨텐츠, 서비스 수익 등을 사업 기여도에 따라 분배하는 수익모델을 추구함으로써 글로벌한 사업자를 지향하고 있다.

그러나 이러한 장점에도 불구하고 통신망 사업자가 무선 포탈 비즈니스를 독점하기에는 치명적인 몇 가지 약점들을 가지고 있다. 무선 인터넷의 폐쇄성이 지속되면 무선 인터넷 관련 사업자에게 자유로운 경쟁을 보장할 수 없으며 이용자에게는 양질의 값싼 서비스를 보장할 수 없는 문제점이 있으므로 이를 보완하기 위해 국제적으로 무선 인터넷 서비스가 개방되는 추세에 있다. 최근 일본 우정성은 NTT Docomo에 대해 자사의 i-mode 서비스를 i-mode용 컨텐츠를 제공하는 모든 웹사이트에 확대하도록 요구할 방침인 것으로 알려졌는데 현재 i-mode용 컨텐츠를 제공하는 일본의 웹사이트는 모두 4만개에 달하고 있으나 Docomo는 이 중 1600개만을 공식 사이트로 지정, 이들 사이트만 i-mode 메뉴에서 검색이 되도록 하고 그 대가로 이들 사이트에게 요금회수 대행서비스를 제공하고 수수료를 받고 있다. 뿐만 아니라 이들 사이트와 i-mode 게이트웨이는 직접 전용회선으로 연결되어 있어 보안의 신뢰성이 요구되는 은행거래나 주식거래에 많이 이용된다. 이 때문에 대다수의 무선 인터넷 컨텐츠 사이트는 Docomo와 이들 공식 사이트가 전체 무선 인터넷 시장의 60%를 점하고 있다면서 우정성에 이의 시정을 요구해왔다. 우정성은 또 Docomo에 대해 경쟁 ISP에도 i-mode 서비스를 개방하라고 요구할 방침인 것으로 알려졌다.

영국의 통신정책기관인 OFTEL은 2000년 9월 BT Cellnet의 포탈 사이트를 개방할 것으로 요청했고 프랑스에서도 France Telecom Mobile에 대해 같은 명령이 재판소에 의해 내려졌다. 미국의 경우는 이동전화 단말기에서 사업자의 포탈 사이트가 자동적으로 뜨지만 이용자가 원하면 다른 포탈 사이트를 등록할 수 있는 구조로 되어 있다. 스프린트 PCS는 자사가 제공하는 포탈외에 Portals 라고 불리는 다른 포탈 사이트들을 이용할 수 있도록 하고 있다. AT&T 와이어리스와 버라이존 와이어리스(Verizon Wireless)도 다른 포탈 사이트로 대체하는 것을 허용하고 있다.

또 다른 문제는 통신망사업자가 포탈 비즈니스와 인터넷 컨텐츠 비즈니스에 대한 경험과 지식뿐 아니라 타 사업자와의 제휴와 협력에 대한 경험이 부족하다는 점이다. 통신망사업자는 자체 무선 포탈에 이용자들을 묶어두려고 하겠지만 이용자들은 자신들이 선호하는 서비스와 컨텐츠에 접속하기를 원하기 때문에 장기적으로 통신망사업자 주도의 포탈은 고객으로부터 외면당할 위험성이 있다. 가치사슬이 진화하면서 고객으로 무게중심이 옮겨가고 정책적으로도 공정접속을 보장하는 추세에 따라 고객의 선택의 폭이 넓어지게 된다.

<table>
<tr><td>표 5-4</td><td colspan="3">공식 사이트와 비공식 사이트</td></tr>
</table>

구분	공식 사이트	비공식 사이트
사이트 수	1,600	39,000
네비게이션 방식	메뉴 리스트	주소(URL) 직접 입력/
		다른 포탈 사이트
컨텐츠	공식적으로 용인되는 수준	규제 없음
타 사이트와 연결	제한됨	제한 없음
컨텐츠에 대한 회수대행	제공됨	제공되지 않음
전용회선을 통한 직접 연결	제공됨	제공되지 않음
휴대전화 단말기 정보	제공됨	제공되지 않음
게이트웨이의 IP 주소	제공됨	제공되지 않음

서비스 사업자가 고객을 장악하는 것이 아니라 고객이 서비스 사업자를 선택하게 되는 것이다. 최근 이밖에도 통신망사업자는 거대자본과 조직을 유지관리함에 따라 급변하고 다양성과 신축성이 요구되는 무선 포탈 같은 인터넷 비즈니스와는 어울리지 않는 조직문화적인 측면이 있다.

AOL, Yahoo!, MSN과 같은 기존의 인터넷 포탈들도 통신망사업자와 제휴하거나 독자적으로 무선 포탈 시장에 진출하려 하고 있다. 이들 인터넷 포탈업체들은 컨텐츠 어그리게이터로서 충성도가 높은 이용자 커뮤니티를 보유하고 있다. 이러한 이용자 커뮤니티는 고객 네트웍화를 통한자기증식 효과를 가지고 있으며 강력한 브랜드 인지도를 가지고 있으므로 무선 포탈 시장 진입에 나름대로 강점을 가지고 있다. 또한 포탈 및 컨텐츠 비즈니스에 대한 풍부한 경험과 전문가를 확보하고 있으며 다양한 컨텐츠, 어플리케이션을 이미 보유하고 있으면서 사업수행과정에서 수많은 업체와 제휴내지 협력경험을 가지고 있으므로 내부적으로 무선 포탈 시장에 진입하는데 충분한 역량을 가지고 있다고 볼 수 있다. 반면 인터넷 포탈업체의 약점은 우선 이동통신사업에 대한 경험과 지식이 거의 전무하다는 것이다. 무선 포탈은 아직까지 기술요소와 서비스간에 완전한 분리가 이루어지지 않고 있기 때문에 이것은 무선 포탈시장에 진입하는데 상당한 장애요인으로 작용할 가능성이 크다. 또다른 문제는 무선 포탈의 강점이라고 할 수 있는 이용자의 위치정보를 가지고 있지 못하며 이용자와 빌링관계가 없으므로 요금회수대행 서비스에 의존할 수 밖에 없다는 점이다.

유선 인터넷 포탈의 대표적인 무선 서비스는 다음과 같다.

• MSN Mobile

MSN Mobile은 MSN의 무선 서비스로서 OmniBrowse라는 무선 인터넷 업체의 인수를 통해 시작되었다. MSN Mobile 서비스는 크게 푸시 서비스인 Mobile Alert와 풀 서비스인 Mobile Web 두 부류로 나누어진다. Mobile Alert 서비스는 고객이 원하는 정보를 고객이 필요한 시간에 받아보도록 한 서비스이며, Mobile Web 서비스는 단말기를 통해 포탈에서 제공하는 컨텐츠에 대한 사용자의 능동적 접근을 지원한다.

• 야후 모바일(Yahoo Mobile)

야후 모바일은 야후가 제공하는 무선 인터넷 포탈 서비스로서 1999년 초 무선 단말기와 장비들을 통한 효율적 데이터 전송 기술을 연구하던 OnlineAnywhere사의 인수를 통해 시작되었다. 야후 모발일도 Mobile Alert와 Mobile Web 방식의 정보제공과 무선 단말기 쇼핑몰, PDA용 응용프로그램 다운로드 등의 서비스를 제공한다. 야후에서 제공하는 Alert 서비스는 야후 메일의 무선 단말기로의 전송, 스케줄 관리용 캘린더 서비스, 주소록 서비스, 뉴스 서비스 등 기존 야후의 다양한 컨텐츠들 중 무선 인터넷 환경에 적절한 기본적인 내용들로 구성되어 있다. 야후 모바일 서비스는 모토롤라, 스프린트 PCS, 벨 모빌리티 등의 이동 통신사, 단말기 업체들과의 제휴를 통해 이루어지고 있다.

• 오라클 모바일(Oracle Mobile)

오라클 모바일은 관계형 DBMS와 기업용 소프트웨어 업체인 오라클사가 제공하는 무선 인터넷 포탈 서비스이다. 오라클 모바일도 다른 무선 포탈들과 유사한 성격의 서비스들을 지원하나 몇 가지 점에서 차별적인 서비스를 제공한다. 무선 단말기의 제약으로 인한 무선 인터넷 사이트간의 이동이 용이하지 않다는 것은 무선 인터넷이 가진 큰 약점 중의 하나인데 오라클 모바일은 음성 인식(Voice Recognition) 기반의 정보 접근을 지원함으로써 이러한 문제를 해결하려고 시도 중이다. 오라클 모바일의 영화 가이드 서비스의 경우 사용자가 지정된 오라클 모바일의 서버 전화 번호로 연락을 하고 보고 싶은 영화와 현재 위치를 얘기하면 영화 비평, 근처의 상영 극장 정보, 극장으로 향하는 지리 정보 등을 일괄적으로 제공해준다. 오라클 모바일의 음성 인식 서비스는 Web 접근이 지원되지 않는 구식의 휴대전화의 경우도 정보를 이용할 수 있게 해준다는 점에서 다른 무선 인터넷 포탈과 차별되는 강점을 지니고 있다. 오라클 모바일 서비스의 경우 사용자의 위치정보(Landmark)를 이용해서 서비스의 질을 높이고 키패드를 통한 입력을 최소화하고자 한다.

오라클 모바일은 현재 다양한 컨텐츠 업체들과의 제휴를 통해 제공하는 정보의 양과 질을 개선하고 있다. 아마존(Amazon)과의 제휴를 통한 모바일 쇼핑 지원, 이트레이드(e-trade)를 통한 증권 거래, 이베이(Ebay)를 통한 경매 서비스 등이 오라클 모바일이 제공하는 핵심적인 서비스들이다. 오라클 모바일은 이러한 서비스들을 통한 거래의 수수료를 기본적인 수익 모델로 삼고 있다.

무선 포탈만을 전문으로 하는 순수한 독립 무선 포탈 업체들은 아직 초기단계인 무선 포탈 시장을 선점하여 주도권을 장악하는 것을 목표로 하고 있다. 독립 무선 포탈업체는 무선 인터넷 관련 솔루션이나 어플리케이션 개발업체로 시작하여 무선 포탈로 서비스 영역을 확대하는 경우가 많다. 이들은 플랫폼이나 단말기 관련업체와 마찬가지로 자신들의 어플리케이션이나 컨텐츠를 시범 서비스함으로써 인터넷 포탈업체나 통신망사업자에게 관련 솔루션을 판매하는 것을 추구하고 있다. 독립 무선 포탈업체들이 제공할 수 있는 기본적인 서비스에는 다음과 같은 것들이 있다.

• 무선 디렉토리 서비스

무선 인터넷 사이트들에 대한 디렉토리 제공은 유선 인터넷 포탈의 디렉토리 서비스와 유사하나 대상이 무선 사이트들로 한정된 서비스이다. 무선 인터넷 디렉토리 서비스는 서비스 카테고리 별로 다양한 컨텐츠 정보의 확보와 컨텐츠들에 대한 공정하고 정확한 평가 정보 확보, 유선 인터넷에서 서비스를 미리 경험해 볼 수 있는 시뮬레이터의 제공 등이 사업 성공의 주요 요소이다.

• 컨텐츠 신디케이션

i-mode의 대표적 컨텐츠 제공업체인 사이버드의 경우 다양한 무선 인터넷 컨텐츠 기획과 관련된 경험, 여러 이동 통신사업자와의 제휴를 배경으로 전문 컨텐츠 업체들의 컨텐츠를 무선화하고 이러한 서비스의 실현을 지원하는 CSP(Contents Service Provider)를 지향하고 있다. 사이버드는 컨텐츠 신디케이션을 기반으로 한 무선 포탈의 성공을 위한 전략과 필요조건을 보여주는 대표적인 성공 사례라 할 수 있다.

• 개인정보관리(PIMS)

i-mode에서 PIMS 서비스로 가장 성공한 사례인 DoSule사의 경우 휴대폰, PDA, 게임기 등의 다양한 단말기를 지원하는 PIMS 서비스 제공과 기업 고객을 대상으로 한 적극적 공략, 1:1 마케팅의 도입 등의 다양한 서비스의 개발을 통해 PIMS 서비스의 차별화를 표방하고 있다.

• 위치기반의 서비스

지리 정보를 기반으로 하는 디렉토리 서비스, 무선 상거래 중개 등의 서비스를 제공하는 포탈 비즈니스는 무선 인터넷에 특화된 비즈니스이다. 대표적인 사례는 go2online과 geeps 등의 업체들이다. go2online의 경우 지리 정보 기반의 무선 디렉토리 서비스에 특화된 업체이고 geeps는 지리 정보를 이용한 무선 마케팅, 상거래 중개 등의 서비스를 제공하는 상거래에 특화된 업체이다. 이러한 업체들의 경우 최종 사용자와 온/오프라인 제품 공급 업체들간의 중개를 담당함으로써 얻는 수수료가 수익원이다.

독립 무선 포탈 업체들은 신축적이며 관련 업체가 제휴가 가능하다는 점, 기술기반의 차별적 컨텐츠를 보유하고 있다는 강점을 가지고 있지만 브랜드 인지도가 통신망사업자나 유선 인터넷 포탈에 비해 낮고 컨텐츠 비즈니스 전문가가 없다는 약점을 가지고 있다. 또한 무선 포탈 사업에 투자할 인력과 자금이 충분하지 않다는 점도 독립 무선 포탈의 성공가능성을 불확실하게 하는 요인이다.

현재 국내에서 독립 무선 포탈을 표방하고 있는 업체는 대략 5~6

곳에 이른다. 이들 업체는 특화된 컨텐츠를 바탕으로 이동통신사의 지배를 벗어나 틈새시장 공략을 통해 수익을 올리려고 노력하고 있으나 현실적으로 아직까지 시장에 정착하지 못하고 있는 실정이다.

네트웍 관련 장비를 생산하는 모토롤라, 에릭슨, 지멘스, 노키아, 루슨트 등은 상대적으로 표준화된 장비를 공급해오면서 통신망사업자에 비해 영향력이 미미했었다. 그러나 최근 자사 제품의 부가가치를 높이고 차별화를 위해 컨텐츠 서비스까지 제공하고 있는 상황이다. 루슨트, 에릭슨 그리고 모토롤라 등은 모두 자체적인 무선 포탈을 구축하고 다양한 컨텐츠 사업자들과 제휴관계를 맺었는데 이들의 목적은 시장형성 초기단계에 통신망사업자로 하여금 무선 컨텐츠 서비스의 포트폴리오를 구성하는 컨텐츠를 제공함으로써 WAP 게이트웨이 등 장비판매를 지원하려는데 있다. 통신장비가 표준화됨에 따라 이들 장비업체 모두 어플리케이션과 플랫폼 분야를 미래 수익창출의 견인차로 보고 있다. 장비업체들의 강점은 무선 포탈에 차별화된 컨텐츠 및 어플리케이션 개발에 필요한 능력을 갖추고 있다는 점이다. 이는 이동통신사업자가 고객정보, 이용자 위치정보 등 무선 포탈 서비스에 필요한 핵심정보를 가지고 있는 점과 비교된다. 그러나 이들의 약점은 컨텐츠 비즈니스에 경험이 없으며 앞으로도 자사의 핵심역량과 별로 관계가 없다는 것이다.

무선 포탈시장에서의 이들 시장참여자의 강약점을 비교해보면 표 5-5와 같다.

표에서 보듯이 통신망 사업자들은 독자적으로 무선 포탈 서비스를 제공하고 지원할 만한 핵심역량을 가지고 있지 못하다. 이것은 인터넷 포탈 사업자도 비록 통신망사업자와 대조적인 강,약점을 가

사업자	강점	약점
통신망 사업자	고객과의 빌링관계 고객정보/위치정보 확보 브랜드 인지도 대규모 투자자원 보유	컨텐츠 사업경험 미약 컨텐츠 관련 전문가 부족 사업제휴 경험 부족
장비제조업체	기술에 대한 전문지식 컨텐츠 개발업체와 제휴경험	현재 핵심역량과 무관하며 핵심사업이 아님 컨텐츠 관련 전문가 부족
인터넷 포탈	강력한 이용자 커뮤니티 컨텐츠 및 포탈 비즈니시 사업경험 및 전문가 양질의 컨텐츠/어플리케이션 사업제휴 경험	이동통신 사업경험 전무 고객정보/사용자 위치정보 없음 고객과의 빌링관계 없음
독립무선 포탈	신축성 틈새시장 공략	기술지향적 컨텐츠 전문가 없음

지고 있지만 마찬가지이다. 무선 인터넷 초기에는 이용자들이 통신망 사업자의 무선 포탈을 주로 이용하겠지만 네트웍이 진화되고 프로토콜이 발전함에 따라 이용자가 유선 인터넷과 같은 자유로운 웹서핑을 할 수 있는 수준으로 발전하게 되면 결국 무선 포탈의 주도권은 인터넷 포탈 사업자로 상당 부분 넘어가게 될 것이다. 따라서 앞으로 무선 포탈 비즈니스에서 통신망사업자와 인터넷 포탈은 잠재적으로 가장 강력한 경쟁자이면서 동시에 서로 보완할 수 있는 가능성도 가장 크다. 즉 서로 시너지 효과를 얻기 위해 지분참여나 인수합병을 통해 협력할 가능성이 가장 많다는 점을 시사해준다.

m-commerce 성공 전략

m-commerce 전략을 수립하기 위해서는

고객가치가 어떻게 생성되며

어떻게 전달되는가

그리고 어떤 방식으로 수익이

배분되는가를 분석하여야한다.

m-commerce 사업은 기술이 아니라

고객과 내부 이용자에게 가치를 제공하는

새로운 방식을 찾아내는 데

그 성패가 달려 있다.

m-commerce의 성장잠재력에 대해서는 의문의 여지가 없으나 이러한 성장잠재력을 현실화하기 위해서는 여러 가지 기술적 제약사항이 해결되어야 하며 무선 비즈니스 가치사슬상의 역할과 타 사업자와의 관계를 분석하여 실현가능한 m-commerce 전략을 수립하여야 할 것이다. m-commerce 전략을 수립하기 위해서는 전체적인 가치사슬상에서 자사의 위치를 파악하고 고객가치를 높이거나 내부 프로세스를 혁신할 수 있는 기회를 찾아야 한다. 즉 고객가치가 어떻게 생성되며 어떻게 전달되는가 그리고 어떤 방식으로 수익이 배분되는가를 분석하여야 한다. 기술표준이 아직 결정되지 않았다고 해서 서비스를 시작하지 못하는 것은 아니다. m-commerce 사업은 기술이 아니라 고객과 내부 이용자에게 가치를 제공하는 새로운 방식을 찾아내는 데 그 성패가 달려 있다.

1. 다양한 시장참여자의 역할과 기능을 통합할 수 있는 총체적인 관점(Holistic View)이 요구된다.

m-commerce 전략을 수립하고 어플리케이션을 개발하고자 할 때 전략적으로 다양한 측면을 고려하여야 한다. 이미 강조했듯이 m-commerce 서비스 제공에는 어떤 기업도 엔드투엔드 솔루션을 가지고 있지 못하다. 따라서 써드파티의 지원과 기능이 절대적으로 필요하게 되며 이들과의 경쟁 내지 협력 관계를 여러 방향에서 검토할 필요가 있다. 여기서 기업이 고려되어야 할 측면은 이용자 측면, 서비스 제공자 측면, 컨텐츠 제공자 측면, 어플리케이션 개발자 측면

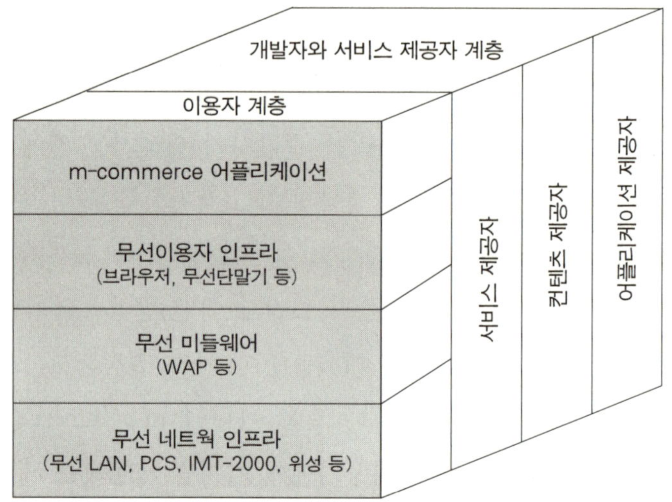

이다. 이들이 기능별로 분리된 차원에서 각자의 역할에 맞게 업무를 수행할 수 있도록 조정하고 통합하여 종합적인 m-commerce 디자인과 시스템 개발을 완성시켜야 한다.

이러한 프레임웍에 따르면 이용자 측면은 다시 다음과 같은 4가지로 분류될 수 있다.

- 어플리케이션 : 새로운 어플리케이션을 만들어 낼 수도 있고 기존의 어플리케이션을 무선 환경에 맞게 변환시킬 수도 있다. 어플리케이션 디자인은 고객의 요구 및 수용성과 여러 가지 분야의 기술적 제약조건을 검토하여 현실적으로 접근하여야 한다.
- 이용자 인프라 : 새로운 m-commerce 어플리케이션을 개발하기 위해서는 무선 단말기 같은 이용자 인프라의 성능을 고려하

여야 한다. 일차적으로 고객접점에 있는 무선 단말기의 유저 인터페이스 한계를 극복하고 효과를 극대화할 수 있는 다양한 방법들을 고려하여야 한다. 현재 무선 인터넷을 사용할 수 있는 기술로는 PDA와 디지털 휴대전화가 있다. 하지만 이들 두 가지는 약간의 차이점을 가지고 있다. PDA는 휴대폰에 비해서 다양한 기능을 구현할 수 있지만 휴대가 힘든 반면, 디지털 휴대폰은 기능적 제한은 있지만 휴대가 편하다는 점이다. 따라서 m-commerce 전략 수립시 이 두 가지 기술을 어떠한 서비스와 연계시켜 발전시킬 지에 대한 충분한 고려가 있어야 한다. 예를 들어 복잡한 비즈니스 업무와 관련된 것은 PDA를 통해서만 서비스하고, 간단한 일정관리나 오락서비스는 PDA와 디지털 휴대전화 모두를 고려할 수 있을 것이다.

- 무선 미들웨어 : 무선 미들웨어는 네트웍과 독립적으로 어플리케이션을 개발할 수 있게 해주면서 표준적이고 이용하기 쉬운 인터페이스를 제공함으로써 새로운 m-commerce 어플리케이션을 개발하는데 아주 유용한 기능을 제공한다. 그러나 아직까지 많은 미들웨어가 특정 기술에 종속되어 있고 보안문제가 m-commerce 플랫폼 업체들을 괴롭히고 있다. 또한 컨텐츠와 어플리케이션들을 여러 가지 모바일 포맷으로 변환시켜야 하는 부담이 있다. 모바일 미들웨어 업체들 중 상당수가 장기적인 생존 가능성이 검증되지 않은 신생업체이고 아직까지 기술표준이 정립되지 않아 호환성이 떨어지므로 세심한 주의가 요구된다.

- 네트웍 인프라 : m-commerce에서 서비스의 질은 전적으로 네트웍 자원과 성능에 달려 있다. 서비스 제공시점에 가능한 데이

터 대역폭에 적합한 어플리케이션이 시장성이 있다. 현재의 2
세대 네트웍 인프라에서는 많은 양의 데이터 전송이 요구되는
멀티미디어 컨텐츠 서비스보다는 비교적 가볍고 단순한 어플
리케이션이 활성화될 가능성이 크다.

m-commerce에서 성공하기 위해서는 단순히 킬러앱(killer
application)을 개발하는 것보다는 장기적인 성공을 보장할 수 있는
비즈니스 모델을 정립하는 것이 더 중요하다. 단지 킬러앱만으로는
비즈니스 모델을 만들 수 없다. 현재의 비즈니스 모델로는 인프라를
확충하고 무선 포탈과 컨텐츠 업체의 활발한 시장참여를 통해 양질
의 컨텐츠와 서비스를 제공함으로써 고객기반을 넓히는 선순환을
만들어내기 어렵다. 개발자와 서비스 제공자 측면에서 서로 다른 요

그림 6-2 대역폭과 어플리케이션간 상관관계

데이터 전송속도(kbps)	9.6	14.4	28	64	144	384	2000
어플리케이션	어플리케이션 적합성						
거개처리	●	●	●	●	●	●	●
메시징	●	●	●	●	●	●	●
단문서비스	●	●	●	●	●	●	●
위치서비스	◑	●	●	●	●	●	●
이미지 전송	○	◑	●	●	●	●	●
인터넷 접속	○	○	◑	●	●	●	●
데이터 접속	○	○	◑	●	●	●	●
도큐먼트 전송	○	○	◑	●	●	●	●
저화질 동화상	○	○	◑	◑	●	●	●
고화질 동화상	○	○	○	○	◑	◑	●

● = Excellent   ◑ = Fair   ○ = Poor

 성공적인 M 커머스 비즈니스 전략

구와 관점을 가진 어플리케이션 개발자, 컨텐츠 제공자 그리고 서비스 제공자가 있다. 이들은 모두 나름대로 동기와 경험을 가지고 나름대로 고객을 장악하고 수익을 확보하기 위해 노력한다. 따라서 이들의 다양한 요구를 어떻게 수렴하고 조정하여 상호보완적이고 협력적인 비즈니스 모델을 정립하는 가가 m-commerce 비즈니스의 성패를 결정지을 것이다.

협력적인 비즈니스 모델은 통신망 사업자, 무선 포탈, 컨텐츠 어그리게이터, 컨텐츠 공급업체(CP), 인터넷 포탈, 플랫폼 공급자가 역할과 기능 분담을 통해 합리적 이익배분으로 상호간에 이익을 취할 수 있는 Win-Win 모델이자 모바일 생태계(mobile ecosystem)이다. 이 모델에서는 기존에 이동통신사업자가 독점하고 있던 무선 포탈

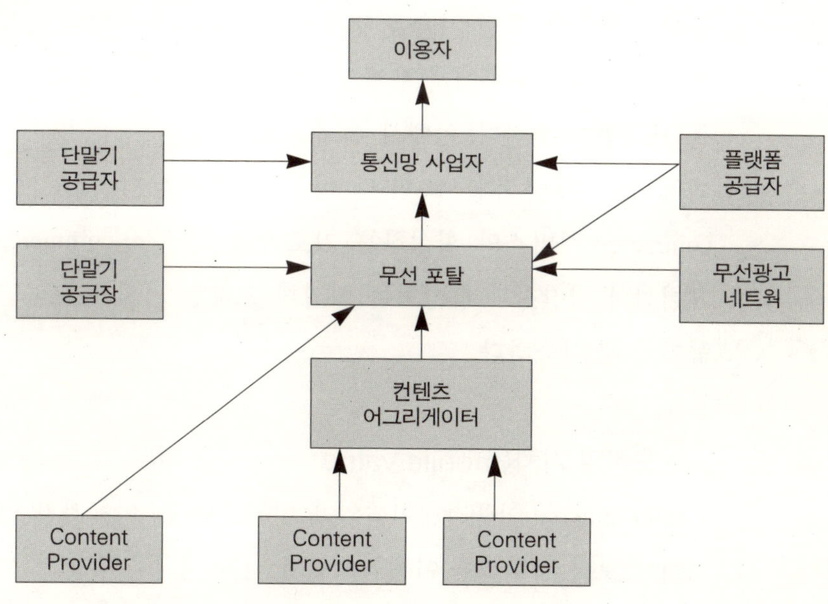

그림 6-3　모바일 생태계

을 분리하여 써드파티에게 개방함으로써 무선 포탈의 기반을 확충하고 무선 포탈과 컨텐츠 공급업체의 자율경쟁을 보장해줌으로써 고객이 선택할 수 있는 컨텐츠의 양과 질을 획기적으로 증가시켜준다. 또한 플랫폼에 있어서도 새로운 플랫폼과 어플리케이션을 개발하여 제공함으로써 WAP, ME 등이 갖는 한계를 극복하고 서비스의 이용의 편리성을 극대화하기 위해 노력한다.

2. 모바일 가치(mobile value)를 극대화하는 어플리케이션을 찾아라.

m-commerce 어플리케이션이 제공하는 가치는 이용자가 언제 어디서나 서비스를 이용할 수 있는 무선 환경만의 독특한 특징과 장점에서 나온다. 무선 기술은 위치파악과 같은 무선만의 독특한 기술을 이용하여 이용자에게 부가가치를 제공하지만 이것만으로는 성공을 보장받지 못한다. 앞에서 살펴본 바와 같이 무선 망과 단말기로 대표되는 기술적인 측면과 이용자 경험상의 제약사항이 m-commerce 서비스의 활성화를 가로막고 있다. m-commerce 어플리케이션의 시장성과 활성화는 이러한 모바일 가치가 모바일 장벽을 능가할 때 가능하다.

• 모바일 가치(mobile value)

m-commerce 어플리케이션의 모바일 가치는 이용자가 언제 어디서나 정보나 서비스를 이용함으로써 얻는 이익을 말한다. 이러한 모

 성공적인 M 커머스 비즈니스 전략

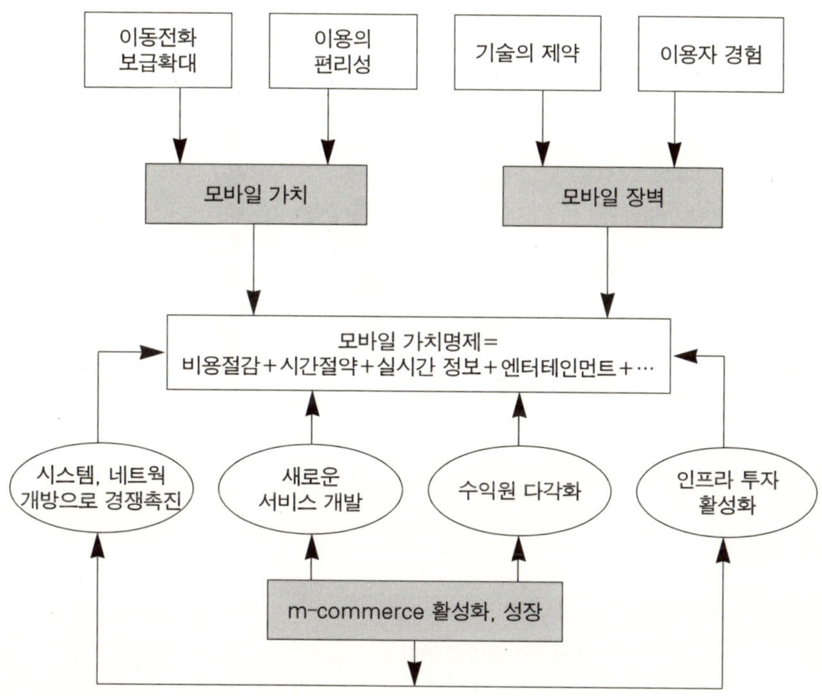

바일 가치는 일반적으로 m-commerce 어플리케이션이 이용자의 위
치와 상관관계가 있거나, 즉시성이 요구되거나, 무선 단말기의 작은
화면으로도 서비스에 지장이 없거나, 높은 수준의 개인화가 요구되
는 모바일 특성이 강할수록 모바일 가치는 커진다. 위치성, 즉시성,
개인성을 통해 고객니즈와 요구를 최대한 충족시켜주는 어플리케이
션이 가장 성공적일 것이라는 것은 자명하다.

우리는 또한 모바일 어플리케이션 시장을 서비스나 정보의 전달
로 창출되는 가치와 서비스 당사자간의 관계에 따라 분할함으로써
어떠한 모바일 비즈니스 기회가 있는지 살펴볼 수 있다.

그림 6-5 모바일 특성과 어플리케이션간의 적합성

구분	위치와 관련성	시간 민감성	작은 화면과 적합한가?	개인화	전반적인 적합성
뉴스, 주식시세	◑	●	◕	●	●
지리안내	●	◕	◑	●	●
채팅, 메시징	◕	●	◕	●	●
예약, 예매	◕	●	●	●	●
여행	●	●	◕	◕	●
게임, 복권	◔	◕	◕	◕	◕
광고, 구인	◕	◑	●	●	◕
호로스코프	○	◑	●	◕	◕
책, CD구매 등	◔	○	◔	◔	◔

● =적합 ◑ =중간 ○ =부적합

표 6-1 m-commerce 어플리케이션과 모바일 가치

구분	정보와 커뮤니케이션에서 창출되는 모바일 가치	서비스 제공에서 창출되는 모바일 가치
B2B	수직적 시장 뉴스와 통보	수직적으로 특화된 어플리케이션과 전자상거래
B2E	비즈니스 프로세스 상황정보원격 전자우편 접속 유지보수 통보(기계장치 고장 등)	CRM에 대한 모바일 접속 현장 서비스 요원을 위한 모바일 어플리케이션 영업지원과 원격 오더 입력 및 추적 어플리케이션
B2C	주식시세 통보, 긴급 뉴스, 엔터테인먼트(MP3 등) 지역관련 정보(교통정보 등) 마케팅과 광고 소비자 행동에 대한 보상정보	마이크로 세일(벤딩머신 등) e-티켓과 토큰 시간/장소 관련 서비스(여행예약) 검색서비스(커피, 택시, 숍, 최저가격 등) 개인보안 단순 전자상거래
C2C	개인적인 모바일 웹 공간 전자우편 메시징과 페이징(시스템 관리 서버 등) 멀티미디어 전화	공통 관심사와 장소관련 커뮤니티 데이팅 서비스 C2C 금융(개인 디바이스간 전자화폐 이체 등)

source : 가트너

이들중 많은 서비스는 아직 존재하지 않지만 새로운 디바이스와 기술발전 추세에 따라 곧 가능해질 것이다. 특히 consumer to consumer 서비스 분야에서는 이용자 상호간 전자화폐 이체와 같은 금융거래, 블루투스를 이용한 가상명함 같은 정보교환, 데이트와 같은 특정 위치관련 커뮤니티 서비스 등이 등장할 것으로 보인다.

• 모바일 장벽(mobile barrier)

모바일 장벽은 m-commerce 어플리케이션의 확산과 이용을 제약하는 요인들을 말한다. 모바일 장벽은 크게 이용자의 심리적 장벽, 무선망과 단말기와 같은 기술적 제약사항, 그리고 이용자의 총체적인 경험(total user experience)을 저해하는 장벽으로 구분할 수 있다.

이용자의 심리적 장벽은 새로운 기술에 대한 막연한 거부감을 말한다. 이러한 거부감은 기술적 복합성이나 이용자 경험과는 상관없이 단순히 심리적이거나 사회적인 것으로서 젊은 계층보다는 나이가 많은 계층에서 두드러진다. 이러한 심리적 장벽은 시간이 지남에 따라 자연히 해결되는 요인이다.

기업고객일 경우에는 막연한 저항감이 아니라 새로운 기술의 타당성과 실현가능성에 대한 의문을 제기하는 경우가 많다. 기업업무에 사용되는 어플리케이션은 고도의 안정성이 요구되므로 검증되지 않은 기술을 도입하기는 쉽지 않다. 기술적 장벽은 단지 기술적 실현가능성뿐 아니라 특정 기술이 사용되는 상황과의 적합성과도 관련된다. 예를 들어 푸시 기술을 이용한 무선광고 내지 캠페인은 고객으로부터 스팸으로 받아들여질 경우 치명적인 결과를 낳을 수 있다.

아마도 m-commerce의 확산을 가로막는 가장 중요한 모바일 장벽
은 이용자의 경험을 저해하는 요소들일 것이다. 무선 인터넷 환경에
서의 성공적인 비즈니스 모델은 가치를 창조하는 이용자의 경험
(user experience)에 달려 있다. 무선 빌링, 소액결제 같은 새롭고 다
양한 m-commerce 서비스들을 통해서 우리는 과연 어떠한 비즈니스
모델이 고객이 거부할 수 없는 경험을 제공하는지 시사점을 얻을
수 있다.

이용자의 경험은 서비스의 이용성(usability), 패키지화(packag-
ing), 가격(price), 신뢰성(reliability), 가용성(availability), 시간비용
(timely cost)과 같은 요소들의 함수이다. 이용성(usability)은 이용자
가 편리하게 서비스를 이용할 수 있는가를 말한다. 지금까지 살펴본
바와 같이 이용자들은 한정된 대역폭과 화면 그리고 불편한 키패드
를 가지고 서비스를 이용해왔다. 뿐만 아니라 이용자에 대한 배려가
없는 불분명한 메뉴구조는 이용자의 혼란을 초래했다. WAP이 실패
했다면 그것은 기술적인 문제가 아니라 제이콥 닐슨(Jakob Nielsen)
이 지적한 대로 이용성에 대한 고려가 없었기 때문이다. 패키징

그림 6-6 m-commerce 장벽

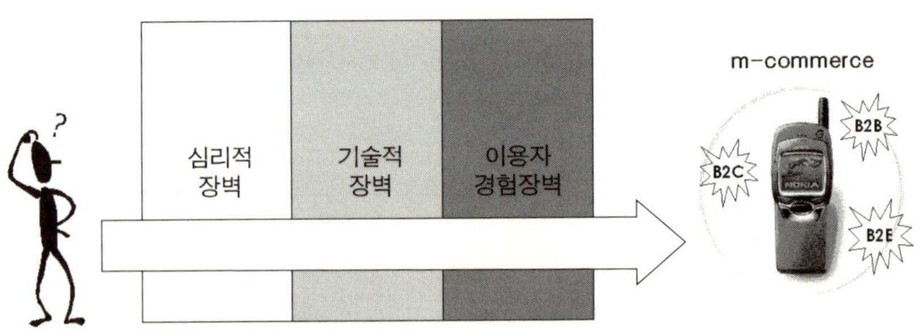

(packaging)은 관련 서비스끼리 묶어서 이용자의 구매를 촉진하는 것을 말한다. 월드컵같이 특정 시점에 벌어지는 이벤트성 서비스는 하나로 묶어서 제공하는 것이 구매확률을 높인다. 가격(price) 측면에서 이용자들은 인터넷 접속 서비스에 대해서는 기꺼이 돈을 지불할 의사가 없지만 컨텐츠에 대해서는 무료 사용에 익숙해져 있다. 반면에 무선 인터넷 이용자는 접속 서비스뿐 아니라 컨텐츠에 대해서도 돈을 지불할 용의가 있는 것으로 나타난다. 최근 스트래티지스 그룹(Strategis Group)의 조사에 따르면 조사 대상자중 2/3 이상이 무선 인터넷 서비스에 대해 최소한의 비용을 지불할 의사가 있는 것으로 나타났다. 이러한 서비스가 특정 장소나 시간에 꼭 사용해야 한다면 기꺼이 추가비용을 지불할 것이다. 또한 시간이나 심리적 비용을 줄여주면 그만큼의 추가비용도 감수할 용의가 있다. 예를 들어 버스를 기다리고 있는 중에 스케줄을 알려주면 불필요한 대기시간을 줄여주고 이러한 효익에 대해 지불하는데 대해 거부감이 없다. 그러나 기능이 뛰어난 단말기나 더 편리한 기술을 이용하는데 대해서는 별도의 비용을 부담하지 않으려 하는데 이것은 이용자가 더 편리한 기능에 대해서는 비용지불 의사가 약하다는 것을 뜻한다. 신뢰성(reliability)도 서비스의 활성화에 영향을 미치는데 여기에는 보안문제, 서비스 기능상의 문제 그리고 컨텐츠 자체의 신뢰성이 있다. 서비스를 이용하는데 개인정보를 요구하게 되면 보안문제가 개입된다. 서비스 기능의 신뢰성도 중요하다. 서비스 기능에 장애가 생기면 망사업자의 책임으로 돌리는 경우가 많다. 이러한 서비스 기능상의 문제가 이용자입장에서 이해할만 이유라면 솔직하게 사실을 알리고 양해를 구하는 것이 낫다. 신뢰성중에서도 가장 중요한 요인

은 컨텐츠 자체에 있다. 대부분의 이용자들이 인터넷에서 검색한 정보에 대해서는 오래된 정보이거나 완전히 틀렸을 가능성을 부정하지 않는다. 그러나 무선 인터넷 정보에 있어서는 컨텐츠 제공자보다는 통신망 사업자를 신뢰하므로 완벽한 신뢰성을 요구한다. 서비스와 기술의 가용성(availability)도 이용자 경험에 큰 영향을 준다. 마케팅 활동은 서비스의 존재를 알림으로써 가용성을 높여준다. 이용자가 서비스의 존재를 알고 사용하고자 한다면 이러한 서비스를 셋업하는 번거로움에서도 자유로와야 할 것이다. 서비스를 사용하기위한 셋업작업은 번거로울뿐 아니라 고객불만의 주요 원인이기 때문이다. 마지막 요인으로 시간비용(timely cost)이 있다. 이용자들은되도록 빠른 응답시간을 원하므로 최단시간에 응답할수록 시간비용은 줄어든다.

3. 기업고객에 초점을 맞추어라.

기업고객은 개인고객보다 부가가치가 있는 서비스에 대해 비용 지불의사가 강하고 자사의 공급망(supply chain)상의 단절을 해소해줄 수 있는 솔루션을 제공해준다는 점에서 무선 인터넷 서비스에 대한 실질적인 니즈가 있다. 따라서 수직적 시장(vertical market)을 중심으로 기업의 욕구를 개발하고 충족시킬 수 있는 서비스로 공격적인 마케팅 활동을 전개할 필요가 있다.

일반적으로 시장규모가 큰 모바일 오피스 영역에 대한 서비스를 중심으로 기업고객을 확보하고 시장이 성숙됨에 따라 점진적으로

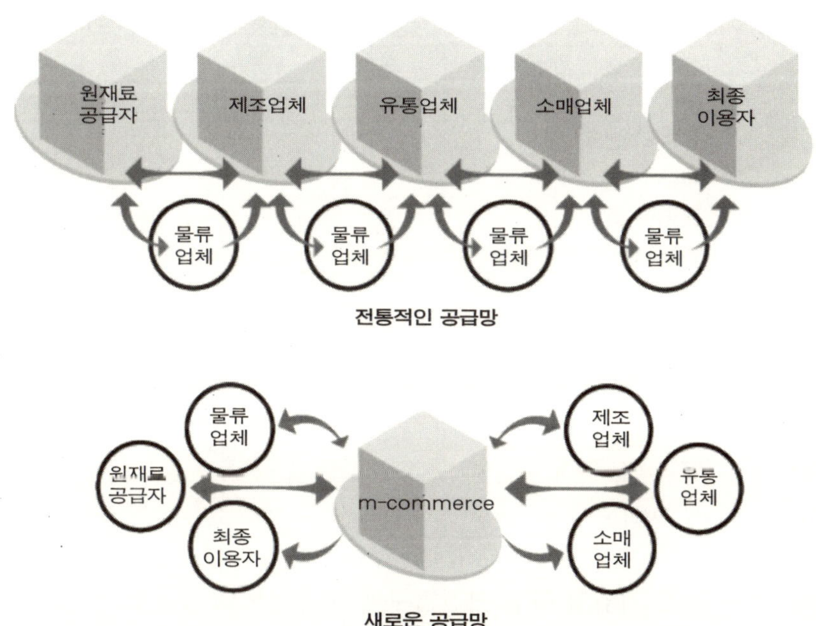

서비스 영역을 넓혀 나가는 것이 바람직하다. 모바일 오피스는 무선 네트웍과 기업네트웍을 연결하여 업무의 효율성을 높이는 일반적인 솔루션으로서 현장의 영업지원, 판매지원, 운용지원 등 광범위한 업무 영역에 활용이 가능하며 유선 인터넷과 인트라넷상의 문서를 이동중에도 이용할 수 있는 문서공유, 데이터베이스 검색기능 등이 지원된다. 모바일오피스 어플리케이션은 사내 전자우편과의 연계를 통한 연락수단의 다양화에서부터 출발하여 이후에 점진적으로 물류, 운송 등의 수직적 시장을 중심으로 위치추적이나 원격통제와 같은 특화된 솔루션으로 서비스를 적극 확대하는 전략이 바람직하다. 앞으로 모바일오피스는 정보계 업무뿐 아니라 재고조회나 수발주와

구분	운송관리	현장지원	영업관리	안전/보안	모바일오피스	유통
엔지니어링	○	○		○	○	
교육			○		○	
엔터테인먼트/ 미디어					○	
금융서비스			○		○	○
건강관리서비스	○	○	○		○	○
제조	○	○	○	○	○	
전문 서비스			○			○
공공부문	○	○		○	○	○
소매/도매		○			○	○
통신서비스	○	○		○	○	
운송, 여행	○			○	○	○
공공서비스	○	○		○	○	

같은 기업의 핵심 기간업무에 적극적으로 활용될 것이다.

기업고객을 대상으로 서비스를 제공하기 위해서는 서비스 특성상 시스템 통합업체, 플랫폼 공급업체, 단말기 공급업체 등과의 제휴를 통해 솔루션을 확보하여야 한다. 또한 모바일 ASP 혹은 IDC 업체와의 제휴를 통해 회선임대, ASP, 호스팅 등의 서비스를 번들링해서 제공해야 하는 경우도 있다.

4. 고객의 니즈와 요구를 파악하는 것부터 시작하라.

최근 한 조사에 따르면 고객들이 아직까지는 무선 인터넷의 필요성을 느끼지 못하는 것처럼 보이지만, 무선 인터넷에 대한 보이지 않는 니즈(needs)와 기대감은 매우 큰 것으로 나타났다. 이것은 무선 인터넷 서비스의 경우 실제로 고객들이 사용해보기 전까지는 자신이 어떠한 니즈(needs)를 갖고 있는지 미처 깨닫지 못하기 때문이다. 따라서 m-commerce에서 성공적인 결과를 끌어내기 위해서는 이러한 고객들의 보이지 않는 니즈를 효과적으로 끌어내는 작업이 필요하다. m-commerce는 아직까지 역사가 일천하고 사례가 적기 때문에 서비스 제공자 입장에서 전세계적인 벤치마킹 대상이 희소할 뿐더러 이용자도 아직까지 충분한 학습기간과 기회가 주어지지 않았기 때문에 고객의 요구를 정확히 도출하기가 쉽지 않다. NTT Docomo의 i-mode 서비스중 캐릭터 서비스가 가장 선호도가 높은 것으로 나타나지만 이것은 서비스 시작전에는 예상하지 못했던 결과이다. 목표계층도 당초에는 전문직 종사자를 대상으로 하였지만 결과적으로는 10대에서 20대까지의 젊은 층의 이용이 가장 활발한 것으로 나타났다. 10~20대 계층은 상대적으로 나이가 많은 연령층에 비해 새로운 기술과 서비스에 대한 이해력이 빠르고 많은 데이터 트래픽을 유발하기 때문에 전 세계적으로 가장 중요한 타겟 고객계층으로 인정받고 있다. NTT Docomo의 i-mode 매출중 약 70%가 10대와 20대 초반의 가입자 층에서 창출되고 있다.

m-commerce 전략의 수립은 먼저 고객의 니즈와 요구를 파악하는데서 출발해야 하고 선택된 고객 세그먼트에서 발생할 수익의 규모를 예측할 수 있어야 한다. 영국의 오렌지(Orange)가 인수되기전 NTT Docomo 본사를 방문하고 돌아와서 제일 먼저 착수한 것이 고객 포커스 그룹을 통한 영국 이용자 집단의 니즈 분석이었다.

현재 i-mode가 가장 성공적인 m-commerce 비즈니스 모델로 세계적인 각광을 받고 있지만 i-mode 서비스는 유선 인터넷 보급이 제대로 이루어지지 않은 일본의 특수한 상황에서 캐릭터 다운로드, 게임 등 일부 젊은 고객위주의 가벼운 어플리케이션 위주로서 m-commerce 전체 서비스의 극히 일부 영역에 지나지 않는다. 최근 NTT Docomo의 AT&T 와이어리스 지분참여를 계기로 미국의 무선 인터넷 산업이 일대 변혁기를 맞을 것이라는 분석이 주류를 이루고 있다. 그러나 미국과 일본간의 문화, 이용성향, 기술, 사업환경 등의 차이를 결코 간과해서는 안된다. 양키그룹의 최근 조사에 따르면 이동전화를 소유한 미국인들 가운데 54%는 무선 인터넷 서비스의 필요성을 느끼지 못하는 것으로 나타났으며 사이버 뱅킹 이용자들과 이동전화 소유자 가운데 불과 14%만이 무선 인터넷을 통한 계좌관리에 큰 관심을 보였다. NTT Docomo의 i-mode가 일본에서 선풍적인 인기를 끈 것은 PC가 상대적으로 고가인데다가 대부분의 일본 가정이 비좁아서 PC를 들여놓기가 부적절하기 때문이라고 폄하하는 시각도 있는 것이 사실이다. 일본인들이 주로 대중 교통수단을 이용하기 때문에 출퇴근 시간에 무선 인터넷 서비스를 이용할 수 있는 반면 미국인들은 대다수가 자가용을 이용하고 있어 제약이 있는데다가 무선 단말기의 좁은 화면보다는 PC나 랩탑을 통한 인터넷 접속에 익숙해 있다.

상대적으로 문화가 유사한 아시아권 내에서도 국가별로 m-commerce 어플리케이션 사용성향에 차이가 나타난다. 한국, 싱가폴, 일본의 경우 이용율이 가장 높은 컨텐츠는 게임, 캐릭터 다운로드 등의 엔터테인먼트 관련 어플리케이션이다. 반면에 대만과 홍콩의 이용자들은 경제정보나 티켓예매 같은 비즈니스 관련 어플리케이션에 관심이 큰 것으로 나타났다.

NTT Docomo의 i-mode 서비스가 우리에게 시사점을 주는 것은 사실이지만 이를 무비판적으로 수용한다면 보다 다양한 비즈니스 기회들을 간과할 위험성이 크다. 고객의 니즈와 요구가 파악되면 비전략적인 고객 세그먼트에 처음부터 초점을 맞추는 것이 바람직할 수 있다. 이들 비전략적인 고객세그먼트부터 착수하는 것이 실패부담을 최소화하고 핵심 비즈니스에 대한 부정적인 영향을 줄일 수 있다.

5. m-commerce는 고객과의 관계를 근본적으로 변화시킨다.

유선 인터넷 서비스는 주로 고객이 정보를 풀(pull)하는데 무선 인터넷에서는 고객의 니즈에 맞는 맞춤정보를 필요할 때 실시간으로 푸시(push)하는 경우가 많아질 것이다. 이러한 무선 인터넷의 상시접속(always on)은 지금까지와는 전혀 다른 고객관계를 형성할 수 있는 기회를 제공한다. 이는 마케팅을 수행하는 기업입장에서 보면 대단히 매력적인 요소이다. 무선 인터넷이 올바르게 활용하기만 한다면, 이는 마케터들에게는 더할 나위 없이 훌륭한 채널이 될 것이고, 사용자들에게는 가치 있는 서비스가 될 수 있다. 그러나 이것들이 잘못되면 값비싸고 작은 웹 접속 휴대폰은 결국 플라스틱과 구리로 만들어진 것에 지나지 않는다. 무선 단말기가 스팸성 광고물로 가득찬다면 오히려 역효과를 낼 수 있다. 결국 m-commerce 서비스 제공자와 이용자와의 새로운 관계설정이 가장 중요한 요소가 될 것이다.

m-commerce가 기존의 전자상거래와 다른 점은 이용자들이 언제

어디에 있는가를 정확히 알 수 있다는 점이다. 이것이 바로 일대일 마케팅과 타겟 마케팅을 통한 개인화 서비스를 가능하게 한다. 예를 들어 고객이 브로드웨이에서 데이트를 하고 있는 경우 그 사람이 좋아하는 연극이나 뮤지컬 취향을 파악해서 공연정보와 할인쿠폰을 제공하는 위치기반의 개인화된 서비스가 가능하다. m-commerce의 특성을 이용하면 이용자가 처해있는 맥락(context)에서 순간적인 정보제공을 통해 구매로 이어지게 유도할 수 있다.

m-commerce는 고도의 마케팅 전략으로서 수많은 이용자들의 성향을 분석한 상품정보를 제공해줄 수 있다. m-commerce는. 모든 상품정보가 이용자 개개인의 데이터베이스와 연결되어 있어 각각의 이용자들이 어떤 상품과 어떤 관계를 가지는 가를 파악해준다. 이 마케팅 전략의 핵심은 이용자들이 물건이나 서비스를 구매하려는 순간에 이런 정보에 노출시켜 구매로 이어지게 하는 것이다. 이것은 실질적인 교차판매(cross selling)를 가능하게 해준다. 고객에게 있어서 이러한 서비스의 유용성은 단순히 상품이나 서비스의 구매로 끝나지 않는다는 데 있다. 고객의 니즈 변화를 지속적으로 모니터하고 서비스를 재구성해서 고객만족을 높일 수 있다. 이러한 적극적 마케팅활동은 최근 기업의 수익성향상을 위해 각광을 받고 있는 CRM의 보다 발전적인 형태로 볼 수 있으며 앞으로 무선 CRM을 위한 다양한 솔루션들이 출현할 것이다.

6. 기술보다는 마케팅이다.

급속한 기술의 발달은 한때는 최고로 각광받던 기술을 순식간에 하찮은 것으로 추락시켜 버린다. 불과 1~2년전만 해도 무선 인터넷의 미래로 추앙받던 WAP이 이제 일각에서는 비효율적이고 불편하기만 한 애물단지로 취급받고 있다. 앞에서 언급했듯이 제이콥 닐슨(Jakob Nielsen)같은 이는 WPA을 미래가 없는 기술로 단언하고 있다. 물론 WAP이 느린 속도, 별로 볼 것 없는 컨텐츠에 비해 비싼 이용료, 제한적인 검색기능에 각기 다른 표준 등 여러 가지 약점을 가지고 있는 것이 사실이다. 그러나 이러한 기술적 문제는 초기 선도기술로서는 어쩌면 당연하고 시간이 지나면서 해결되고 개선될 수 있는 문제들로 보인다. 어떤 기술도 처음부터 완벽한 것은 없었다. 문제는 WAP이 무선 인터넷에 대한 과잉 기대와 갈망이 가장 고조되었을 때 시장에 등장해 결과적으로 대부분의 이용자에게 실망을 안겨주었다는 데 있다. 얼마전만 하더라도 무선 인터넷과 m-commerce에 대한 기대감과 열정이 최고조에 달했던 이용자들이 이제는 냉정하게 불완전한 현실을 직시하게 된 것이다.

WAP의 이러한 급부상과 추락의 과정은 과거 VHS 방식이 기술적으로 우수했던 베타방식을 누르고 시장 표준을 장악한 과정과 유사하다. WAP은 i-mode나 여타 기술보다 훨씬 복잡하고 정교한 기술인데 비해 i-mode는 꼭 필요한 기능만 갖춘 보다 간결하고 단순한 소프트웨어이다. WAP이 현재 사용자로부터 외면받는 근본적인 원인은 불편한 사용자 환경이다. 또한 WAP은 단선적인 네비게이션 방식을 택해 다른 서비스와 연결이 미흡한 문제를 가지고 있다.

앞으로 어떠한 새로운 기술이 등장하더라도 이러한 사용환경상의 문제를 해결하지 않고서는 결코 m-commerce의 활성화를 기대하기 어려울 것이다.

세계 이동통신 및 무선 인터넷 업계의 최우등생으로서 세계적으로 3세대 서비스를 가장 빨리 서비스할 것으로 기대를 모았던 NTT Docomo도 올 2월에 자바 탑재 단말기인 P530i의 버그로 인해 사상 최대의 리콜(recall) 사태를 일으킨데 이어 당초 5월로 예정되어 있었던 3세대 서비스(FOMA)도 시스템상의 문제로 인해 5개월 연기할 것이라고 발표하였다. 이번 사건은 i-mode도 결코 기술상의 문제에서 완전히 자유로울 수 없으며 사전에 치밀한 준비와 충분한 시험없이 3세대 서비스를 시작하는 것이 얼마나 위험한 가를 여실히 보여준다고 하겠다. 반면에 아직까지 일부지역에서는 아날로그 휴대전화가 남아있는 이동전화와 무선 인터넷 후진국인 미국이 버라이존(Verizon)을 필두로 cdma2000을 기반으로 한 3세대 서비스를 올해 말부터 선보일 계획이라고 발표함으로써 단계적인 망진화를 기반으로 실질적인 수요가 있는 m-commerce 서비스부터 상용화하여 점진적으로 진화하는 현실적인 접근을 보여주고 있다. 3세대 서비스를 포함하여 앞으로 등장할 어떠한 서비스도 과장광고로 이용자의 기대치만 높여 놓았다가 실제 서비스로 기대를 충족시키지 못한다면 고객들로부터 외면당할 위험성이 크다.

7. 시장 성숙단계에 따라 단계적 접근이 필요하다.

　얼마전만 해도 각광받던 무선 인터넷 서비스가 초기에 기대가 높았던 만큼이나 큰 실망을 안겨주고 있다. 현재 m-commerce 시장에 참여하고 있는 많은 사업자들은 불확실성이 사라질 때까지 관망하는 자세를 취하고 있다. 그러나 수요와 공급측면에서 m-commerce는 이미 캐즘 (chasm)을 넘어 섰으며 유선 인터넷 사업에서 적용되던 선점효과(First Mover s Advantage)를 m-commerce에서도 전적으로 무시할 수 없다. 무선 인터넷과 이에 기반한 m-commerce가 앞으로 가장 중요한 산업분야가 될 것이라는 점은 누구도 부인할 수 없을 것이다.

　현 단계에서 m-commerce 시장에 참여하는 사업자는 시장진입 비

그림 6-8　m-commerce 전략 수립과정

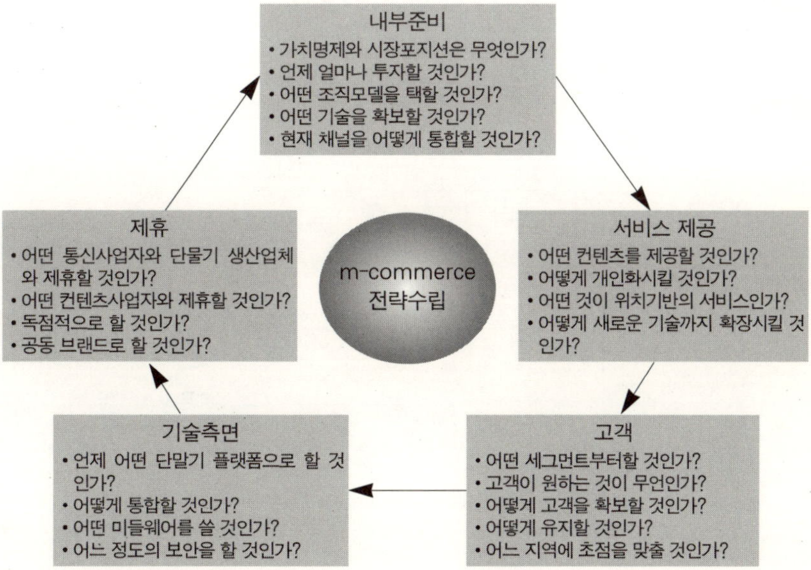

용이 상대적으로 낮을 뿐 아니라 경험과 학습을 통해 장기적으로 성공하는데 도움을 받을 수 있을 것이다. 지금까지 노출된 문제점들을 직시하고 이를 해결할 수 있는 방안들을 찾아낸다면 보다 현실성있고 시장성있는 m-commerce 어플리케이션을 개발할 수 있다.

m-commerce 기술이 성숙됨에 따라 인터액티브 어플리케이션의 비즈니스 기회가 생기고 많은 수익을 올릴 수 있는 가능성도 생긴다. 그러나 수익을 올리기 위해서는 그 당시의 기술 조건에서 가장 빠르고 이용하기 쉽고 부가가치가 있는 어플리케이션을 만들어내야 한다. 다음 그림에서 보듯이 1세대인 컨텐츠 위주의 m-commerce 어플리케이션은 가장 일반적이다. 2세대 어플리케이션은 티켓예매, 증권거래, 레스토랑 검색 같은 약간의 인터액티브성과 거래처리 성격이 있는 것들이다. 3세대는 인터액티브성이 강화되고 의사결정이

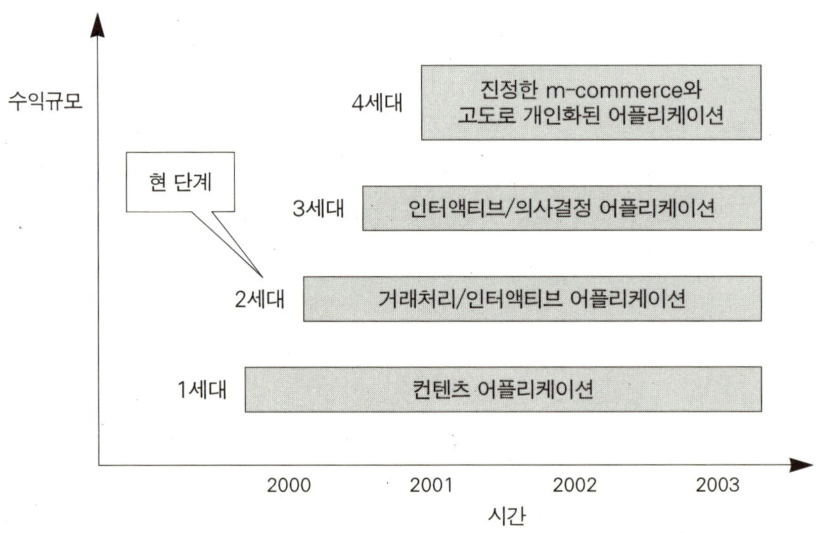

그림 6-9 단계별 m-commerce 어플리케이션

필요한 무선 뱅킹, 비교쇼핑 등의 어플리케이션이다. 궁극적으로 4
세대는 고도로 개인화된 진정한 m-commerce 서비스가 이루어지는
단계이다.

8. 유무선 통합에 따른 역량강화가 필요하다.

전통적인 유선망이 가지고 있는 지능형 서비스와 광대역 서비스
가 무선망 고유의 이동성과 개인성과 통합되어 장소와 환경의 제약
으로부터 이용자를 해방시켜 주는 서비스가 대두되고 있다. 유무선
통합이 진행됨에 따라 유선사업자와 무선사업자의 가치사슬이 확대
되고 통합될 것으로 보인다.

　유무선이 통합된 u-commerce(ubiquitous commerce)에서는 현재

그림 6-10 **유무선 가치사슬의 통합**

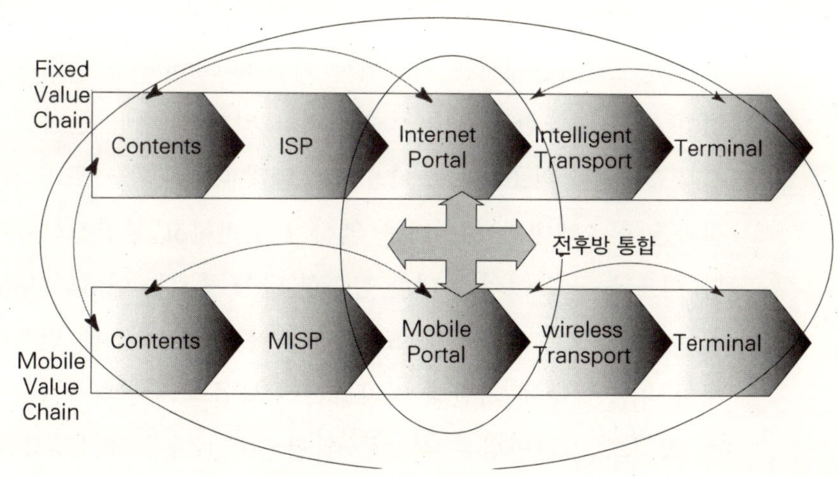

통신망 사업자가 생산하는 부가가치의 비중이 줄어들고 컨텐츠 영역이나 응용서비스 영역의 비중이 커지게 된다. 따라서 이동통신사업자는 단순히 정보전달 서비스만으로는 부가가치를 창출하기 점점 어려워지므로 유무선 가치사슬의 통합, 가치사슬상에서의 전후방 통합을 통해 새로운 수익원을 발굴하여야 하며 부가가치가 높은 영역으로 신속히 가치사슬을 확대할 수 있는 유연한 서비스 전략이 요구된다. 이러한 상황에서는 유무선 통합 가치사슬을 포괄하는 엔드투엔드(end to end) 서비스를 차별적이고 매력적으로 제공하는 능력이 경쟁우위를 결정할 것이다. 따라서 유무선 네트웍 서비스 구성요소를 효과적으로 조달하고 신속하게 서비스를 개발할 수 있는 사업자의 역량이 매우 중요해질 것이다.

9. 상상력이 필요하다.

　현재 셀 수 없이 많은 어플리케이션들이 쏟아져 나오고 있고 각종 시장조사기관에서는 이중에서 어떤 m-commerce 서비스가 킬러앱이 될지에 대한 전망들을 쏟아내고 있다. 그러나 문제는 이러한 시장조사에서 기초자료로 이용하는 통계 데이터와 자료가 의미있는 결과를 산출해내기에는 너무 역사가 일천하고 불완전하다는 것이다. 어느 누구도 여기에 대한 정확한 답을 주기는 어렵다. 다만 한가지 분명한 것은 m-commerce의 사업진출을 고려할 때 단순히 지금까지 유선 인터넷 기반의 전자상거래 사업을 무선환경으로 옮겨놓는 방식의 접근방법은 실패할 위험성이 매우 크다는 점이다. m-commerce는 결코 전자상거래의 아류가 아니라 독특한 특성을 가지고 있으며 이를 이용할 수 있는 통찰력과 상상력이 필요하다.

많은 무선통신사업자들이 무선 인터넷의 가능성과 제약사항에 대한 정확한 이해없이 성급하게 사업을 추진하는 일이 많다. 무선 인터넷 기반의 전자상거래인 m-commerce가 활성화되기 위해서는 사업자나 이용자 모두에게 일정한 학습기간이 필요하다는 점을 인정해야 한다. 유선 인터넷의 경우에도 초창기에 상거래로 이어지기까지는 최소 2~3년이 소요되었다는 점을 상기할 필요가 있다. 이와 같은 현상이 무선 인터넷에서도 재현되고 있으며 지금까지의 시간은 새로운 기술과 서비스에 적응하기 위한 최소한의 학습기간으로 볼 수 있다.

m-commerce 서비스는 아직 성공사례가 흔치 않은 미개척 영역이기 때문에 풍부한 상상력이 필요하다. NTT Docomo의 i-mode 캐릭터 다운로드 서비스는 선호도가 높지만 서비스 시작시점에서는 누구도 예상하지 못했었다. m-commerce에 대한 올바른 이해를 바탕으로 고유의 경쟁우위 요소를 활용한 창의적인 서비스 개발 없이 m-commerce 시장에서 성공하기는 어려울 것이다. m-commerce 전략을 수립하는 사람의 독창적인 아이디어와 끊임없는 고민 그리고 중단없는 시도만이 성공의 가능성을 높일 수 있다.

최신 모바일 용어

무선인터넷의 성패를 결정짓는 것은
새로운 기술이 아니라
현재의 인프라를 최대한 이용하여
무선 이용자에게 적합한 서비스와
비즈니스 모델을 개발하는 것이
될 것이다.

M-Commerce

AMPS(Advanced Mobile Phone Service)

아날로그 FM(Frequency Modulation)을 이용하여 음성을 전송하는 1
세대 이동통신 방식으로 1983년 미국에서 상용서비스를 시작하여
확산되었으며 국내에는 1984년 한국이동통신(현 SK Telecom)이 차량
을 이용한 이동전화로 시작하여 1998년을 마지막으로 철수하였다.

Applet

선마이크로시스템사가 1995년의 웹 커뮤니티에 자바를 소개한 이
래 보편화된 말로, 웹페이지에 있는 작은 응용프로그램을 가르킨다.
애플릿은 웹페이지에 일부로 존재하다 클라이언트로 동작하는 웹브
라우저로 다운로드 된 후 동작하게 된다. 기술적으로는 자바 프로그
램의 한 유형을 가리키는 말이지만, 자바스크립트의 등장으로 자바
스크립트를 사용해 개발한 스크립트들을 지칭하는 용도로도 사용되
고 있다.

Bluetooth

블루투스는 이동전화, 컴퓨터, PDA 등이 근거리 무선접속을 사용하
고 있는 가정이나 회사의 전화나 컴퓨터들과 연결되는 방법을 기술
하고 있는 컴퓨터 및 통신 산업계의 규격을 말한다. 블루투스는 덴
마크 전설에 나오는 왕의 이름으로서 이 왕이 스칸디나비아 반도를
통일한 것처럼 다른 통신장치 기기들간의 연결을 통일하자는 의미
의 프로젝트명으로 사용하던 것이 지금은 브랜드명으로 확정된 상
태이다. 블루투스는 1998년 스웨덴의 에릭슨이 주축이 되어 노키아,
IBM, 도시바, 인텔 등 5개 업체가 블루투스 SIG(Special Interest

Group)를 설립해 본격화되었다. 이의 기본은 1994년 에릭슨의 이동통신그룹 내 휴대폰과 주변기기의 무선 인터페이스 연구에 기초를 두고 있으며 현재 2000개 이상의 업체가 참여하고 있다. 이 기술을 이용하면 하나의 단말기로 3개의 기능(블루투스 기기 상호간 음성통화+무선전화+휴대폰)의 복합기능을 갖는 전화기를 만들 수 있다. 또한, 데스크탑이나 노트북 컴퓨터 내에 있는 정보와 신속하게 동기화 할 수 있으며, 팩스를 보내거나 받을 수 있고, 프린트 출력을 할 수도 있다. 그리고 일반적으로 모든 휴대용 및 고정식 컴퓨터 장치들과 완전한 공동작용이 가능하다. 이 기술을 이용하려면 각 장치마다 저가의 트랜시버 칩이 장착되어야 한다.

BREW(Binary Runtime Environment for Wireless)

지난 2월 초에 발표된 브루(BREW, Binary Runtime Environment for Wireless)는 퀄컴사의 새로운 소프트웨어 플랫폼으로 개발자와 제조업체 및 이동통신사들이 이동통신가입자들에게 차원높은 데이터 서비스를 제공할 수 있도록 솔루션을 제공해 준다. 브루(BREW : Binary Run Time Environment for Wireless)라고 이름 붙여진 이 소프트웨어 플랫폼의 등장으로 이제 이동전화에서도 PC나 PDA에서처럼 필요한 프로그램을 다운로드해 사용하는 것이 가능해졌다. 브루의 기본 개념은 이동전화를 통해 여러 가지 응용프로그램 중에서 필요한 것만 다운로드 받아 사용하거나 이동전화의 소프트웨어까지도 무선으로 업그레이드가 가능하도록 한다는 것이다. 이를 위해 이동전화 단말기의 작은 메모리에서 충분히 사용할 수 있도록 하기 위해 작은 코드 사이즈로 최상의 성능을 제공할 수 있는 환경을 제공한다. 브루는 무선 인터넷 솔루션과 서비스 개발을 목적으로 설립된 퀄컴의 신규 사업 부서인 퀄컴 인터넷 서비스사업부(QIS : Qualcomm Internet Service)에서 개발한 것으로 이를 활용하면 이동전화를 통해 훨씬 다양한 서비스가 가능해질 것이라고 퀄컴측은 전망하고 있다.

브루 솔루션은 크게 세 가지 요소로 구성되는데, 제조업체들에게는 오픈 플랫폼 형태로 브루 기능이 내장된 CDMA 칩이 라이센스 없이 무료로 공급된다. 이렇게 표준화된 플랫폼이 제공되면 제조업체의 입장에서는 소프트웨어 개발 비용을 절감할 수 있고, 제품 개발에서 출시에 걸리는 시간을 단축시킬 수 있게 된다. 이동전화 서비스 업체에 제공되는 브루 플랫폼을 위한 미들웨어 서버에서는 응용 프로그램 인증이나 버전 관리에서부터 기기의 구성이나 다양한 모델의 과금 제도를 제공할 수 있어 여러 가지 형태의 서비스와 수익 모델을 만들 수 있다. 특히 이동전화 제조업체나 서비스업체가 아닌 개발자들에게 개발 툴을 제공함으로써 다양한 응용프로그램을 개발할 수 있다는 것도 주목할 만한 부분이다. 특히 응용프로그램 개발을 위해 사용되는 프로그래밍 언어는 C나 C++뿐만 아니라 자바와 같은 다른 프로그래밍 언어로 만들어진 프로그램의 통합도 지원한다.

CDMA(Code Division Multiple Access)

CDMA는 무선구간에서 기지국과 단말기 사이의 신호 전송방법을 의미한다. CDMA 이동통신 방식은 현재 미국의 IS-95방식의 CDMA를 기반으로 한 동기식과 유럽식 GSM(Global System for Mobile telecommunication)을 기반으로한 비동기식으로 구분되며 동기식은 기지국에서 GPS(Global Positioning System)의 시간, 위치 정보를 이용하여 제공되는 이동통신 방식이며 비동기식 방법은 기지국에서 GPS를 사용하지 않는 방식이다. 비동기식 CDMA방식을 W-CDMA(Wideband CDMA)라고 하고 동기식 CDMA를 MC-CDMA(Multi Carrier CDMA)라고도 한다. 동기식 CDMA 이동통신은 무선구간 프로토콜에 따라서 기존의 IS-95계열인 cdmaOne과 IMT-2000을 위한 IS-2000계열인 cdma2000으로 구분된다. cdmaOne과 cdma2000은 CDMA 사업자, 제조사 등이 CDMA 발전을 위하여 구성한 기구인 CDG(CDMA Development Group)에서 만든 용어이다.

• **동기식과 비동기식의 차이**

우리나라에서 IMT-2000 기술표준을 둘러싸고 동기식과 비동기식간에 치열한 경쟁이 있었다. 동기식은 미국이 지구 상공에 쏘아 올린 GPS 위성을 이용해 송신자와 수신자가 시간대를 맞춰 데이터를 송신한다. 이에 비해 비동기식은 위성을 거치지 않고 기지국과 중계국만 거쳐 데이터를 주고 받는다. 한국은 동기식 CDMA 방식에 기술적 우위를 가지고 있다. 두방식 모두 CDMA에 기반을 두고 있으며 음성, 화상 서비스는 교환기를 통해 처리하고 데이터 서비스는 인터넷망을 통해 처리한다는 점이 공통적이다. 기술적으로 어느 하나가 뛰어나다고 판단하기가 어려운 상황인데 이용자는 어떤 방식을 택하더라도 기능에는 큰 차이가 없으므로 별 상관이 없게 된다. 기술적 측면의 경우 비동기식 진영은 동기식보다 주파수간 마진이 크기 때문에 이른바 간섭 효과가 적다는 점, 칩 레이트가 높아 채널 용량이 크다고 점 등을 강조하고 있다. 또 코어 네트웍인 GSM 표준과 함께 주파수를 효율적으로 활용해 30% 이상의 가입자 용량 증대 효과가 있고 특히 패킷 서비스가 가능한 채널이 지원되기 때문에 고속데이터 서비스를 쉽게 지원할 수 있다고 강조하고 있다. 이와 함께 파워 컨트롤 개념을 도입해 단말기 배터리 사용시간이 늘어나는 장점을 내세워 우위론을 전개하고 있다. 이러한 장점에 따라 IMT-2000 서비스를 준비하고 있는 전세계 사업자의 70% 이상이 비동기식 방식을 채택하고 있다. 반면 동기식 진영은 IMT-2000 주파수 할당에 따른 출연금을 상한선인 1조3000억원으로 계산할 경우 손실 비용이 적게 든다는 점을 강점으로 내세우고 있다. 동기식은 1019억원에 불과하지만 비동기방식은 3016억원으로 사업자당 1997억원이 낭비된다는 것이다. 또 동기식의 1FA(주파수단위)가 1.25MHz이기 때문에 가드밴드(보호대역)를 제외할 경우 15FA를 사용할 수 있으나 비동기방식은 1FA당 5MHZ 수준이기 때문에 겨우 4FA만을 사용할 수 있어 주파수 낭비가 심하다는 반론을 펼치고 있다.

CDMA 2000

IS-2000을 근간으로 정의하는 동기식 CDMA는 cdma2000 1X와 cdma2000 3X가 있다. cdma2000 1X는 기존의 IS-95와 같이 하나의 1.25MHz 주파수 대역을 사용하는 것이고 cdma2000 3X는 기존의 IS-95 주파수 폭을 3개까지 사용하는 방법이다. cdma2000의 3X는 cdma2000 1X의 용량에 비교할 때 약 20%가 증가하게 되며 384kbps급의 고속 데이터 전송이 가능하다.

cdma2000 1x EV(Evolution) 퀄컴에서 제안한 고속 패킷데이터 방식인 HDR(High Data Rate) 프로토콜을 근간으로 제정된 방식이며 데이터만 전송하는 1X EV-DO(Data Only)와 음성과 데이터를 동시에 전송하는 1X EV-DV(Data and Voice) 방식이 있다. 1X EV-DO 규격은 완료되었으나 1X EV-DV는 아직 규격이 진행중에 있다. 퀄컴은 cdmaOne 및 cdma2000 기술의 상용화에 성공한 경험으로 1X EV(이전에는 HDR라고 칭했음)를 개발했으며 이것이 CDG(CDMA Development Group)에서 비동기식 IMT-2000에 대응하기 위해 HDR을 1X EV라고 칭했다. 1x EV-DO는 기존의 IS-2000 프로토콜과는 완전히 다른 패킷 데이터 전송을 위한 전용 프로토콜로서 최대 전송속도가 전방향인 경우 2.4576 Mbps까지 가능한 방식이다. 이것은 IS-2000 기지국 장치와는 별도의 기지국 장치가 필요하며 나머지 시스템 및 망 구성요소는 공통으로 사용된다.

CLDC(Connected, Limited Device Configuration)

CLDC는 소형 단말기에 적용하기 위하여 JAVA 언어, VM, Core library, networking과 입출력 관계, 국제화 및 보안 등을 정의하고 있다. 현재 버전은 JCP(Java Community Process: SUN사 주관으로 JAVA 규격을 개발하는 기구)에서 CLDC 1.0이 나와 있다. CLDC는 내부적으로 여러 개의 세부적인 내용이 포함되어 있는데 그 내용중의 하나가 KVM이 된다. KVM은 CLDC에서 정의하는 규격에서 VM을 구현하는 방법이다. 즉 CLDC 내에 KVM이 포함되어 있는 것이다.

CDPD(Cellular Digital Packet Data)

셀룰러 방식의 디지털 이동 통신 네트워크의 모델로 IBM과 셀룰러 전화 회사 9개 업체가 1993년 7월에 버전 1.0을 발표했다. 현재 모델은 버전 1.1 FH 휴대/자동차 전화 네트워크의 음성 통화용 1채널을 사용해 최대 전송속도 19.2Kbps의 패킷 통신 서비스를 실현했다. CDPD 기반의 전화를 사용하면 이용자들은 인터넷 접속, 전자우편 송수신, 팩스 송신 기능을 사용하면서 일반 휴대전화처럼 사용할 수 있다.

EDGE(Enhanced Data Rates for GSM Evolution)

서비스의 고속화를 위하여 GSM 네트워크에 추가적으로 도입이 가능한 방식으로서 GPRS의 진화된 형태로 연구된 망이다. 최고 약 400 kbps의 데이터 전송이 가능하다. 2002년 제공될 것으로 기대되는 3G 서비스 보다 한 발 앞서 데이터 전송속도를 향상시킬 수 있을 것으로 기대되는 서비스이다.

GPRS(General Packet Radio Service)

유럽의 2세대 이동통신시스템인 GSM에서 한 단계 발전한 패킷 교환방식의 이동전화시스템(General Packet Radio Service)을 말한다. GSM시스템에 패킷 데이터용 교환기인 SGSN과 패킷 데이터를 인터넷망으로 보내기 위한 게이트웨이 장치인 GGSN 장비 등을 추가로 설치한 개념이다. 이에 따라 GPRS는 기존의 회선교환방식인 GSM보다 데이터 통신에 더 적합하며, 이를 이용하면 TCP/IP에 기초한 이메일, DB 및 웹 접속 등의 서비스를 훨씬 효율적으로 제공할 수 있다. 나아가 기존의 접속 시간을 근거로 한 요금 체계보다 한 단계 발전한 사용량(패킷 데이터양)을 기준으로 과금할 수 있는 무선인터넷 종량제 도입이 가능하다. 현재 영국의 이동통신사업자인 `BT

셀넷'이 지난 6월 GPRS 네트워크 서비스를 개시한다고 발표한 바 있으며, 출장자가 노트북 컴퓨터로 본사와 무선으로 연결하는 형태의 GPRS 서비스를 준비중이다. 우리나라에서는 연말부터 본격적인 상용서비스가 이뤄질 2.5세대 이동통신 방식인 cdma2001X(MC1X)가 GPRS와 같은 패킷방식의 이동통신이다. 이와 관련, GPRS는 14Kbps에서 최대 115Kbps의 전송속도를 제공하며, cdma 20001X는 최대 144Kbps까지 지원하는 것으로 알려져 있다.

GPS상대방의 위치를 확인할 수 있는 고도의 위치확인 시스템으로 지구상에 떠있는 인공위성을 이용, 세계의 어느 곳 어느 지역에 있는 물체라도 그 속도, 위치, 방향 등을 알아낼 수 있다. GPS는 지구 주변의 6개 궤도를 떠 다니는 24개의 위성 중에서 가장 수신하기 쉬운 3~4개의 인공위성전파를 수신하여 지구상의 어느 지점에서든지 짧은 시간에 기상조건과 무관하게 경도, 위도, 고도를 측정할 수 있다. 지구 전표면의 위치측정을 위해서는 18~24개의 위성이 필요하며 이 위성들은 동일한 반송주파수를 송신하고 지상에서는 복수의 위성신호를 수신하여 자신의 위치를 측정한다.

HDML(Handheld Device Markup Language)
최근에는 WML이라고도 불리는데 무선접속을 통하여 PDA와 같은 모바일 디바이스용 웹 브라우저에서 사용하는 마크업 언어이다. HDML은 로열티 없이 제공되는 개방형 언어로, Unwired Planet(현 오픈웨이브)에 의해 개발되었는데, 이 회사의 웹사이트에 이에 관한 규격이 제공된다.

HDR(High Data Rate)

퀄컴의 HDR(High Data Rate)은 고속 패킷 전송만을 위해 최적화된 시스템으로 현재의 IS-95 시스템과 동일한 주파수 대역(1.25 Mhz)을 사용하면서 고정형, 이동형 및 휴대용 장비를 이용하여 최고 2.4Mbps의 초고속 무선 데이터 전송률을 발휘하는 신기술이다. 퀄컴에 따르면, 이 기술은 사용자들이 항상 지속적이고 자유롭게 인터넷과 차세대 데이터 서비스를 이용할 수 있게 할 뿐 아니라, 전자 우편, 웹 브라우징, 이동 전자상거래, 통신관련 학문 및 다른 많은 응용 분야들도 지원한다. 기존 네트웍 운영자들이 평가하고 있는 HDR의 장점 중 하나가 이 기술이 표준 CDMA 라디오 주파수 캐리어 내에서 운영되면서도 표준 IP에 기반해서 초고속 데이터 통신에 최적화된 솔루션이라는 점이다. 이는 곧 네트웍 운영자들이 기존의 음성서비스 장비를 이용해서 이동 멀티미디어 웹 브라우징을 포함한 초고속 이동인터넷 서비스를 구현할 수 있다는 것을 의미한다. HDR의 초당 데이터 전송률(2.4M)은 국제통신연합(ITU)이 규정하고 있는 3G 표준으로서의 요구 조건을 상회하는 것이다.

HomeRF

홈 RF 기술은 세계 최대 칩업체인 인텔(intel.com)과 네트워킹 회사인 프락심(proxim.com)의 지지를 받고 있는 기술이다. 이 기술은 속도는 IEEE802.11b보다 조금 느리지만 값이 싸다는 장점을 가지고 있다. 또한 홈 RF 기술은 음악과 음성, 비디오를 품질을 떨어뜨리지 않고 네트웍으로 전송할 수 있으며 현재 소매점에서 가장 많은 관심을 끌고 있다는 장점을 갖고 있다.

iAppli

iAppli는 Java를 이용한 i-mode 단말 전용의 어플리케이션 소프트웨어이다. iAappli는 컨텐츠 프로바이더가 서버상에 준비하는 것으로, NTT 도코모의 503i HYPER시리즈 이후의 기종으로 다운로드해 실행 할 수 있다. iAappli는 1개당 10 K바이트까지의 용량 제한이 있기 때문에, PC 수준의 사무용 소프트웨어나, 대형 게임 소프트를 구동할 수는 없다. 또, 1대의 단말로 동시에 복수의 iAappli를 기동하거나 다른 iAappli와 연동 시키는 것도 할 수 없다. iAappli가 단말내에서 액세스 할 수 있는 메모리 영역(ScratchPad)은 개개에 지정되어 있어 다른 iAappli의 데이터나 본체의 전화번호부 데이터를 참조하거나 고쳐 쓰거나 하는 동작을 할 수 없지만 이 때문에 Java를 이용한 휴대 바이러스에 의한 피해는 우선 발생하지 않는다. iAappli에서는 일정 간격으로 자동적으로 서버에 액세스 하도록 하면, 항상 최신의 데이터를 읽어낼 수 있으므로, 기상 정보나 주가 정보의 체크 등에도 이용 할 수 있다. 이러한 자동 액세스 기능을 대리인 기능이라고 부른다. 대리인 기능을 사용하는 것으로, 흡사 상시 접속된 PC와 같은 환경이 되어, 상품 재고나 그룹 멤버의 스케줄 등이 최신 정보로서 표시할 수 있는 등, 기업에게도 매력적인 iAappli가 등장할 것이다. iAappli를 실행하기 위해서는 J2ME/CLDC와 독자적으로 준비된 i모드 확장 라이브러리의 구성이 필요하고 단말 메이커가 제공하는 기종마다 확장 라이브러리도 이용 가능하다.

IEEE 802.11b

IEEE 802는 근거리 통신망 LAN에 대한 통신 규약을 정의하고 있는 IEEE의 통신 규약으로서, ISO(International Organization for Standardization : 국제 표준화 기구)에서 정의하고 있는 OSI 7계층 중 제 2계층인 데이터 연결 계층에 속한다. IEEE 802.11는 무선 네트웍에 대한 표준제정에 관여하고 있는 IEEE 작업그룹을 가리키고 IEEE802.11b는 여기에서 제정한 홈 무선 네트워크 기술표준을 가리킨다. 일명 와이-파이(Wi-Fi)라고도 불리운다. 거의 대부분의 주요 PC 생산업체들과 시스코시스템스(cisco.com) 등 일부 주요 네트워킹 업체들의 전폭적인 지지를 받고 있는 와이-파이는 한때 일반 소비자들이 이용하기에 지나치게 비싼 기술이었으나 지금은 가격이 낮아지면서 이번 표준 전쟁에서도 유리한 고지를 선점할 것으로 보인다. 와이-파이 네트워크는 경쟁 홈 RF 네트웍보다 전송속도가 5배 이상 빠른 게 장점이며 기업용 무선 네트웍의 표준으로 이미 자리를 잡았다는 기득권이 있다.

i-mode

i-mode 방식은 일본의 NTT DoCoMo가 무선 인터넷 서비스를 위하여 개발한 방식이다. 기본적으로 HTML/HTTP 방식을 채용하였으며 사용하는 언어는 HTML 4.0의 서브셋인 c-HTML (Compact HTML)로 HTML 4.0에서 일부의 기능을 수정하였다. TCP/IP대신에 독자의 프로토콜을 사용하였으며 무선 단말기의 부담을 최소로 하였다. 기본 서비스는 9600 bps로 이루어졌으며 패킷 방식으로 데이터의 양에 따라 이용요금이 이루어진다. 망과 인터넷의 연동에서 부담을 줄였기 때문에 이용료면에서 강점을 가진다. i-mode는 일본 내의 서비스로 한계성을 가지지만 수익 사례를 가지는 유일한 모델이

기 때문에 앞으로 많은 파급효과가 예상된다. 또한, 최근에는 홍콩 등의 여러 나라에 진출함으로써 세계 표준 다툼의 한 축으로도 파악되고 있다. 하지만, NTT DoCoMo도 MS와 마찬가지로 WAP 포럼의 일원이기도 하며 Ericsson과 공동으로 IMT-2000을 위한 WAP 2.0을 WAP 포럼에 제안하고 있기도 하다.

IMT-2000(International Mobile Telecommunication-2000)

IMT-2000은 독립 이동 통신망 또는 고정망의 일부로 구축되어 2세대 이동통신 서비스를 통합하고 최고 2Mbps까지 사용자 데이터 접속속도 보장을 통한 이동무선 멀티미디어 서비스를 제공하는 제 3세대 이동 통신 시스템이다. IMT-2000은 1978년 ITU(International Telecommunication Union)의 연구과제로 시작되었던 FPLMTS (Future Public Land Mobile Telecommunication System)를 1995년에 ITU에서 발음하기 쉽고 이해하기 편하게 IMT-2000으로 개칭하였다. 2000이란 숫자는 2000년도 초에 서비스가 시작되고 2GHz주파수 대역을 사용하며 2Mbps급의 데이터 전송속도를 지원한다는 의미에서 명칭에 포함되었다. 지난 92년 WARC(세계무선주관청회의)회의에서는 1.8GHz~2.2GHz대역의 230MHz를 전 세계 공통 주파수 대역으로 할당했는데 할당 주파수대역은 지상용과 위성용으로 구분되며, 이중 지상용은 총 170MHz로 FDD(Frequency Division Duplex) 방식의 상/하향 각 60MHz씩 120MHz와 TDD(Time Division Duplex) 50MHz를 할당했으며, 위성용은 상하향 각 30MHz씩 60MHz를 할당했다. 그러나 90년대 중반 이후 전 세계적으로 이동전화 가입자가 폭발적으로 증가되고, 인터넷 확산으로 인해 향후 데이터 수요가 급증할 것으로 예상됨에 따라 IMT-2000용 주파수 대역의 추가분배 필요성이 요구되어 99년 3월 브라질에서 개최된 ITU-R 회의에서 각국별 의견수렴을 거쳐 2000년 5월 WRC-2000 회의에서 추가 주파수 대역지정을 결정하기로 했다.

IMT-2000은 기존의 음성서비스 위주인 2세대 이동통신의 연장이나 진화가 아닌 새로운 형태의 차세대 유무선 멀티미디어 서비스로 보아야 한다. IMT-2000이 도입되면 전세계 어디서든 통화할 수 있는 국제 로밍, 동영상 데이터를 주고받는 멀티미디어 서비스가 가능해진다는 것을 뜻한다. 이를 위해 정지상태에서는 초당 2Mbps, 이동중에는 384Kbps의 전송속도가 필요하다.

ISMS(Interactive SMS)

양방향 단문 메시지 서비스로서 이동통신망 업체의 센터에 있는 ISMS 서버와 사용자의 휴대폰이 클라이언트/서버 구조로 연결된 서비스이다. 이 서비스는 기존의 SMS가 단지 문자정보를 수신받는 것에 지나지 않았던 것을 확장해서 서버에서 휴대전화로 메뉴를 다운로드받고 해당 메뉴에서 사용자가 휴대전화의 입력키를 이용해 원하는 정보를 선택하면 서버에서 이를 처리해 해당 정보를 휴대전화로 전송해주는 기능을 갖고 있다. 이 때문에 대화형 문자서비스라고도 불린다. 현재 제공되는 컨텐츠는 하이텔, 천리안 등 온라인 서비스 공급업체를 통해 공급되고 있다. 현재 각광받는 증권정보 조회와 거래체결 서비스가 바로 이 방식을 이용한 것이다.

IS-95

IS-95란 무선구간의 접속방식을 CDMA로 최초로 정의한 무선구간 프로토콜이다. 여기서 IS란 Interim Standard의 약자로 북미 통신관련 협회인 TIA(Telecommunication Industry Association)에서 정의한 규격이다. IS-95는 기존의 AMPS를 포함하여 사용할 수 있도록 미국 퀄컴사에서 주도적으로 개발하였으며 IS-95A는 IS-95의 부족한 부분의 보완과 다양한 어드레스 처리, 13Kbps 보코더 사용 등의 기능이 있다. IS-95B는 기존의 IS-95A, TSB-74, J-STD-008을 통합함과 동시에 몇가지 기능 추가와 고속데이터 전송이 가능한 multi code(통화상태에서 여러 개의 Walsh code 사용) 방식을 사용하고 있다. IS-95C는 IS-2000 Release 0을 의미하며 초기에는 IS-95C라고 하였으나 이제는 사용되지 않는 용어로서 2.5세대 이동전화의 서비스명으로 불리는 IS-95C의 정확한 기술 표준명은 cdma2000-1X(IS-2000)이다.

IS-2000

IS-2000은 cdma2000방식의 무선 구간 프로토콜을 말하며 IMT-2000을 지향하고 있다. IS-2000에서 정의하는 방식은 기존의 IS-95와 많은 차이점을 가지고 있다. IS-95에서 AMPS를 부가적으로 정의하여 호환성을 유지한 것 처럼 IS-2000에서도 IS-95를 부가적으로 호환성을 유지하고 있다. 즉 완전히 새로운 방식을 제안하면서 기존의 IS-95와 호환성을 유지하게 하였다. IS-2000 Release 0는 최대 153.6 kbps까지 서비스할 수 있다. IS-2000A는 기존의 IS-2000 Release 0에서 고속데이터 전송을 위한 방법에 치중하고 있으며 IS-

2000B는 현재 규격이 정의중에 있고, 1X 또는 3X를 기반으로한 2 Mbps급의 초고속데이터 전송을 목적으로한 프로토콜이다. 이것은 무선구간의 용량을 최대한 증가시켜 화상전화와 같은 대용량 데이터의 고속전송을 목적으로 하고 있다.

Java

선마이크로시스템즈사에서 개발한 플랫폼에 독립적인 프로그래밍 언어로서 인터넷을 통하여 다운로드 받아 실행시킬 수 있다. 도스나 UNIX 등의 시스템 종류에 관계없이 어디서나 실행할 수 있다. 인터넷에서 분산 처리 개념을 이룬 언어 동적이며 사용자와 상호 대화적인 웹 페이지의 제작을 위한 스크립트를 제공한다.

Java2 Micro Edition

임베디드 디바이스의 다양하고 제한된 환경에서 자바 환경을 탑재하기 위한 플랫폼이다. 적은 용량의 VM 과 기본적인 자바 API 보다 많이 절약된 API가 올라간다. CDC(Connected Device Configuration) 와 CLDC(Connected, Limited Device Configuration) 로 나뉘어져 있고, JavaTV, ScreenPhone, Mobile Device Set-top Box 등과 같은 Profile 이 사용된다.

JINI

프로토콜에 관계없이 네트워크에서 주변장치들의 식별이 가능하게 해주는 선사가 발표한 자바 기반의 네트워크 분산 기술을 말한다. JINI를 사용하면 PC, 주변기기, 휴대전화, 무선호출기, 가전 제품 등

가전용 기기들을 단일한 네트워크 환경에서 제어할 수 있으며 특히 아날로그 기반의 네트워크 환경에서도 활용 가능한 점이 특징이다. 이 기술은 스캐너, 프린터 등과 같은 주변기기를 운용체제(OS)에 관계없이 활용할 수 있어 단일한 OS에 의해 데이터가 제어될 때 발생하는 데이터 접속 부하를 줄여 네트워크 기기간의 분산환경을 강화한 것이 장점이다. JINI는 자원들이 네트워크 상에서 사용되는 방법에 굉장한 영향을 미칠 수 있으며, 홈 네트워킹 기술 발전에 중요한 역할을 할 것이다.

KVM(Kilobyte Virtual Machine, Kilobyte Java Virtual Machine)

K 가상머신(Kilobyte Virtual Machine, Kilobyte Java Virtual Machine)은 최근 선마이크로시스템즈가 발표한 Java Virtual Machine의 새로운 버전으로서 은 휴대전화, 호출기, 전자수첩, 인터넷용 휴대단말기, 가정용 전자제품 등, 리소스에 제한이 있는 소규모 디바이스를 대상으로 하는 컴팩트하고 이동가능한 JAVA Virtual Machine이다. PDA, 핸드폰, 페이저 등 Mobile Device들의 인터넷 접속과 자바 클래스파일 실행을 위한 Virtual Machine이다. K Virtual Machine의 K가 킬로바이트를 의미한다는 것은 제한된 하드웨어 및 소프트웨어 자원만 가지고 있는 전용 디바이스에 적합하도록 설계되었다는 것이다. 컴파일된 가상머신은 최소한 128Kbyte의 비휘발성 메모리와 32Kbyte 이상의 휘발성 메모리를 필요로 한다. 이것은 메모리 공간에 제약을 갖는 많은 디바이스들에 포팅될 수 있는 장점을 가진다. 뿐만 아니라, 기존의 모든 Java 언어의 장점들을 수용하였다.

KVM의 설계 목적은 Java 프로그래밍 언어의 주요한 기능을 모두 포함하면서, 사용 가능 메모리가 약 10kb ~ 100kb로 제한된 디바이스를 동작하기 위한 최소의 결정체를 만드는 것이다.

MANET(mobile adhoc network)

MANET은 무선 인터넷이 지향하는 이상적인 무선 인프라 구조이다. 현재의 이동통신망은 단말기와 기지국 사이에서 무선을 이용하지만 셀간의 연결을 위하여는 유선망을 이용해야 한다. 이를 위하여 기존에 사용되는 라우팅 프로토콜은 주기적으로 갱신되는 메시지에 따른 오버헤드와 토폴로지 변화에 따른 적응성이 낮기 때문에 완전 무선망에서의 인터넷 서비스를 위하여 효과적인 라우팅 프로토콜이 제시, 연구 검토되고 있다.

ME(Mobile Explorer)

MS는 WAP 포럼에도 참여하고 있으면서 WAP 방식이 가지는 단점을 다른 차원에서 해결하기 위하여 ME 방식을 제안하였다. 2000년 현재 MS는 BT, AT&T, 퀄컴 등과 연합하여 무선 인터넷 시장을 장악하기 위하여 노력하고 있다. ME는 게이트웨이의 구현이 필요없다는 점과 기존의 HTML 컨텐츠의 사용이 가능한다는 점에서 WAP의 단점을 극복하려고 하고 있다. 버전 1.0에서는 OS에 무관한 브라우저를 제공하고 게이트웨이를 이용하지 않으며 m-HTML을 기본 언어로 하고 있다. 이에 의하여 이동통신 사업자에게는 투자비의 절감이라는 장점을 제공하며 기존의 HTML 컨텐츠를 그대로 이용할 수 있다는 점에서 컨텐츠 제공업자에게 편의를 제공하고 있다. 동시에 브라우저의 오버헤드가 크다는 단점이 있으며 공개되지 않는다는 점에서 브라우저에서 지원하지 않는 파일을 이용한 서비스를 제공하지 못하는 단점도 가진다. 따라서, 확장성 면에서는 WAP에 뒤진다고 할 수 있다. MS는 퀄컴과의 합작과 브라우저와 운영체제를 동시에 만든다는 강점도 가지고 있다. 국내에서는 한솔엠닷컴과 한국통신 프리텔이 MS의 투자를 받아서 m-HTML 기반의 ME 방식 무선 인터넷 서비스를 제공하고 있다. ME 의 2.0 버전은 기존의 1.0 과는 달리 HTML과 WAP을 동시에 지원하며 SSL을 통한 보안기능을 추가하였고 JavaScript, GIF 등을 지원하도록 하고 있다.

MIDP

Mobile Information Device Profile 의 약자로서 KVM 기반의 Mobile Device를 위한 Profile 이다. 현재 MIDP 1.0이 나와있는 상태지만 Draft로 규격작업이 계속 진행중이다. 소스 코드는 제공하지 않고 바이너리 파일만을 제공한다. 이는 다양한 디바이스 형태에 맞게 이식하기 위한 포터블 아키텍처로 설계되어야 한다. MIDP 는 Dislay toolkit 과 User interface methods, Persistent data storage, Messaging(SMS, 전자우편 등)과 보안, Wireless Telephony Connection 을 지원한다. 또한 CLDC 기반(확장이나 수정)에서 System Function 을 지원한다. Timer의 기능도 제공되고 네트워크 기능의 확장으로 HTTP, TCP/IP 뿐만 아니라 게이트웨이도 지원한다. 이는 WAP 과 i-mode 와의 연동을 뜻한다.

Mobile IP

노트북 사용자가 시스템의 네트웍 관련 매개변수의 값(IP 주소나 호스트 주소)을 변경하지 않고, 다른 회사의 다른 네트웍 상에서 네트웍을 사용할 수 있게 하는 기능이다. LAN의 논리적 연결을 지원하고 물리적 제약을 뛰어 넘을 수 있는 기술 중 기대되는 툴로, DHCP와 함께 떠오르는 표준이다. 사용자가 외부에서 원격지 네트웍에 로그인할 때 외부 에이전트에 현재 네트웍의 상황을 등록하면, 본사의 네트웍이 원격지 네트웍으로 데이터를 포워딩해 준다. 부서 이동이 잦거나 이동 근무자가 많은 곳에서 IP 어드레스 관리의 복잡함을 해소하기 위한 것으로, IETF(Internet Engineering Task Force)가 RFC 2002라는 이름으로 제안했다. Mobile IP 표준은 모바일 IP 에이전트(Mobile IP agents)와 모바일 노드 (mobile nodes)라는 두 부분으로 이뤄진다. 모바일 IP 에이전트는 등록된 모바일 노드로 전달해야 할 모든 패킷을 라우트시키는 초보적인 소프트웨어 라우터 서비스(가상의 라우팅 서비스)를 한다. Mobile Node는 한 서브넷에서 다른 서브넷으로 연결점을 변경시켜 주는 클라이언트 측 모듈. 인텔리전트 RAM에 모바일 노드(Mobile Node)가 상주하고, 각 서브넷에는 모바일 IP 에이전트가 상주하게 된다.

MSM(Mobile Station Modem)

CDMA 단말기 하드웨어에서 가장 핵심적인 부품은 CDMA 디지털 신호처리 및 호처리를 담당하는 모뎀칩으로서 IS-2000 및 IS-95에 정의된 기능을 수행하게 된다. MSM은 퀄컴사에서 개발한 칩이고 모토로라, 노키아, 일본기업 등에서는 독자적인 모뎀칩을 개발하여 사용하고 있다.

Non-repudiation

운반 기관이 메시지를 요구자의 자료 저장소에 정확히 전달했을 때, 그 사실을 부인하지 못하게 하기 위한 메커니즘을 말한다.

OTA(Over The Air)

OTA는 시스템에서 무선을 통해 단말기로 단말기에 필요한 파라미터를 설정하는 서비스이다. 일반적으로 **OTA**를 통하여 단말기에 설정되는 파라미터는 ESN(Electronic Serial Number)와 IMSI(International Mobile Subscriber Identity), A_Key, service programming, PRL(Preferred Roaming List) 등이 있다.

Packet

데이터 통신에서 전송 데이터를 일정한 길이로 묶어서 블록 단위로 한 것. 패킷의 길이는 사용되는 통신 규약에 따라 정해지는데, 일반적으로 1~2Kb이다. 각 패킷에는 데이터 외에 헤더로 패킷 번호, 발신원, 행선, 전송 경로, 오류 검사 등의 전송 제어 정보도 함께 포함된다. 패킷을 이용하면 데이터를 어느 정도 모아 두었다가 빈 회선을 이용하여 각 행선으로 시분할적인 전송을 할 수 있어 회선 이용효율이 높아지므로 전송 비용이 적게 든다. 패킷 교환 전송 방식을 사용하여 데이터를 전송하는 네트웍은 PSDN(Packet Switched Data Network)으로 불리기도 한다. 전송하는 패킷들이 각 노드간의 대역폭을 공유하는 방식으로 공중 데이터 전송 서비스 네트웍에서 주로 사용한다. X.25 혹은 프레임 릴레이 방식이 대표적인 PSDN이다.

- 패킷(packet) 방식과 회선(circuit) 방식의 차이

패킷방식과 회선방식의 구분은 특정 resource를 지속적으로 점유하여 통신하느냐의 여부로 결정된다. 전화에서 주로 사용하는 회선교환 (Circuit Switching)은 전송기간중에 보내는 노드와 받는 노드간에 물리적인 통신경로를 반드시 해당 콜(Call)당 전용으로 확보하여야 한다. 반면 패킷방식의 경우에는 통신선로를 계속 점유하지 않고 다른 가입자와 함께 공유할 수 있다. IMT-2000 방식인 IS-2000에서는 시스템 구조를 Mobile IP망에 기반한 시스템 구조를 권고하고 있다. 이 구조에서는 음성과 같은 회선데이터는 기존의 구조를 사용하고 패킷데이터는 기지국에서 바로 IP망으로 접속된다.

PDA

개인용 정보단말기로서 전자수첩에서 팜파일럿에 이르기까지 다양한 형태와 성능을 갖고 있으며, 주로 개인정보 관리용으로 사용한다. 배터리로 동작하는 팜톱 컴퓨터(Palmtop). 팩스나 전자우편, 일정 관리와 같은 개인 정보 관리 프로그램을 사용할 수 있도록 펜 기반의 인터페이스를 지원한다.

Personalization

최근 인터넷 포탈을 중심으로 이용자 개개인의 니즈와 욕구에 따라 맞춤 서비스를 제공하고자 개인화(Personalization)된 서비스를 제공하고 있다. 개인화(Personalization)에는 두 가지 종류가 있다. 명시적

(overt)인 방법과 은밀한(covert) 방법이 그것이다. 명시적인 개인화는 어떤 사이트에 회원가입하고 다음에 방문했을 때 '안녕하세요 알렉시스 반갑습니다' 라는 메시지가 뜨는 방식이다. 은밀한 개인화는 만약 당신이 낚시책을 구입한 경험(아주 오래 전에 한번 구입했더라도)이 있다면 다음 방문 때 당신에게 낚시 관련 책을 추천해 주는 방식이다.

PKI(Public Key Infrastructure)

PKI(Public Key Infrastructure)는 공개키 기반 구조를 말한다. 암호방식 가운데서도 공개키 암호는 송수신자 양측에서 똑같은 비밀키를 공유해야 하는 기존의 전통적인 관용 암호 시스템과는 차이가 있다. 암호화키와 복호화키가 서로 달라 암호화키를 공개하더라도 개인이 소지하는 복호화키를 통해 통신비밀을 보장할 수 있는 것니다. 공개키 암호방식은 대칭키 암호기술이 제공하는 기밀성, 무결성 기능 뿐만 아니라 인증, 부인방지, 전자서명과 같은 다양한 정보보호기능을 제공하고 키분배 문제를 해결할 수 있는 가장 효과적인 대안으로 인식되고 있다. 그러나 공개키 암호의 상용화를 위해서는 무엇보다 키의 생성, 분배와 안전한 관리를 위한 체계로 **PKI**가 필수적이다. **PKI**는 안전한 인증서 관리를 기본적으로 수행해야 하며 인증서의 발행, 보관, 폐기, 인증정책수립 등의 기능을 제공해야 한다. 또 부가적으로는 데이터 저장이나 사용자 및 인증기관의 명명과 등록기능을 지원해야 한다. **PKI** 클라이언트는 키의 생성 및 교환, 디지털서명 생성 및 검증 등의 기능을 구현하고 **PKI** 서버는 인증서의 전송 및 공증, 보안 및 인증 관련 응용서비스를 제공한다. **PKI** 체계

구축과 관련해 무엇보다 국내에서 필요한 것은 법·제도적 정비와 추진기관의 책임성을 명확히 해야 한다는 점이다. 두번째로는 암호, 인증프로토콜, 시스템보안, 분산데이터베이스(DB), 표준화 등 기반 기술의 확보가 시급하다.

SSL(Secure Socket Layer)

WWW 브라우저, WWW 서버 간에 데이터를 안전하게 교환하기 위한 업계 표준 프로토콜이다. 넷스케이프 커뮤니케이션즈 사가 개발한 것으로 동회사 또는 마이크로소프트 등 주요 WWW 제품의 벤더가 채용하고 있다. SSL로는 WWW 제품뿐 아니라 FTP 등 다른 TCP/IC 어플리케이션에 적용할 수도 있다. SSL은 인증과 암호화의 기능이 있다. 인증은 WWW 브라우저와 WWW 서버 간에 상호 상대의 신원을 확인하는 기능이다. 예를 들면 WWW 브라우저를 사용하는 사용자와 WWW 서버를 사용한 가상 점포가 거짓인지 아닌지를 조사할 수 있다. 암호화 기능을 이용하면 교환하는 데이터가 인터넷 상에서 도청될 위험성을 줄일 수가 있다.

Smart Phone

휴대전화와 개인휴대단말기(PDA)의 장점을 합친 것으로 휴대전화기에 일정관리 및 팩스, 인터넷 접속 등의 데이터 통신기능을 통합시킨 것을 말한다. 스마트폰은 선택사양인 데이터 어댑터를 사용해 일반 전화선으로도 데이터 전송이 가능하고 제한된 메모리 환경으로 인해 파일시스템을 탑재하지 않는 정보가전기기이다. 스마트폰은 CDMA 방식의 디지틀 이동전화기에 초소형 PC를 결합해 사용

하는 것 외에 휴대형 PC로도 사용할 수 있고 이동 중에도 무선으로
인터넷 및 PC통신, 팩스전송 등을 할 수 있다.

SMS(Short Message Service)

SMS는 short message services의 약자로 우리나라 말로는 문자 메시지, 단문 메시지 등으로 사용된다. 이 서비스는 이동통신망에서 비교적 짧은 길이(보통 80바이트에서 160여 바이트)의 데이터를 전송하는 서비스이다. 이동통신망이 디지털 방식으로 진화하면서 이동통신망 내부와 기지국과 단말기 사이에도 디지털 데이터가 전달되면서 가능해진 서비스이다.

TDMA(Time Division Multiple Access)

TDMA방식은 하나의 주파수 채널에서 시간적으로 분리하여 여러 사람이 통신하는 방식이다. 이것은 Time Slot(시간적으로 나누어서 여러 사람이 사용하게 하는 방식)을 구분하여 각 가입자에게 할당하는 방식이다. 현재 TDMA의 대표적인 예로는 유럽 주축의 이동통신 방식인 GSM(Global System for Mobile Communication)이 있다.

UMS(Unified Messaging System)

PSTN을 이용해 음성, 팩스, 전자우편과 같은 서로 다른 메시지를 단일의 하드웨어 플랫폼으로 처리할 수 있도록 하는 CTI 어플리케이션을 말한다. 음성, 팩스, 전자우편, 이동통신기기를 이용한 다양한 통신 요구를 하나의 시스템에서 전달/저장/통지하는 한편, 각 매체의 고유 형식을 자유로이 변환해 전자우편을 음성/팩스 혹은 문자호출

 성공적인 M 커머스 비즈니스 전략

기, PCS의 단문 서비스로 제공할 수 있도록 한다. 또한 전자우편 시스템으로 수신된 전자우편 메시지를 팩스 변환기술을 이용해 팩스로 통지하거나, 음성변환 기술을 이용해 무선호출기의 음성 사서함 및 호출, 그리고 사내 음성사서함 등을 통해 수신자에게 전할 수 있다

UMTS(Universal Mobile Telecommunication System)

유럽을 중심으로 IMT-2000을 위해서 제시되는 방식으로 로밍서비스 및 위성을 사용하여 유럽과 전세계적인 통신서비스제공을 목적으로 하고 있다. 이를 위해 셀룰러, 무선 전화기 등의 기존 시스템까지를 통합시킨 시스템으로 구성되는 것이 큰 특징이다.

VM(Virtual Machine)

모든 플랫폼에 대한 이식이 가능하도록 하기 위해 JAVA는 JAVA Virtual Machine이라는 독특한 개념을 도입하였다. C++의 문제점은 칩마다 머신 코드가 달랐기 때문에 한 플랫폼에서 짠 프로그램이 다른 플랫폼에서는 그대로 돌아갈지 보장할 수 없고 또 앞으로 또 다른 플랫폼이 등장했을때 역시 그 실행 여부를 보장할 수 없다는 것이었다. 이러한 문제점을 해결하기 위해 JAVA는 특정 하드웨어 플랫폼을 따르지 않는 또다른 코드를 필요로 한다. 즉 자바 컴파일러는 존재하지 않는 어떤 가상의 기계(JAVA Virtual Machine)을 위해 소스코드를 컴파일해 그 가상의 기계에 맞는 머신코드(bytecode)를 만들어 낸다. 그리고 자바 인터프리터는 자신이 마치 가상 기계인것처럼 bytecode로 변환된 인스트럭션 등을 수행하게 된다.이러한 가상기계를 JAVA Virtual Machine이라고 부른다.

WAP(Wireless Application Protocol)

무선 인터넷은 이동통신과 인터넷이라는 두 가지 기술을 필요로 하며 두 망 사이의 연동을 위하여 새로운 방식이 필요하게 되었다. 가장 먼저 제공된 해법은 HDTP(Handheld Device Transport Protocol)와 HDML (Handheld Device Markup Language)에 기반한 Unwired Planet(현재 오픈웨이브)의 해법이다. 이후 프로토콜의 통일을 위하여 WAP 포럼에서 무선 인터넷 표준 프로토콜인 WAP을 정의하였다. WAP 포럼은 1997년 6월 에릭슨(Ericsson), 노키아(Nokia), 모토로라(Motorola)와 Unwired Planet등 4개 사가 모여 시작되었다. 1997년 포럼이 형성된 이래 올해 중반까지 이 포럼에 마이크로소프트, IBM, 인텔 등의 IT업계의 주요 업체들을 포함해 약 200여 회사가 참여하고 있으며 국내에서도 LG정보통신, 삼성전자, SK텔레콤 등이 가입해 있다. 현재 국내에서는 SK텔레콤에서 WML 기반의 WAP 서비스를 제공하고 있으며 LG텔레콤과 신세기 통신에서는 HDML 기반의 WAP 서비스를 제공하고 있다. 따라서 국내에서도 가장 많은 사용자를 가지고 있으며 다양한 서비스들이 개발 중에 있다.

W-CDMA(Wideband CDMA)

일반적으로 비동기식이라고 불리우는 W-CDMA는 IMT-2000 시스템이 가지는 다양한 전파환경하에서 효율적이며 신뢰성 있는 접속 및 다양한 멀티미디어 서비스 지원을 위하여 무선접속 방식으로 직접확산(Direct Spread) 방식을 사용한다. 또한 동기식이 핵심망으로 ANSI-41에 기반하고 있는데 반해 W-CDMA는 GSM MAP을 표준으로 하고 있다. 이 방식을 이용하면 IMT-2000 시스템이 제공해야 할 다양한 서비스(음성, 영상, 데이터 등)를 가능하게 하며 영상전송의 경우 높은 해상도의 이미지 전송이 가능하다. 즉 현재 우리가 사용하고 있는 PC, PDA, 단말기를 하나로 통합한 것과 같은 시너지 효과를 갖는다. 또한 광대역 CDMA를 이용함으로써 고속의 인터넷 접속이 가능하다, 이외에도 간섭에 의한 영향을 줄일 수 있으며 패킷 서비스 등을 용이하게 하는 장점이 있다.

WML(Wireless Markup Language)
WML(Wireless Markup Language)은 세계 100여개 업체가 참가한 WAP 포럼에서 무선전화기, 페이저 그리고 PDA와 같은 이동단말기 상에서의 입력과 표시를 목적으로 XML(eXtensible Markup Language)에 기반을 두고 개발된 마크업 언어이다. 이전에는 HDML이라고 불렸었던 WML은, 무선 접속을 통하여 셀룰러폰이나 PDA 등에 웹페이지의 텍스트 부분이 표시될 수 있도록 해주는 언어이다. WML은 몇몇 공급회사들에 의해 표준안으로 제안되고 있는 WAP의 일부이다. WAP은 GSM, CDMA, TDMA 등과 같은 표준 데이터 링크 프로토콜의 윗면에서 동작하며, 일련의 인터넷 프로토콜들에 필적하면서, 서로 협력하는 한 벌의 완전한 네트웍 통신 프로그램들을 제공한다. WML은 사용시 로열티를 내지 않아도 되는 개방형 언어이다. 오픈웨이브(구 Phone.com)의 웹사이트에서 WML 규격을 이용할 수 있다. 오픈웨이브(구 Phone.com)에 따르면, HTML, CGI 스크립트, 그리고 SQL 질의문 등에 지식을 가지고 있는 프로그래머라면 누구라도 WML을 사용한 표현 계층을 작성할 수 있을 것이라고 한다. 또한, HTML 페이지를 WML 페이지로 변환시켜주는

필터 프로그램을 직접 작성하거나 또는 공급회사로부터 구입하는
것도 가능하다.

WTLS(Wireless Transport Layer Security)
WTLS는 SSL(Secure Sockets Layer)이라고 불리던 TLS(Transport
Layer Secuirty) 프로토콜에 기반한 보안 프로토콜이다. WTLS는
WAP 이동 프로토콜과 함께 사용되며 협대역 통신 채널을 위해 최
적화 돼 있다.기본적으로 WTLS는 다음과 같은 기능을 제공한다.

- 데이터 무결성(Data integrity) : WTLS는 단말기와 어플리케이션 서버
  사이의 데이터 전송이 변경되지 않고 훼손되지 않게 하는 보증하게 하는
  기능을 가지고 있다.
- 프라이버시(Privacy) : WTLS는 단말기와 어플리케이션 서버 사이의
  데이터 전송을 보호하며, 데이터 스트림의 중간에서 가로채더라도 이해
  할 수 없게 만드는 기능이 있다.
- 인증 : WTLS는 단말기와 어플리케이션 서버 사이의 인증을 설립하는
  기능을 가지고 있다.
- DoS(Denial-of-service) 프로텍션 : WTLS는 재전송(replay)되었거
  나 성공적으로 검증(verify)되지 않은 데이터 검출과 거부 기능을 가지고
  있다. WTLS는 상위 프로토콜 계층을 보호하기 위해 전형적인 DoS 공
  격을 막는 기능을 갖고 있다. WTLS는 단말기 간에 통신 보안을 위해 사
  용되는 것으로, 어플리케이션은 보안 요청과 네트웍의 특성에 따라
  WTLS 기능을 선택적으로 사용할 수 있다.

WTP(Wireless Transaction Protocol)

WTP는 데이터그램 서비스의 상단에서 수행되는 프로토콜로, 씬 클라이언트(휴대용 단말기)에 적합한 작은 크기의 트랜잭션 지향 속성을 지원한다.

XHTML

XML은 웹상에서 공유될 어떤 종류의 데이터를 정의하는 방법에 관한, 일련의 구조화된 규칙이다. 그것은 누구라도 특정한 목적을 위한 일련의 마크업 세트를 발명할 수 있으므로, "확장될 수 있는" 마크업 언어라고 불리는데, 모든 사람들이 그것을 사용하는 한, XML은 웹페이지의 표현을 묘사하는 것을 포함하여, 여러 가지 목적에 채택되고, 또 사용될 수 있다. 그러한 경우로, XML의 형태로 HTML을 다시 구성하는 것이 바람직하게 보였다. 그 결과가 바로, 웹페이지를 표현하기 위한 XML의 특별한 응용인 XHTML인 것이다. XHTML은 실제로, HTML 4의 후속 버전이다. 비록 이것이 XHTML 1.0으로 불리지만, HTML 5라고 생각해도 좋을 것이다. XHTML에서는, 모든 HTML 4 마크업 태그들과 속성들이 계속 지원될 것이다. 그러나, HTML과는 달리, XHTML은 그것을 사용하는 누구에 의해서라도 확장하는 것이 가능하다. 이미 존재하는 것에 새로운 태그와 속성들이 정의되고, 추가될 수 있으며, 웹페이지 내에 컨텐츠와 프로그램을 삽입하기 위한 새로운 방법을 만드는 것도 가능하다. 외관상으로는, XHTML 파일이 다소 더 정교한 HTML 파일처럼 보인다.

XHTML Basic

XHTML Basic은 W3C의 XHTML 1.0의 무선 인터넷 버전이라 할 수 있다. 최근에 WAP Forum에서는 XHTML Basic 표준을 WAP 2.0을 위한 기본 기술로 채택하기로 결정했다고 발표했다. XHTML Basic은 무선 인터넷과 유선 인터넷의 격차를 해소하고 다양한 인터넷 접근 단말기들을 포용할 수 있는 가능성을 마크업 언어 수준에서 제공한다는데 기술적 가치를 찾을 수 있을 것이다. 기술적 진보를 통한 무선 인터넷 시장의 활성화를 도모하고자 하는 WAP 진영의 새로운 전략이라 할 수 있다.

XML (Extensible Markup Language)

XML은 1996년 W3C(World Wide Web Consortium)에서 제안한 것으로서, 웹 상에서 구조화된 문서를 전송 가능하도록 설계된 표준화된 텍스트 형식이다. 이는 인터넷에서 기존에 사용하던 HTML의 한계를 극복하고 SGML의 복잡함을 해결하는 방안으로써 HTML에 사용자가 새로운 태그(tag)를 정의할 수 있는 기능이 추가되었다고 이해하면 쉽다. 또한, XML은 SGML의 실용적인 기능만을 모은 부분집합(subset)이라 할 수 있으며, 인터넷상에서 뿐만 아니라 전자 출판, 의학, 경영, 법률, 판매 자동화, 디지털도서관, 전자상거래 등 매우 광범위하게 이용될 전망이다. XML은 월드와이드웹, 인트라넷 등에서 데이터와 포맷 두 가지 모두를 공유하려고 할때 유용한 방법이라 할 수 있는데, W3C의 의장인 Jon Bosak은 XML을 다음과 같이 설명하고 있다. "향후 XML은 웹 기술상에 있어서 가장 핵심적인 진보를 가져 올 것이며, 웹의 근본을 송두리째 바꿀 것이다. XML

은 안전한 전자상거래 구축을 가능하게 하고, 새로운 분산 어플리케
이션(application) 시대를 이끌어 나갈 것이다. 또한 XML은 소프트
웨어 개발자와 고객의 관계를 새롭게 변화시킬 것이다. 다시 말해서
XML은 어떤 플랫폼에서나 읽을 수 있는 포맷을 제공하기 때문에
특정 회사의 제품과 관련된 특정 환경에 얽매이지 않아도 된다"
XML은 현재 W3C로부터 웹을 좀더 다양한 목적으로 이용할 수 있
도록 하기 위한 도구로서 공식 추천되고 있다.

성공적인
M-커머스 비즈니스 전략

박정서 지음

초판 1쇄 인쇄 / 2001년 6월 20일
초판 1쇄 발행 / 2001년 6월 30일

발행처 / 이비커뮤니케이션㈜
발행인 / 차중석
주소 / 서울 용산구 신계동6-1 엘림벤처빌딩 5층
전화 / 02)3272-1933~4,
팩스 / 02)3273-4404

등록번호 제 03-01248호
ISBN 89-89484-07-3 13000

전자우편 / help@bookbee.co.kr
홈페이지 / http://www.bookbee.co.kr

값 13,000원